国百花论丛

行般若经》训诂研究

著

本书获湖南师范大学中国语言文学一流学科资助

知识产权出版社
全国百佳图书出版单位
—北京—

图书在版编目（CIP）数据

《道行般若经》训诂研究 / 张幼军著 .—北京：知识产权出版社，2019.12

ISBN 978-7-5130-6657-0

Ⅰ.①道… Ⅱ.①张… Ⅲ.①大乘—佛经②《道行般若经》—研究 Ⅳ.① B942.1

中国版本图书馆 CIP 数据核字（2019）第 283985 号

内容提要

本书的内容包括：对以往就《道行般若经》所作的训诂进行评述并提出经典校注中应注意的原则；对《道行般若经》语言与佛理以往的缺乏解释尽量给出解释；指出《道行般若经》特殊语法和语病，包括广泛的逆序、独词句、定语从句、共用与合叙、长句、不符合汉语习惯的词法和句法等；讨论《道行般若经》的修辞，包括广泛的比喻修辞和其他修辞。

策划编辑：蔡　虹

责任编辑：高志方　　**责任校对**：谷　洋

封面设计：博华创意　　**责任印制**：刘译文

《道行般若经》训诂研究

张幼军　著

出版发行：知识产权出版社有限责任公司	**网　　址**：http：//www.ipph.cn
社　　址：北京市海淀区气象路 50 号院	**邮　　编**：100081
责编电话：010-82000860 转 8324	**责编邮箱**：caihong@cnipr.com
发行电话：010-82000860 转 8101/8102	**发行传真**：010-82000893/82005070/82000270
印　　刷：北京嘉恒彩色印刷有限责任公司	**经　　销**：各大网上书店、新华书店及相关专业书店
开　　本：787mm×1092mm　1/16	**印　　张**：14.5
版　　次：2019 年 12 月第 1 版	**印　　次**：2019 年 12 月第 1 次印刷
字　　数：200 千字	**定　　价**：59.00 元

ISBN 978-7-5130-6657-0

前　言

《道行般若经》凡十卷，东汉月氏人支娄迦谶（Lokakṣma）于汉灵帝光和二年（179）译出，为现存般若类佛经的最早译本。对于佛教来说，因其距大乘学派创立期不远，由此可以窥知大乘思想原本的大致情形。研究我国大乘空宗的开派与流衍，《道行般若经》更具有经典性的基础地位。但因为年代久远，其时正处于佛经译作的开创期，且汉语非译者母语，故而《道行般若经》译文成了最为难读的文本之一。《道行般若经》的训诂研究成了我们面前的一个重要课题，就是可以理解的了。

支娄迦谶（147—？），在汉语记载中，又称为支谶。汉桓帝末年至洛阳，从事译经。至灵帝光和、中平年间（178—189），共译经 20 余部，其中尤其重要的为《道行般若经》和《般舟三昧经》。此二经原本都由竺朔佛传来，而支谶为之口译。支谶可称为那时的语言大师，他熟悉梵文，同样熟悉难度与梵文一样高的汉语，笔译口译都能用。研究他据以撰述的汉代的中华语言，研究《道行般若经》训诂，是研究上古汉语史的一个重要侧面。

《道行般若经》为现存般若类佛经的首译，后期同经异译现存的有：三国吴支谦《大明度经》（以下简称“吴译”）、苻秦昙摩蜱与竺佛念《摩诃般若钞经》（以下简称“秦译”）、姚秦鸠摩罗什《小品般若波罗蜜经》（以下简称“罗什译”）、唐玄奘译《大般若波罗蜜多经·第四会》（以下简称“唐一”）、唐玄奘译《大般若波罗蜜多经·第五会》（以下简称“唐二”），还有赵宋施护《佛母出生三法藏般若波罗蜜多经》（以下简称“宋译”）。这些平行语料是最可倚靠的参证。我们还参考了荻原云来的梵本，即 *Abhisamayālaṃkār' ālokā Prajñāpāramitāvyākhyā: The Work of Haribhadra, together with the text commented on*，由 U. Wogihara 编辑，The Toyo Bunko 于 1932 年出版（以下简称“梵本”），以及其英译本 Edward Conze 的 *The Perfection of Wisdom in Eight Thousand Lines & Its Verse Summary*，由 Four Season Foundation，Bolinas 于 1975 年出版（以下简称“英译”）。

《道行般若经》在中国流传了几近两千年，应该多多少少会有些宗教界和语言学界学习它、研究它的资料积累下来，供我们继承和采用。但结果不尽如人意。我们收集到的前人研究成果不多，所以在写我们这本书第一章《道行般若经》校注概览第一节时，显得单薄。好在有日本辛岛静志教授的两大本英文著作，一本《道行般若经词典》（2010），一本《道行般若经校注》（2011），才使这一节显出若干亮色。此外，我们注意到姜子夫先生译注的《道行般若经》，以及普觉（博客）对此经的注译。在我们已经收笔竣工的时候，见到了一篇《道行般若经词语考释十则》（焦作大学学报，2016 年第 3 期），所释也还平稳，不失为自可独立的文章。可惜在考释第一条“僻隈”的时候，把偏僻、隐蔽与迷失道路说成一回事，这是不可取的。

第二节讲校勘，我们全然撇开教科书，不讲对校、本校、他校、理校这些，而直说不应当如何。例如，我们认为，做佛经训诂工作，不应当大面积删订。一段经文，删去 19 字，增加 6 字，让经文从 72 字变为 59 字，从而使句子通顺可读。这样大砍大削，随意增补，是中国受过传统校勘启蒙的士人所绝不为的。清代有人说：

通而论之，宋椠之误，由乎未尝校改，故误之迹，往往可寻也。（而后人刻本）之误，则由乎凡遇其不解者，必校改之，于是并宋椠之所不及者，方且因此以至于误，其宋椠之所误，又仅苟且迁就，仍归于误，而徒使可寻之迹泯焉，岂不惜哉！（顾广圻《韩非子识误序》）

“凡遇其不解者，必校改之”，而且不计其多少长短。要说我们之所长，这也算得一条，就是我们多少受过一些校勘训诂方面的教育，与全凭理校者有所区别。

第二章说训诂方法，是综合性的方法论，是本书的重头戏。首先说佛经语言训诂方法。方法很多，第一节有所罗列。第二节将这些方法运用到《道行般若经》训诂实践中。就《道行般若经》而言，除了本经归纳，求助于古书古注之外，其常用方法是异译比照，梵汉对勘，总览文义，并沟通语法。而最常用、不可或缺的是前面八个字，即异译比照，梵汉对勘。这方法是辛岛教授所大量使用，且又取得了实效的利器。我们也学他，自制《道行般若经》梵英汉平行语料库，逐字比照，处处对勘，我们能随时抽出要检索的内容，当场演示。我们现在抽出一组经文与异文的对照来进行实例比勘，并略略显示出运用此法的成果：

前過去佛時得作佛，隨三昧亦不見三昧，亦無有三昧想，亦不作三昧，亦不念識三昧，亦不想識坐三昧，亦不言我三昧已，隨是法者無有疑。（T8p426c21）[1]

与此经文相对应的秦译《摩诃般若钞经》：

前過去怛薩阿竭自致阿耨多羅三耶三菩時得成至佛，隨是三昧者亦不見三昧，亦不言“我知三昧”。亦不念“我三昧已”。亦不想“我坐三昧”。亦不言“我三昧已”。隨是法者，都無有短。（T8p509c09）

罗什译《小品般若波罗蜜经》：

若菩薩行是三昧，不念不分別：是三昧我當入，是三昧我今入、我已入。無如是分別，當知是菩薩已從諸佛得受阿耨多羅三藐三菩提記。（T8p538b02）

唐译《大般若波罗蜜多经·第四会》：

[1] T,《大正藏》卷数。p，页数。a、b、c 分别表示上、中、下栏。其后数字是行数。

是菩薩摩訶薩雖住此定，而不見此定，亦不著此定名，亦不念言："我於此定已、正、當入。"亦不念言："唯我能入此定，非餘彼。"如是等尋思分别，由此定力一切不起。（T7p765b13）

梵本（61 页）及英译（87 页）：

sa tam api samādhiṃ na samanupaśyati | na ca tena samādhinā manyate | ahaṃ samāhitaḥ | ahaṃ samādhiṃ samāpatsye | ahaṃ samādhiṃ samāpadye | ahaṃ samādhi–samāpannaḥ ity evaṃ tasya sarvena sarvaṃ sarvathā sarvaṃ na saṃvidyate ||

But when he dwells in that concentration, he does not review it, nor think 'I am collected', 'I will enter into concentration', 'I am entering into concentration', 'I have entered into concentration.' All that in each and every way does not exist for him.

当他住此三昧时，不念不分别：我是入三昧者，我将入于三昧，我正入于三昧，我已入于三昧。所有这些想法，从单个至全体，他都毫不沾边。

于是，我们可以勘照推论，"随三昧"，即是唐译"住此定"。谓随而住之。"作三昧"，即是唐译的"著此定名"，即梵文的 ahaṃ samāhitaḥ。

"亦不念識三昧，亦不想識坐三昧，亦不言我三昧已"，相当于：

罗什译：

不念不分别：是三昧我當入，是三昧我今入、我已入。

唐译：

亦不念言："我於此定已、正、當入。"

梵本：

na ca tena samādhinā manyate | ahaṃ samāhitaḥ | ahaṃ samādhiṃ samāpatsye | ahaṃ samādhiṃ samāpadye | ahaṃ samādhi–samāpannaḥ ity evaṃ tasya sarvena sarvaṃ sarvathā sarvaṃ na saṃvidyate |

总之是表示不思虑入三昧的三个时态的。

经过这样的比照对勘，上述经文，翻译如下：

（阿惟越致菩萨）在以前佛的时代得成佛身，住于三昧，却不知不见什么是三昧。也没有关于三昧的念头，也不自以为是三昧之身。也不念知自身正处于三昧之中，也不设想自己将会住于三昧之中，也不念及自己已入于三昧。归依此法者，没有疑问他正是佛。

辛岛《道行般若经校注》（17 页）两个“識”字据秦译均改为“我”，作“我三昧”，“我坐三昧”，别无更多的明示。而没有确凿证据的校改，难以令人信服。“我”怎么会错成“識”？字形、字义、字音都隔得很远，毫无混淆的可能。而且，与“識”相当的，也许竟是“知”，而不是“我”。识，知也（《诗·瞻印》“君子是識”郑笺）。“亦不念识三昧”，等于说是“亦不言我知三昧”。

第三章讨论《道行般若经》的语病，指出《道行般若经》中不同于中土文献，也不同于后期译经行文习惯的地方，包括词法的问题和句法的问题。在一些人看来神圣的事物，供人瞻仰的经典，在我们这里，也就归于平凡，是普通人可以接近可以指瑕的语料。

看下面几行句子：

何而法中字菩薩？了不見有法菩薩。（T8p425c20）

菩薩無有處處，了不可得，亦無而出，亦無如入。（T8p426a13）

是時，忉利天上諸天人，各各而嗟嘆言：善哉，善哉！（T8p476a13）

我们很容易判断，三个“而”都是不需要的。再看下面的句子：

其音莫不而聞。（T15p354c08）

常於功德而堅固。（T15p350b13）

光而七尺，色若如金。（T15p361a18）

稍经评量，就知道这些“而”也是赘物。但这都是支娄迦谶所译的经句，让学者们煞费苦心，以为有什么深意。只要让它们归于平凡，谁都可以看出其语病所在。本书第三章专门讨论这些语病。又例如：

安隱決於著。（T8p0442b26）

这话着实不好懂。经过比勘，费一番心思，知道它的意思是妥善地讲说关于“著”的佛理。假如真是这个意思，用这五个字来表述，显然有欠切当。主要是那个“决”字，如何可用来表达讲述、宣说之意？然而译者用上了这个词，只能承认既成事实，但需明确，这不是经典汉语，是译者大月氏人所理解的汉语。

第四章讨论《道行般若经》语法的训诂。《道行般若经》有许多句子，也不能完全说是语病，但是异于常规语序，这些我们当作逆序来讲。还有定语从句，共用与合叙，长句，插入语，独词句，名词谓语句，反问语气词“为”的使用等情况。定语从句不属于中土文献的习惯表达，但受源语言影响，经中用得不少。章中关于此点有比较恰当的例子说明，这里拿其中一句来细化，以让读者先见其大概。

極安隱般若波羅蜜，天中天！自歸、作禮、承事、供養，過去、當來、今現在佛、天中天，薩芸若，則為供養、作禮、承事、自歸。（T8p443a18）

先把呼语等去掉，直接分析句子的主干部分，图示如下：

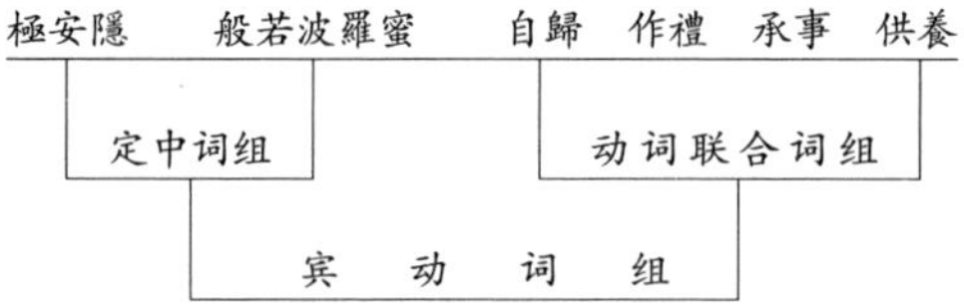

这个宾动词组是主语。它的谓语部分如下：

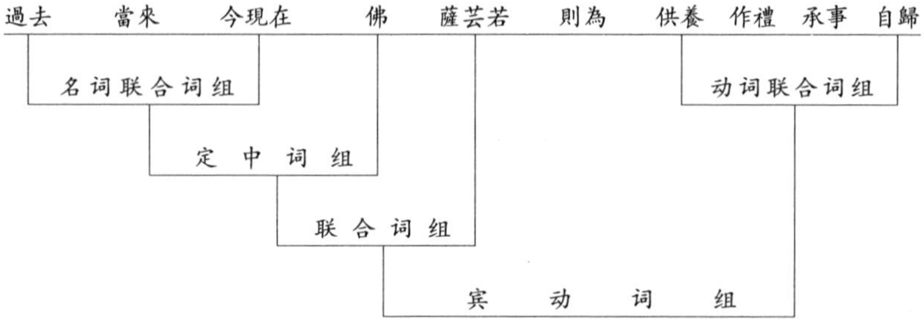

这个宾动词组是全句的宾语。"则为"两字（严格说是一个状中词组），是全句的动词谓语。经过这样分析，句子的语法线条、意义脉络应该是一清二楚了。

另外，一种带代词"是"的语法结构，使我们产生了兴趣。

我輩自共護是善男子、善女人學般若波羅蜜者、持者、誦者。（T8p431a26）

須菩提言："不見，天中天！不見是法我所入處。"（T8p451a25）

云何，須菩提！見是法不？何所法行般若波羅蜜？（T8p463a15）

遍見不？是般若波罗蜜，何所菩萨摩诃萨行？（T8p463a16）

前面一个近指代词，后面跟的，包括有修饰所指代的成分。这就勾起了我们对于俄语中的定语从句的联想。如：

Был тот особенный ветер, какой бывает только на Кавказе

（刮着只有高加索才有的那种特别的风。）

也会想到英语里有关的定语从句：

This is the film star who is popular with the audience.

（这就是那个受观众欢迎的电影明星。）

说明白一点，"是"善男子善女人，"这样的"善男子善女人，哪样的呢？"學般若波羅蜜者、持者、誦者"。"是法"，是什么样的法呢？是"我所入处"之法。这两处都有点定语从句的意思。后面两例，干脆就引来英译，那定语从句的意味就更浓了：

Do you, O *Subhūti*, see a *dharma*, i.e. a *dharma* which practises the *prajñāpāramitā*?

Do you, O *Subhūti*, see completely the *prajñāpāramitā* which a *bodhisattva–mahāsattva* practises?

第五章接着要探讨的是《道行般若经》的修辞。经中用得多的是比喻修辞，还有其他修辞。《道行般若经》说譬喻，譬喻不仅是修辞，也用以叙事。《道行般若经》共 30 品，有一品即名为"譬喻"。全书用了 70 个譬喻，不理解经中譬喻，也就不能理解经义。我们特别看重其中关于因缘合成的譬喻。例如经说：

所以作佛像者，但欲使人得其福耳。不用一事成佛像，亦不用二事成，有金有黠人，若有見佛時人，佛般泥洹後念佛故作像，欲使世間人供養得其福。（T8p476b17）

当前出现在面前的是佛像，所谓在场。而成此佛像，要有材料，有聪明人能制作雕塑，有曾见过佛的人，还要有成像的愿望，必得在佛涅槃之后，有人想念，欲制作佛像使世人能得福佑。这些材料、制作人、人们的记忆、成佛像的愿望，以及对佛的思念、塑佛像的目的等，并未在眼前出现。这就是所谓的不在场。

这种在场不在场的解说，正是应了时下流行的一种哲学。这种哲学认为，当前每一种出现在眼前的事物或现象，都是由无数不在场的事物或现象为其背景，为其根源，为其基础。在场的是显明可见的，而不在场的是隐蔽的、无形的。因而万事万物皆相连相通云。

要知道，这种哲学思辨，发端在两千多年前，不能不钦佩佛陀的智慧。它对于训诂的实际操作当然无关紧要，但对于理解经文的精髓，不能说全然无关。而和训诂直接相关的，是错综与借代。这个内容放到第二节了。其中所说借代，是广义借代，它没有一定的程式。比如说以制作者代所制作的事物，如以杜康代酒之类，而且已为社会所公认，一提杜康，就知道是说酒。广义借代全无类似的限制，凡能换说的，都可以是借代。比如说内讧，通俗的说法，就是狗咬狗，书面语可能说成产生了内部矛盾。根据情景和主意，可选其中一种说法，那便是同义修辞。这对于诠释佛经有一定的意义。举例比较复杂，具体到第五章第二节一看便知。

同义修辞学说中还有一种模糊同义。在说解某个辞例的时候，也偶有提及。

综上，本书企图在全面训释《道行般若经》的基础上，提出我们的汉语佛经训诂方法，评述诸家《道行般若经》训诂。我们的研究宗旨是从训诂实际出发，带动理论思考，即以大量的训诂实例来证明方法的可行性。我们认为，就汉译佛经而言，所谓的训诂研究是在训诂之中而非之外。

目 录

前言 ……………………………………………………………… (001)

第一章 《道行般若经》训诂述评 …………………………………… (001)
第一节 《道行般若经》训释概览 ………………………………… (001)
第二节 《道行般若经》校勘研究 ………………………………… (020)
第二章 《道行般若经》的训诂方法 ………………………………… (041)
第一节 佛经语言训诂方法探究 …………………………………… (041)
第二节 《道行般若经》训诂方法运用 …………………………… (069)
第三节 余论 ………………………………………………………… (097)
第三章 《道行般若经》的语病 ……………………………………… (118)
第一节 词法问题 …………………………………………………… (119)
第二节 句法问题 …………………………………………………… (136)
第四章 《道行般若经》的特殊语法 ………………………………… (148)
第一节 逆序 ………………………………………………………… (148)
第二节 定语从句 …………………………………………………… (165)
第三节 共用与合叙 ………………………………………………… (171)
第四节 长句 ………………………………………………………… (177)
第五节 反问语气词“为” ………………………………………… (181)
第六节 名词谓语句独词句插入语 ………………………………… (184)
第五章 《道行般若经》的修辞 ……………………………………… (187)
第一节 《道行般若经》的比喻修辞 ……………………………… (187)
第二节 《道行般若经》的其他修辞 ……………………………… (194)

第一章 《道行般若经》训诂述评

这一章分两节，第一节评述《道行般若经》的一部校注、一部词典和两篇文章，另外网络上佛门中人对《道行般若经》的解读我们也关注一下。第二节是就校勘而言的，基于校勘中删减、增加、修改原文非常大胆，量也很大，我们感觉这个现象非常严重，故本章还要专门讨论对传世经典的校勘应该持有的态度。

第一节 《道行般若经》训释概览

《道行般若经》凡十卷，又称《道行般若波罗蜜经》，音意合译，还有叫作《摩诃般若波罗蜜道行经》《摩诃般若波罗蜜经》的。据说其注疏有东晋支遁《道行指归》、东晋道安《道行品集异注》《道行指归》、竺僧敷《道行义疏》，今皆不传。现今能见到的只有道安为《道行品集异注》所作的序，《大正新修大藏经》与《中华大藏经》都有收录。原文又见于《出三藏记集》卷 7。

虽无注疏本可资参考，但有同本异译若干种，对于理解经义不无裨益。本经同本异译有三国吴支谦《大明度经》(6 卷)，苻秦昙摩蜱与竺佛念共译《摩诃般若钞经》(5 卷)，姚秦鸠摩罗什《小品般若波罗蜜经》(10 卷)，唐玄奘《大般若经》第四分、第五分，宋代施护《佛母出生三法藏般若波罗蜜多经》(25 卷)，其中以支谦译本与本经最近似，施护译本则与现存梵文《八千颂般若》(梵 *Aṣṭasāhasrikā-prajñāpāramitā*)及西藏译本，分品完全相同。所参考的梵本是荻原云来的本子，即 *Abhisamayālaṃkār' ālokā Prajñāpāramitāvyākhyā: The Work of Haribhadra, together with the text commented on*，由 U. Wogihara 编辑，The Toyo Bunko 于 1932 年出版。英译参考的是 Edward Conze 的

The Perfection of Wisdom in Eight Thousand Lines & Its Verse Summary，由 Four Season Foundation，Bolinas 于 1973 年出版。

《道行般若经》难读难懂，有关《道行般若经》的训释成果却不多。所以我们自己作了一部注，即《道行般若经》注，已于 2016 年在湖南师范大学出版社出版。作注的过程能参考的文献不多，主要是辛岛静志的一篇文章、一部校注、一部词典，还有胡敕瑞的一篇文章。这一节我们将重点评述。另外，网络上佛门中人对《道行般若经》的解读也在此略作关注。

一、胡敕瑞《〈道行般若经〉与其汉文异译互校》

现今就《道行般若经》作的训诂论文只有两篇，一是辛岛静志《〈道行般若经〉和异译的对比研究》(《汉语史研究集刊》，2002 年)，这篇文章解释了 4 个词：赐、慊苦、正、底。这些都已收入后面将要论及的作者的著述中，在此不做重点考察。二是胡敕瑞《〈道行般若经〉与其汉文异译互校》(《汉语史学报》第 4 辑，2003 年)，举正了《道行般若经》误字、漏文等 45 处。先举下列 9 例：

例一

“怯”误为“却”(p426b21)。所校是。中华藏校，南藏、径山藏、龙藏本作“怯”。

例二

“住”，误为“在”(429c13)。所校是。

例三

“爱”误作“受”(431c2)。非是。

“用學般若波羅蜜故，不受自瞋恚、不受自贡高、不受自可。”

胡以为“受”当作“爱”。受，谓接受。经中“受”字，自有此用法，不宜校改。如：

“菩薩行般若波羅蜜，色不受，痛痒思想生死識不受；不受色者為

無色，不受痛痒思想生死識者為無識。般若波羅蜜不受。何以故不受？如影，無所取、無所得，故不受。”（p426a26）

例四

“违”误作“远”。

“释提桓因從佛所聞般若波羅蜜，即受誦，彼異道人即遥遠遠繞佛一匝，便從彼間道徑去。”（433c27）

胡校“远绕”为“违绕”，读为“围绕”。所言有可取处。

例五

“时”误作“者”。

“佛語釋提桓因：‘善男子、善女人誦般若波羅蜜者，若干千天人到經師所聽法。’”（434c6）

胡以为“者”是误字，当作“时”。今按：“者”字不误。现将此处引文引全：

佛語釋提桓因：“善男子、善女人，誦般若波羅蜜者，若干千天人到經師所聽法，不解於法中，諸天人適欲問法師，天神語之，用慈於法中故，其人即自了知，諸天所不解者便自解。”

到经师所听法的有两类，一类是诵持般若波罗蜜者，一类是天人。他们对于法中的义理有所不解，刚要开口问，天神就帮他们解决了。前一类人就自行明白了，后一类人即天人不解者即自解。这样很是通顺。如果把“者”改成“时”，那就反而不好懂了。不顾及段落要表示什么，看不到句群的意思，甚至整个句子的意义都没有考虑，看到那么一点就下结论，还真是训释佛经的人的大忌。

例六

“说”误作“脱”。

“夢中不見餘，但見佛……但見若干菩薩、但見六波羅蜜種種解脱。”（435b14）

此“脱”字误，当作“说”。此系大正藏误，大正藏底本丽藏作

"说"不误。

例七

"置"误为"至"。

"夜時持摩尼珠著冥中，即時明；熱時持摩尼珠，所著處即為凉；寒時持摩尼珠，所著處即為熱；所至處，毒皆不行。"（436a4）

胡以为用"至"字的地方，当换为"置"。仿例五，把句子引长一点：

夜時持摩尼珠著冥中，即時明；熱時持摩尼珠，所著處即為凉；寒時持摩尼珠，所著處即為熱；所至處毒皆不行；餘他輩亦爾。中有為蛇所齧者，若男子、若女人持摩尼珠示之，見摩尼珠毒即去。

如果把"中有為蛇所齧者，若男子、若女人持摩尼珠示之，見摩尼珠毒即去"看作是"毒皆不行"的补充和说明，那么，用"置"就不一定好，可能用"至"还恰当些。

例八

"置"误为"署"。

"其勸助者，是為勸助。勸助已，持作阿耨多羅三耶三菩，以是為阿耨多羅三耶三菩。署是菩薩有德之人，持心能作是求阿耨多羅三耶三菩，乃至作是心，欲有所得。"（438b3）

胡欲改"署"为"置"，释为"除"。改字者的意思是说，除非是有福德的菩萨，才能起心安意求阿耨多罗三耶三菩。这与经意相抵触。经意是说，富有功德的菩萨，刻意求取最正觉，有所得之心，意思是问弥勒，这样行不行？弥勒立即回话说："其不作是求，乃能有所得。其作思想者，以为无黠。"思想上有一个求取最正觉之心，就达不到目的。不刻意求取，才能有所得。这样想有所求取，那就是糊涂了。一句话，改"署"为"置"，而以"除"释"置"，不合经意。今按：署，意思就是置，不必改字。《楚辞·远游》："后文昌使掌行兮，选署众神以并毂。"洪兴祖《楚辞补注》（中华书局，1983 年）补注："署，置也。"玄应《一切经音义》卷 13："署，犹置也。"置，谓安排布置。在这个句子里，安排布置纯属虚拟，实际意思就是假设。署，犹置；置，犹设。假设这菩萨已有功德，有意求取最正觉，安一个有所得之心，那就不好了，无法得到正觉。可以肯定地说，这个“署”并不是误字。

例九

“休”误为“修”。

“彌勒菩薩謂須菩提：‘不當於新學菩薩摩訶薩前說是語。何以故？或亡所信、亡所樂、亡所喜、亡所行，便從是修。’”（438b10）

胡以为“修”不辞，当是“休”之音误。然而“休”在晓母，“修”在心母，古人假借，多重声母，音误之说犹有可商。“便從是修”，宫本、资福藏、碛砂藏、普宁藏、南藏、径山藏、龙藏作“是從墮”，当据以改“修”为“墮”。

由此知胡教授所论有对有错，观其错处，尤须注意上下文，注意串通上下文的意义。

二、姜子夫主编《道行般若经》

2005年大众文艺出版社出版了一部《道行般若经》，上下两册，姜子夫主编，有注有译。所注大致是一些常见的名词术语，在佛学类词典里查得到的，少见创造性。从译文看来，实在还有诸多不甚了然的地方。

例一

随手翻到209页，录如下经文：

魔事一起時，令深學菩薩為本際作證，便墮聲聞道中，得須陀洹道。

白话译文如下：

如果一旦有魔事发生，菩萨就会堕入声闻道中，就会堕入须陀洹道中。

一旦魔来滋事，菩萨就堕落了。照这样说，魔也就太厉害了，菩萨也就太容易被击倒了。按经中的叙说，魔虽然有力量，破坏正道也不遗余力，但终究邪不敌正。在佛的护视之下，菩萨多是最终的取胜者。这里的“一”与“就”之间，漏了重要的一环。就是“令深学菩萨为本际作证”，他要菩萨立即获得道证，也就是一步到位，达到最高果位。菩萨如果信从了，才会堕落。如果觉知这是魔之所为，不立即为本际作证，那是不得堕落的。不译“为本际作证”的意思，就把经文弄得面目全非了。说“堕”，堕到哪里去了呢？按译文，堕到两个地方去了，一个地方是声闻道，一个地方是须陀洹道。实际上只是堕到了一个地方，那就是声闻道。在声闻道中他得到了一个初级的果位，那就是须陀洹。就这么一句话，一开口说，便错了这么多。真不敢希望这部书就训诂文献会提供更多的有价值的东西。

不能以随机举例为准，得从头至尾细看。我们试着做了一下，所获不多。下面我们在本书第 4 页中举个例子。

例二

所录如下经文：

舍利弗言：“善哉，须菩提！为佛学佛而学者，不说空身慧，空身慧而说最第一。”

姜编在此做了一个注解：“空身慧：空身的智慧。”

这注了等于没注，什么是“空身慧”呢？读者还是不明白，所明白的只有一点，慧就是智慧。主要之点还是没有触及。原来“空身慧”就是空慧。认为一切存在皆无实体（身），皆无自体（身）。如此观察世界，叫观空慧，亦即空身慧，或空慧。

姜编的《道行般若经》译此句为：

舍利弗说：“真了不起啊！须菩提，你为学佛的人解说佛法，不直接说空身的智慧，却对空身的智慧解说得最好。”

他把“为佛学佛而学者”，译成“你为学佛的人解说佛法”，不知道他理解的语法关系是怎样的。只怕未认真考虑过语法，只是含含糊糊地认为是那么个意思。这种应付佛经语言的办法不足为训。一定要讲清楚，弄明白，字字落到实处，才算尽了注释者、翻译者的责任，否则就不好说这位注译者取得了成就。注译者首要的任务是校勘，这里两个“学”，都是“举”的误字。本经异译《摩诃般若钞经》相应处作：

“舍利弗言：‘善哉，善哉，須菩提，為佛所舉！佛所舉者，不妄空身。’”（T8p508c23）

校正后，这里断句应是：

舍利弗言：“善哉，须菩提，为佛举。佛而举者，不说空身慧。空身慧而说，最第一。”

舍利佛的意思是说，好啊，须菩提，为佛所称举（表扬）。佛若称举的人，不会妄说空慧。如果说空慧，那就说得最好。

两个“而”都是假设连词，意思是如果。“不说空身慧”，不是不说，也不是不直接说，而是不妄说。

三、辛岛静志《道行般若经校注》《道行般若经词典》

也许佛学界的大家们曾就《道行般若经》做过研究，有过著述，可惜我们没有看到读到。我们能看到读到的，是日本创价大学辛岛静志教授的著述。他在2010年出了《道行般若经词典》，2011年接着出了《道行般若经校注》（以下简称《校注》），可谓集此经训诂之大成，是一桩空前的大事业。两书都用英文写成，由创价大学出版。关于《校注》，李维琦教授曾有总的评价。他说：“辛岛教授继去年《道行般若经词典》之后，今年又出了一本《道行般若经校注》。洋洋大观，可称巨著。……辛岛教授的这两本著作，有非常重要的学术意义。这不仅是说，他汇校了多种版本（大正藏底本之外的十种版本），也参照了敦煌、吐鲁番、吐峪沟、克孜尔出土的写本、断简、残片。也用上了三种梵本，和两种藏文本子。主要是说他几乎是逐字逐句地训释了绝大部分当释的经文。汉文佛典自问世以来，一两千年间，释之者中外古今数以万计，有几人能从语言上把每个词每个句子都讲清楚吗？少之又少。这样校，这样解，校注这样长这样古老的经文，在汉文佛典训诂史上应是第一次。”（《佛经释词三续》，北京《古汉语研究》第1期，2012年，第2页）

具体地说，辛岛教授的校，确有校得很好的地方。不用讳言，也有不足。

例一

菩薩莫作是行，莫內外視法，吁與般若波羅蜜等，一切無所受、無所從，誰得法？無所持、無所收，亦無所泥洹想。（T8np426b12）

辛校（9页）校“吁”为“呼”，改“收”为“放”，所校是。吁，丽藏、石经，圣本如此。而宫本、碛砂藏、资福藏作“呼”，释为“谓”，译为“认为”。句子得以贯通。收，丽藏、资福藏、石经、圣本、钞本如此。而宫本、碛砂藏、南藏、径山藏、龙藏作“放”。到底是“收”还是“放”？梵本作 muñcet（分离，放开，释放），英译为 release（释放，放开）。罗什译作“捨”，原文是：

“於諸法中無取無捨，乃至涅槃亦無取無捨”（T8p537c23）

“捨”与“放开”义近。佛典常说“無取無捨”，用在这里，怡然理顺。故知作“放”为是。

辛岛教授两部关于《道行般若经》的书，是相辅而行的。他编的词典也很出色。举个“作是”的例。此例见于《道行般若经词典》681 页：

例二

作是（zuò shì）“作是 +verb” means “does（speaks, thinks, learns, etc.）in this manner”, corresponding uxually to Skt. *Evam*（“in this manner”）+verb（In Lokakṣema’s translations, there are abundant and varied instances of this formula which later translators replaced with “如是 +verb” Thus, only a limited number of phrases, e.g. 作是言，作是语，作是念 etc., survived and these were used in later Buddhist translations.）Cf. 作（zuò）(2) HD1.1252.–; Karashima 2001: 319f.=2002a: 177f.

没有法子，还得译成汉文：

作是（zuò shì）“作是 + 动词”意思是“这样做（说、想、学等）”这与梵文 *evam*（这样）+ 动词相当（在支娄迦谶的译文中，有大量的各类符合这一公式的例子，在其后的译家那里为“如是 + 动词”所取代。

这样一来，只有少数如“作是言”“作是语”“作是念”等得以幸存，并在其后译家译作中得到使用）。参考作（2），《汉语大词典》第一卷1252页，辛岛静志的著作《〈道行般若经〉与异译的比较研究》中文和日文版。

接下来辛岛教授举出114个例句（及其与异译的对应），来证明“作是”当“这样”或“如是”讲，可知他的解释确凿可靠。不但解释了当时，也展示了这一格式其后的变化。

是不是可以说，辛校是讲证据的？当然是的。但也有较多的情况是理校。理校有其合理性，但也有不可靠的地方，注家不可不慎用。我们先看下例：

例三

原文：

用是比、用是相行具足故，知是阿惟越致菩薩，悉得法者，悉行中正，當代不惜身命。是菩薩一切法悉受得之，過去、當來、今現在佛所有法悉得持護。用是故，當為不惜身命，未常懈怠，無有厭時。（T08p0456a14）

《道行般若经校注》译“悉得法者，悉行中正，當代不惜身命”为：

（An irreversible *bodhisattva*），who has attained the Dharma，practices righteousness and should be willing to sacrifice his life for its sake（代）.

译：已得法之不退转菩萨，践行中正，又当为之而牺牲生命。

最后用个“代”字，表示 for its sake 是译“代”字。为什么“代”可译为 for its sake？因为它是由“为”坏烂所致（均见《校注》320页）。

校注者之所以改“代”为“为”，因“代”不可通，而下文恰又有“当为不惜身命”的说法，大概用“代”的地方本当是个“为”字。而代、为在字形上相差甚远，“為”笔画繁多，“代”笔画简少，于是解释为坏烂（corruption），似乎可圆其说了。

然而其说难圆。这里可以说是坏烂，可是《大明度经》相应处也用“代”，莫非那个“代”也是坏烂所致？《大明度经》说：

設不動者，知已於過去佛受無上正真道最正覺決，其悉知法行忠

正者，代不惜身命。一切法悉受，往古來今諸佛明法，悉護持之。用是故，不惜身命，未常懈，無厭時。(T8p495c18)

正确的说法，是“代”在那时本就有介词“为”的用法。这里的经文，前说“当代不惜身命”，后说“当为不惜身命”，表达相同的意思，本身就是一个证据。又如：

正使是輩行菩薩道者，我代其喜，我終不斷功德法也。(T08p0429a23)

“我代其喜”，我为他行菩萨道而高兴。经中多有“代喜”的说法，意思就是为之喜悦，后世译为“随喜”。所以，这里的代不宜校对成“为”，而应解释成“为”。

就一个单句而言，辛校常能关顾到，如果到了句群或者段落，往往有顾此失彼的情形，有时断掉了前后的联系，只是就事论事。下面的例子免不了稍稍复杂一点，要多费一些神了。

例四

原文：

須菩提白佛言：“所識、有著者，此二何所功德為多?”佛言：“菩薩所識，若求深般若波羅蜜，樂於空，樂無所有，樂盡，樂無常，念是為不離般若波羅蜜，如是菩薩得功德不可計阿僧祇。”(T08p0456c01)

《校注》译“所識、有著者，此二何所功德為多?”为：

Which of the two, (namely) perceiving (?) or attachment (?), begets more merit? (《校注》325 页)

译：感觉和附着，这二者，哪样所得功德多?

经中讲“識”，通常用 consciousness (vijñāna)，这里译成 perceiving，那就是作普通词汇看待了。把认识译为感觉，对不对呢? 其疑一。感觉与附着似亦不构成对立，其疑二。

其实这两个疑问在下面一大段文字中已经解决。要求一位不以汉语为母语的学者把下面的文字与这里“何所功德為多”联系起来理解，要求实是过分了些。接在下面有关的叙论太长，不是很专业的读者可以略去不看，只看随后作出的说明就可以了。

须菩提白佛言："所識、有著者，此二何所功德為多？"

佛言："菩薩所識，若求深般若波羅蜜，樂於空，樂無所有，樂盡，樂無常，念是為不離般若波羅蜜，如是菩薩得功德不可計阿僧祇。"

須菩提白佛言："不可計復言阿僧祇，有何等異？"

佛言："阿僧祇者，其數不可盡極也；不可計者，為不可量計之，了不可得邊崖。爾故為不可計阿僧祇。"

須菩提言："佛說不可計，色痛痒思想生死識亦不可計。"

佛語須菩提："汝所問者，有何因使色痛痒思想生死識不可計、不可量？"

須菩提問佛："何等為不可量？"

佛言："於空中計之，為不可量，無想、無願計之，如是不可量。"

須菩提言："空計是，法不可計。"

佛言："云何我常不言諸法空？"

須菩提言："如怛薩阿竭所說法悉空。"

佛言："諸法悉空，不可盡、不可計。經無有各各慧，無有各各異，怛薩阿竭但分別說耳。空不可盡、不可量，是想、是願、是識、是生、是欲、是滅、是泥洹，隨所喜，作是為說，作是現示，作是為教，怛薩阿竭所說如是。"

須菩提言："難及也，天中天！經本空耳。云何復於空中說經，是經不可逮。如我了佛語，諸法不可逮。"

佛言："如是！諸法不可逮。"

佛言："如是！諸法不可逮空耳，是為不可逮。"

須菩提言："如佛說本無不可逮，願解不可逮慧有增有減。"

佛言："不也。"

須菩提言："若有不可逮慧有增有減，檀波羅蜜、尸波羅蜜、羼提波羅蜜、惟逮波羅蜜、禪波羅蜜、般若波羅蜜，不增不減。若不增波羅蜜者，菩薩何因近阿耨多羅三耶三菩？何緣得阿惟三佛？設不減波羅蜜者，菩薩何因近阿耨多羅三耶三菩？何緣近阿惟三佛坐？"

佛言："是不可逮慧不增不減，菩薩求深般若波羅蜜若守者，如是漚惒拘舍羅菩薩不念檀波羅蜜增，亦不念減，復作是念，但名檀波羅蜜所布施念，持是功德施與，作阿耨多羅三耶三菩。施如是，尸波羅蜜、羼提波羅蜜、惟逮波羅蜜、禪波羅蜜，菩薩求般若波羅蜜若守者，得漚惒拘舍羅，不念般若波羅蜜有增有減，是但名為般若波羅蜜，求之若守者，發心念，持是功德施與，作阿耨多羅三耶三菩。"

須菩提白佛言："何等為阿耨多羅三耶三菩？"

佛言："本無是也。是本無不增不減，常隨是念不遠離，是即為近阿耨多羅三耶三菩，坐不可逮法、不可逮慧。若般若波羅蜜皆不增不減，菩薩念是不遠離，為近阿耨多羅三耶三菩。"（T08p0456c01）

此处引文较长，因为须得通览这里所引的全部文字，才能明白"所識"和"有著"这两个哲学概念。这段文字讲明白了什么是"所識"，什么是"有著"，而这二者"何所功德爲多"也有了答案。用常人能懂的话来说，"所识"谓经所叙菩萨的认识、所说的理论，即般若波罗蜜多，空，无常，不可尽，不可计，诸法不可逮，无增无减等，一句话，就是空。"所識"不可以说是"感觉"。即使理解为"認識"，也不知道所认识的是什么。"有著"，也不是指附着、执着，而是说得阿惟三佛，近阿耨多罗三耶三菩。这段文字中三提"阿惟三佛"，8次提"阿耨多羅三耶三菩"，决非偶然，它在不断指示我们那便是前文所提到的"有著"。这两样不好说哪样功德为多，它们是统一的，统一于空，统一于本无，统一之者，是漚和拘舍罗，是漚和拘舍罗把似乎矛盾的二事统一起来了。

不客气地说，读完这段经文就能理出这样的思绪来的，绝不是只有一点文字修养就能做到的。没有语言方面的造诣，读懂经文困难，只好含含糊糊讲出一点大意。而没有佛学的准备，只凭一点语言知识，无论如何不可能对经文有透彻的理解。

末了，说一点语感方面的事。

例五

弊魔來到是菩薩所，便於邊化作大八泥犁，其一泥犁中有若干百千菩薩化作，是以便指示之言："是輩皆阿惟越致菩薩，從佛受決以，

今皆墮泥犁中。佛為授若泥犁耳。設若作阿惟越致受決菩薩者，若當受疾悔之。”（T08p0454c21）

《校注》308 页译“佛为授若泥犁耳”：

The Buddha has given you a prediction to（be reborn into）*niraya*（i.e. hell）.

译：佛已为你做了来生下泥犁（地狱）的预言。

这句意思是说，佛授其决为阿惟越致菩萨，而结果堕入地狱，究其实，授决为阿惟越致，不过是授记下地狱而已。所译不见“为”字，也没有“耳”字。一个是准系词，另一个是表限止的助词，都未译。而只译了此句的基本意义。语气和韵味便由此而消失。深感汉语翻译不易，所以大凡能用汉语写作，训释汉人的经典，还是使用汉语比较切实，比较不易失真。

还要补充说说《道行般若经词典》。这部词典研究方法严密，结论大都无懈可击。本节在论及今人对《道行般若经》的训释时，首先就说到辛岛教授的论文。那篇论文讨论了四个字，其中第一个是“赐”。我们现在来看看这个“赐”在词典里是怎么示现的。《道行般若经词典》91 页：

例六

赐（cì）all，both　　　　Cf 皆赐（jiē cì）

这是词头，注音，用英语解释它的意义：全部，两者都。参考“皆赐”，“皆赐”注音。下面提供权威词典和有关此词的论文的解释：

《汉语大词典》10 卷 259 页无此解释，但可参考“赐”的第 5 个义项“exhausts[1]”。

《汉和大词典》10 卷 771 页无此解释。

何亚南，《汉译佛典与传统文献词语二则》（《古汉语研究》，第 76 页，2000 年），引《道行般若经》等为书证。[2]

[1] exhausts，用尽，弄空。我手头用的《汉语大词典》不是第 5 义项，而是第 6 义项。这义项是“穷尽”，引《鹖冠子》和《文选・西征赋》中语为书证。

[2] 何亚南的文章刊在第 4 期上，《道行般若经词典》91 页漏载期号。

《Karashima[1] 汉译佛典语言研究 2》(《创价大学国际佛教学高等研究所年报》2002 年第 5 期，第 4 页），此文同于作者另一论文《〈道行般若经〉与异译的对比研究——道行般若经的难词》,《汉语史集刊》第五辑，朱庆之编的书转载于 318 页，2009。

胡敕瑞,《〈论衡〉与东汉词语比较研究》，巴蜀书社，2002。

还可参考《大正藏》10 卷编号为 280，支娄迦谶译的经中经句“諸菩薩賜一生補處”，445 页上栏 13 行。

我们这里写成这么一大块，原文因卷首有符号和表示法等的约定，就比较简单，短短三行，表达得一清二楚。可实际内容就有这么多。下面开始引书证。书证第一条是：

Lk. 430a 14. 须菩提语诸天子：“设复有法出于泥洹，亦复如幻。何以故？幻人、泥洹〇如空，无所有。”

〇代表那个正在解释的“赐”字。书证前头那些数字和字母表示所引为支娄迦谶的译作《道行般若经》，载于《大正藏》第 8 卷 480 页上栏 14 行。下面就是一连串对勘。三种梵本相对应的词 ca…… ca……，词典原文解释梵文的意思是 and。《大明度经》作“皆（空）”“俱（无所有）”;《摩诃般若钞经》《小品般若波罗蜜经》《大般若波罗蜜多经》第四会、第五会，以及宋译都没有可对应之处。两种藏译本都作 dang[2]。

书证 6 条，每条之下都有这样的对勘。经过如此这般的穷尽性的列举义项的由来，穷尽性的梵文、藏文、异译的对勘，以及穷尽性的书证，这义项就应当是铁定的了。前面我们说，方法严密，结论无懈可击，说的就是这几个“穷尽”。但是，如果只读词典，虽然能知道这义项确有来头，对勘也能证实，但仍然不知道之所以有此义项的理由，不知道“赐”怎么会有“全部”的意义，也就是不明白理据。再则，作为《道行般若经》词典，也有所遗漏。“赐”在此经中，还有穷尽的意义。这一点，辛岛教授在《汉语史集刊》上的那篇文章，已经提到过。

---

[1] Karashima 即辛岛静志，全称 Karashima Seishi。

[2] dang，藏文的罗马字转写，意思是和，连词。

諸惡悉除賜，亦復是，須菩提，阿惟越致相。（T08p0459c06）

今按：中土文献已有此用法。

《文选·潘岳〈西征赋〉》："若循环之无赐。"注引《方言》："赐，尽也。"

这一用法已载入词书。《玉篇·贝部》："赐，施也，空尽也。"

《道行般若经》中的"赐"，还有给予义：

諸人諸非人，都盧賜來到是間，問訊法師，聽受般若波羅蜜，作禮繞竟各自去。皆賜功德無異。（T08p0435a01）

第一个"赐"，全部。第二个"赐"，给予。

下面我们试着提出"赐"有"全"义的理据。"赐"有"全"义的源头可能是"澌""澌"。《说文·水部》："澌，水索也。"《死部》："死，澌也。"《礼记·曲礼》："死之言，澌也。"《释文》云："本又作澌，同。音赐，尽也。""尽"本是全无，完全没有。其引申"全"义保存下来，用于表示全部或一切之义。"尽"如此，"赐"亦如此。

辛岛教授两部巨著，内容丰富，可供学习的地方很多。它给我们以启示，给我们以信心，给我们以参证。

四、普觉的博客

佛门中人对《道行般若经》有自己的理解和解说。遗憾的是，公开出版发行的不多。网络上有一些，下面的译文取自普觉的博客（2013 年 8 月 12 日）：

善知识品第十九

经文：

"复次须菩提，菩萨摩诃萨在事①欲得阿耨多罗三耶三菩阿惟三佛，是彼当与善知识②从事③，恭敬承事。"

须菩提问佛："菩萨摩诃萨善知识当何以知之？"

佛语须菩提："佛天中天④，是菩萨摩诃萨善知识。若有说般若波罗蜜者，教人入是经中，是菩萨摩诃萨善知识。六波罗蜜，是菩萨摩诃萨善知识。当作是知，六波罗蜜是舍怛罗⑤，六波罗蜜是道⑥，六波罗蜜是护，六波罗蜜是一⑦，六波罗蜜是将。"

译文：

“再者须菩提，菩萨修行的时候如果想得到无上正等正觉，觉悟成佛，他就应该跟随好的老师，恭敬侍奉好的老师。”

须菩提问佛说：“怎么知道谁是菩萨好的老师呢？”

佛说：“天中天的佛就是菩萨好的老师。佛解说般若波罗蜜经，教人进入此经中，他们就是菩萨好的老师。六波罗蜜就是菩萨好的老师。应该知道，六波罗蜜就是善德，就是菩萨道，就是护持，六波罗蜜就是一切，六波罗蜜就是将领。”

如上所标示，这里有 7 个疑问：

①“在事”是什么意思？普觉的译文含含糊糊带过，没有充分表达出佛的意思。佛在这里是强调了的，此处梵本在 785 页：

atha khalu Bhagavān punar apy āyuṣmantaṃ Subhūtim āmantrayate sma | iha Subhūte bodhisattvena mahāsattvenâdhyāśaya–samprasthitenânuttarāṃ samyaksamodhim abhisamboddhu–kāmen’ ādita eva kalyāṇa–mitrāṇi sevitavyāni bhaktavyāni paryupāsitavyāni ||（A Bodhisattva who has set out with earnest intention and wants to win full enlightenment should from the very beginning tend, love and honour the good friends.）

大凡决意修行虔心要得到无上正等正觉的菩萨从头就应该倾心热爱尊崇善知识。

辛校（378 页）释“在事”以 intent upon his business，专心于其事。与英译大体上相当，但没有那么强调。

再看异译怎么说。

吴译：

復次，善業！闓士大士盛志，欲得無上正真道最正覺，當與善友從事，恭敬三尊。（T8p499b08）

唐一：

爾時，世尊復告善現：“若菩薩摩訶薩深心欲證無上菩提，常應親近、供養恭敬、尊重讚歎真淨善友。”（T7p839b19）

唐二：

復次，善現！若諸菩薩以勝意樂，欲證無上正等菩提，常應親近、

供養恭敬、尊重讚歎真淨善友。（T7p910b07）

宋译：

爾時，世尊告尊者須菩提言：若菩薩摩訶薩深心欲得阿耨多羅三藐三菩提者，應當親近恭敬諸善知識。（T8p653c24）

四个异译对应"在事"已有 3 种不同的表达：盛志、深心、胜意乐。都有强调的意味。

据《后汉书》，"在事"，等于说"在职"，如：

《后汉书·循吏传·许荆》："荆和帝时迁桂阳太守……在事十二年，父老称歌。"

《马成传》："在事五六年，帝以成勤劳，征还京师。"

《冯勤传》："在事精勤，遂见亲识。"

《崔瑗传》："瑗举茂才，迁汲令，在事数言便宜，为人开稻田数百顷。"

我们认为，《道行般若经》用"在事"来表达在职者多慎于职守，精勤事功，谓菩萨摩诃萨精进勤劳，欲收修行之效。与异译的"盛志；深心；胜意乐"是有相同之处的。

②"善知识"何解？普觉译为"好的老师"。不确切。梵文作 kalyāṇa-mitra 就是 good friend，好朋友。凡能引导众生舍恶修善、入于佛道者，均可称为善知识。

③从事：行事，办事：《诗经·小雅·十月之交》："黾勉从事，不敢告劳。"往来，打交道：《金史·外国传下·高丽》："或来侵略，则整尔行列，与之从事。"有译者译为"跟随"，只是大套子近似，并非确诂。

④"佛天中天"，译为"天中天的佛"，中间不用标点。"天中天"，在译者那里，是表示一个位置，一个地点。是不是呢？看异译中相对应之处：

罗什译：

諸佛世尊。（T8p571b25）

唐一：

一切如來、應、正等覺。（T7p839b22）

宋译：

諸佛如來。（T8p653c29）

照所引异译，相当于“天中天”的，是“世尊”“应、正等觉”“如来”。在梵文，这个译为“天中天”的词是 bhagavat，通译薄伽梵，佛陀十号之一，诸佛通号之一。意思是有德而为世所尊重者。汉译“天中天”，是意译，天已是人所敬重，天中之天，其威神，其德望更无可比拟了。

⑤舍怛罗：普觉译为“善德”，完全是猜度之辞。此词梵文作 śāstā，意思是惩罚者、教训者、教师、调御师。和“善德”挨不上边。在此上下文中，当译为“教师”。

⑥“六波羅蜜是道”，那个“道”是什么道？是佛道的道，还是道路的道。普觉以为是菩萨道，那就属于前一种。而宋译作“六波羅蜜多為所行正道（T8p654a07）”，明确说是道路的道。梵文原文用的是 mārgaḥ，道路，正道之意。那也就证实不是菩萨道了。

⑦“六波羅蜜是一”，那个“一”所指是什么？这是个难点，让我们多花些笔墨。

六波罗蜜是什么，这里有 5 个借喻。在异译中借喻个数不一。最少的也有 4 个，如吴译：

是善德，是護，是將，是去。（T8p499b12）

最多的 14 个，与梵文原本同，见于唐二：

如是六種波羅蜜多，與諸菩薩為師為導，為明為炬，為光為照，為舍為護，為歸為趣，為洲為渚，為父為母。（T7p910b14）

秦译此处与《道行般若经》比喻数量相等，也是 5 个：

六波羅蜜是舍怛羅，六波羅蜜者是道，六波羅蜜者是為去冥，六波羅蜜者是即為臺，六波羅蜜者是即為明。（T8p534c27）

我们的着眼点当然不在个数多少，而在那个“一”怎么讲。可以与异译中的哪个比喻相当。琢磨来琢磨去，没有一个堪比“是一”的。继续往下看梵本：

sarvā eva ca Subhūte pāramitā bodhisattvasya mahāsattvasya kalyāṇamitrāṇi veditavyāni | ṣaḍ eva pāramitāḥ śāstā ṣaṭ pāramitā mārgaḥ ṣaṭ pāramitā ālokaḥ ṣaṭ pāramitā ulkāṣaṭ pāramitā avabhāsaḥ ṣaṭ pāramitā trāṇaṃ ṣaṭ pāramitāḥ śaraṇaṃ ṣaṭ pāramitā layanaṃ ṣaṭ pāramitāḥ parāyaṇaṃ ṣaṭ pāramitā dvīpaḥ ṣaṭ pāramitā mātā ṣaṭ pāramitāḥ pitāṣaṭ pāramitā jñānāya bodhayā 'nuttarāyai samyaksambodhaye saṃvartante || tat kasya hetoḥ | atra hi Subhūte prajñāpāramitā pariniṣṭitā bhavati yad uta ṣaṭ-pāramitāsu |（All the six perfections, in fact, are the good friends of a Bodhisattva. They are his Teacher, his path, his light, his torch, his illumination, his shelter, his refuge, his place of rest, his final relief, his island, his mother, his father, and they lead him to cognition, to understanding, to full enlightenment.）

事实上，所有六波罗蜜都是菩萨的善友。他们是导师，是道路，是光，是火炬，是照明，是避难所，是救护，是休息场地，是最终的慰安，是岛，是父，是母。是他们领导着菩萨去认知，去了解，趋向阿耨多罗三耶三菩。

读完此段，我们的问题仍然没能解决。

辛校（378 页）对此作了一个猜测，他认为“一”，本当是“臺”，“臺”误作“壹”：“壹”再误为“一”。似乎有理，你看那秦译不是正有“是即为臺”的说法吗？但所有的本子，从古至今，竟然全都把“臺”误成“壹”，把“壹”误成一，这种可能性太少太少。有没有别的解决办法呢？再想想看。

前贤早已指出，我国在佛教传播早期，常借用老子的一些语词，习佛经者也常将佛、道混而为一。即如“无为”（《老子·三十七章》：“道常无为而无不为”），佛经常用以表示非由因缘所造作、离生灭变化而绝对常住之法。本《道行般若经》也有使用：

佛語須菩提：“設是菩薩摩訶薩作是知無為，不失般若波羅蜜。”（T8p462c29）

又如“恍惚”，本之于《老子·二十一章》：

道之为物，惟恍惟惚。惚兮恍兮，其中有象；恍兮惚兮，其中有物。

本《道行般若经》变“恍惚”词形为“恍忽”，前后 6 用，都表示虚幻不实之意。如：

於身恍忽，於勸助福亦復恍忽。菩薩了知恍忽無所有，是故為菩薩摩訶薩般若波羅蜜。（T8p438c24）

由此联想过来，是不是“六波罗蜜是一”那个“一”，与《老子》的“一”，也有关系呢？很可能有。《老子·三十九章》说：

昔之得一者，天得一以清，地得一以宁，神得一以灵，谷得一以盈，万物得一以生，侯王得一以为天下贞。

《老子·二十二章》又说：

是以圣人抱一以为天下式。

“一”，在老子那里，是万物之源，是天下之至道。大乘经译家或借用来表示佛的至高无上的义理，一切皆空之类。

至于普觉把“一”译为一切，在佛经中这样解释的实属罕见。在整个佛经系统中是这样用“一切”来阐述一个佛家理念的，似乎再也找不出第二处。

翻译短短百多个字的经文，随机取样，竟然可以提出7大问题来讨论，其可参考之处，恐怕不是很多。不客气地说，一般出家人，潜心研习佛经佛理的不是很多，即使有人有志于习经，为各种条件所限，能有所进益的甚少。一则少有懂梵文，再则古文根底薄弱，第三缺乏可资参详的资料。不得不依靠意会。大套子说说可以，要是较起真来，要落实到每个细节上，多数就无能为力了。

第二节 《道行般若经》校勘研究

校勘讲究资料依据。《道行般若经》能用来校勘的资料不多，主要资料依据如下：

我们自己新近出了一种大藏经，叫《中华大藏经》。汉文部分中华书局于1997年出齐。其中《道行般若经》的底本是金藏，所缺第一卷、第八卷用丽藏补齐。每卷都有精到的校勘。用以校勘的本子包括资福藏、碛砂藏、房山石经、普宁藏、永乐南藏、径山藏、清藏（龙藏）、丽藏。我们对于《道行般若经》版本的校勘，有赖于此。但我们的底本是日本的大正藏。以《丽藏》为底本的《大正藏》，也有较过细的校勘，其所用勘本包括宫本（宫内厅图书本，旧宋本）、圣本（宫内厅正仓院事务所所藏圣护藏，唐写本），其参考价值自不待言。顺便说一句，我们采用大正藏为底本的原因，是因为它有流行的电子版，便于查检。

注释经文，先得有校，而校注时不可不参考异译。我们用到的异译，如前所述，有：三国吴支谦《大明度经》（以下简称“吴译”）、苻秦昙摩蜱与竺佛念《摩诃般若钞经》（以下简称“秦译”）、姚秦鸠摩罗什《小品般若波罗蜜经》（以下简称“罗什译”）、唐玄奘译《大般若波罗蜜多经·第四会》（以下简称“唐一”）、唐玄奘译《大般若波罗蜜多经·第五会》（以下简称“唐二”），还有赵宋施护《佛母出生三法藏般若波罗蜜多经》（以下简称“宋译”）。

我们的注所参考的梵本是荻原云来的本子，*Abhisamayālaṃkār'ālokā Prajñāpāramitāvyākhyā: The Work of Haribhadra, together with the text commented on*，由 U. Wogihara 编辑，The Toyo Bunko 于 1932 年出版，也是我们训诂研究参考的梵本。英译参考的是 Edward Conze 的 *The Perfection of Wisdom in Eight Thousand Lines & Its Verse Summary*，由 Four Season Foundation，Bolinas 于 1975 年出版。以下所引英译如无特殊说明皆是。在此，一并提出几条传世经典文献的校勘原则。

一、切忌大面积修改

校勘佛经与校勘一切经典一样，总的原则是除非有可靠的证据，站得住的理由，一般不要动原文。比如：

何所法輪，惟三佛見法為轉？無所還法為轉。亦無法有恐者，無有法而憂者。何以故？若有兩法，為不可得，何所法憂，亦無法轉者，故諸法如空無所轉，亦無法有還者，乃至諸法亦為無所有。（T8p444a07）

何所，即何。为转，即转。我们理解这段话的意思是：阿惟三佛看见了什么法在转法轮中转了？没有什么法回归到转法轮中来转。也没有因无法而恐惧的，没有因无法而忧虑的。首转是法，再转又是法，那就有两法，如果说有两法，那是不可能的。哪里有什么忧虑恐惧无法的？也没有转法轮之法。因为法如虚空，无所谓转不转。也没有法可以回归，甚至可以说各种各样的法本来就是乌有。

辛校（198 页）：

何所法輪为转，无所惟三佛見法為轉，無所還法為轉，亦無法有恐者，無有法而憂者。何以故？若有兩法，為不可得，何所法憂，亦無法轉者，何以故？諸法如空無所轉，亦無法有還者，乃至諸法亦為無所有。

原文 72 字，其中“惟三佛”辛校改为“爲轉無所”。另增两字，删 16 字（下作横线者），计 59 字。这样大量增删，毫无敬畏之心，是不可接受的。

吴译：

何所為經輪轉？無見經還。何所為經輪轉？無見經、無觀法。何以故？諸經所生，如虛空，無轉無去。（T8p489a29）

罗什译：

轉法輪時，亦無所轉，無法可還，無法可示，無法可見。是法不可得故。（T8p553a20）

唐一：

雖轉法輪而無所轉，轉法還法不可得故；雖度有情而無所度，見不見法不可得故。世尊！此大般若波羅蜜多甚深教中，轉法輪事都不可得。所以者何？以於此中無法可顯、無法可示、無法可得、無法可轉、無法可還。所以者何？以一切法畢竟不生亦復不滅，不生滅故無轉無還。（T7p804c22）

唐二：

雖轉法輪而無所轉，無法可示、無法可顯、無法可得、無法可轉、無法可還，以一切法畢竟不生亦復不滅，不生滅故無轉無還。（T7p887a18）

宋译：

雖轉法輪，亦無法可示、無法可得。以無證、無示、無所得故，一切法空，畢竟離著。由離著故，即一切法無還無轉。何以故？世尊！一切法離性，是故無還無轉。（T8p619b05）

梵本 442 页到 443 页：

evam ukte āyuṣmān Subhūtir Bhagavantam etad avocat | mahā-pāramitêyaṃ Bhagavaṃs tasya bodhisattvasya mahāsattvasya yasyâsaṅgatā sarva-dharmeṣu yo ‘sāv anuttarāṃ samyaksambodhim abhisamboddhu-kāmo na ca kaṃcid dharmam abhisambudhyate dharma-cakraṃ ca pravartayiṣyati na ca kaṃcid dharmaṃ saṃdarśayiṣyati || tat kasya hetoḥ | na hi kaścid dharmo ya upalabhyate yo vā dharmaḥ sūcyate nâpi kaścit kaṃcid dharmaṃ pravartayiṣyati || tat kasya hetoḥ | atyantânabhinirvṛttā hi Bhagavan sarvadharmā nâpi kaṃcid dharmaṃ nivartayiṣyati || tat kasya hetoḥ | ādy-anabhinirvṛttā hi Bhagavan sarvadharmāḥ prakṛi-viviktatvāt sarva-dharmāṇāṃ ||（Subhuti：Great is this perfection of a Bodhisattva who…… who will turn the wheel of dharma and who yet will not show up any dharma. For no dharma is here got at，no dharma is indicated，no dharma will move on any dharma. Because absolutely，reproduction is alien to all dharmas. Nor will any dharma turn back any other dharma. Because from the very beginning all dharmas have not been reproduced，since their essential nature is isolated.）

他将转此法轮，但他没有宣示任何法。因为这里无法可得，无法可示，无法可转。因为一切法毕竟不生，也无法从一法回到另一法。因为从根本上说，一切法从未产生，由于其具有远离性。

据较晚的版本增删改订较早的本子，多半是求其语句可读。校者不可不察。把“惟三佛”换成“爲轉無所”也是这样考虑的。但原本读得通的地方，就不必校改。至于删去“亦無法有恐者，無有法而憂者”，想必就是因为异译和对勘里并无其说。但早先本有的，有什么理由断定它无呢？是因为其后无。后人有后人的见解，可以发展，可以修正，说“后无前必无”是不能草率相信的。还有“如空”二字，校者也无情地删掉，他没有见到吴译已有“如虚空”，也没有注意到宋译也有“一切法空”的说法。以为梵本的“无”不等于“空”而断然去除“如空”二字，显然是不周到的。所引经文末处有“乃至”二字，比起法如虚空和法无还者来，根本无所有自然是程度更甚，用“乃至”（义同甚至）很是妥帖，却被删除，更是无法认同。

二、不得据后改前

上面的例子正是据后改前的例。但因为这方面的例证多，宜于专门立题强调。

例一

無苦波羅蜜，諸法不相侵。（T8p444b16）

“無苦”，吴译仍作“無苦”，秦译缺。到姚秦鸠摩罗什，改“無苦”为“苦”，删去“无”字。以后各译包括梵本均无“無”字。

罗什译：

苦波羅蜜是般若波羅蜜，諸法無苦惱故。（T8p553c05）

唐一：

是名為苦波羅蜜多，是逼惱法平等性故。（T7p805b16）

唐二（T7p887c01）同。

宋译：

苦波羅蜜多是般若波羅蜜多，虛空平等故。（T8p619c29）

梵本 451 页：

duḥkha-pāramitêyaṃ Bhagavann āgāśa-sama-dharmatām upādāya |

（Ill is this perfection, because the nature of dharma is the same as space.）

般若波罗蜜其性不舒适，因为法性如同虚空。

辛校（204 页）《道行般若经》，据以删去“無”字，作“苦波罗蜜，诸法不相侵”。

考察各译，有“苦”无“苦”，各有其理。不是删去一个字就能把经讲通的。“無苦波羅蜜，諸法不相侵”，是说不相侵逼，故无苦恼。至于罗什说“苦波羅蜜”，是因为它担当了所有的苦，这才“諸法無苦惱”。为什么要把“無苦”改成“苦”呢？揣度是后来的般若学者，以为佛的根本教义有苦谛，而说“無苦”，与其宗旨不合。再后来的般若学者，继承波罗蜜为苦这个意思，而为何是苦，各有各的解释。唐译以为“逼惱法平等”，皆具备致苦之因，自然波罗蜜也该为苦。宋译以为“虛空平等”，波罗蜜理当同样为空，徒劳无功，归结于苦谛一途。

梵本之说与宋译同。也就是说，后人发展了前人的学说，修正了（认为）前人不周密之处，其行踪有迹可寻。不得径以后说修订前说。

例二

釋提桓因問舍利弗："菩薩摩訶薩未受决者，於前說之，將有何等異?"

舍利弗言："是菩薩求佛已來大久遠，為已受決；若未受決，聞之，便於中受決，亦復不久，若見一佛若見兩佛，便受決，作阿耨多羅三耶三菩；菩薩摩訶薩未受決者，聞是恐畏，即捨還去。"（T8p445a09）

辛校（211 页）据异译与对勘，删去"為已受決""菩薩摩訶薩未受決者，聞是恐畏，即捨還去"。据义理，闻说般若波罗蜜，若尚未受决，便当如何。今插入已受决和闻而恐惧，便觉多余。这是误会了经文的意思。经文原意谓：问：在未受决者面前说般若，听众将有何种不同的结果或效果。答：有三种情况。一种是早早受决了；一种是经一二佛之后，不久即得受决；还有第三种情形，虽得闻，但心怀恐惧，舍弃而去。后之般若学者以为但就听后尚未受决一个方面而言，未及第一种情况，而第三种情况更不可能，故加删除。这与早期经文比较实事求是的说法不合。加以删削便使得原来的经文残缺不全了。

例三

是六十菩薩過去世時，各各供養五百佛，布施求色，持戒、忍辱、精進求色，禪，不知空，離空，不得般若波羅蜜漚恕拘舍羅，今皆取阿羅漢道。（T8p453c03）

辛校（295 页）删去两个"求色"，又删去"不知空，離空"，以与异译一致。异译此处一概没有"求色""不知空，離空"这样的内容。例如罗什译：

舍利弗！是六千菩薩，已曾供養親近五百諸佛，於諸佛所，布施、持戒、忍辱、精進、禪定，不為般若波羅蜜方便所護故，今不受諸法，漏盡，心得解脱。（T8p562c30）

还是不放心，也许梵本有这样的内容呢？

梵本 644 页：

Bhagavān āha | etaiḥ Śāriputra bodhisattvaiḥ pañca–buddha–śatāni paryupāsitāni sarvatra ca dānaṃ dattaṃ śīlaṃ rakṣitaṃ kṣāntyā sampāditaṃ vīryam ārabdhaṃ dhyānāny utpāditāni | te khalu punar ime prajñāpāramitayā 'parigṛhītā upāya–kauśalyena ca virahitā abhūvan | kiṃ câpi Śāriputra eteṣāṃ bodhisattvānām asti mārgaḥ śūnyatā vā ānimitta–caryā vā apraṇihita–manasikāratā vā | atha ca punar etair upāya–kauśalya–vikalatvāt bhūta–koṭiḥ sākṣātkṛtā śrāvaka–bhūmau nirjātā na buddha–bhūmau |（Those Bodhisattvas have honoured five hundred Buddhas, and during all that time they have given gifts, guarded their morality, perfected their patience, exerted their vigour, and produced trance. But they were not upheld by perfect wisdom and lacked in skill in means. And so, although they had gained the path of emptiness, had coursed in the Signless, had put their minds to work on the Wishless, as wanting skill in means they had realised the reality limit, and come forth on the level of Disciple or Pratyekabuddha, and not on the level of a Buddha.）

那些菩萨也曾供养五百佛，在此期间他们布施、持戒、忍辱、精进，禅定。可是他们不为般若波罗蜜所支持，并且缺乏沤和拘舍罗。虽然他们已得空之道，实施无相，且用心做到无愿，但由于需要沤和拘舍罗，他们已达到了现实的极限，走上了声闻、辟支佛之路，而不是升入菩萨道的阶位。

也没有，这就可以放心了，可以放心删去了。但这里有问题，后世没有的内容，不等于当初也没有。除非你能说出理由来，证明其因誊抄或转写等原因而错误地加上了。这才可以放心删去。否则是不能放心的。

到这时就要询问，什么叫作求色了。同为支谶所译《般舟三昧经》里说："云何為缺戒也？佛言：'其人意念：我持戒自守，使我後世生，若作天，若作遮迦越王。'如是為樂愛欲，是為缺戒。"（T13p900c21）由是得知，"求色"就是心怀杂念，想求得个人的好处，或上天享天上之乐；或做人间共主，享人间之福。《道行般若经》的意思，虽也布施，但动机不纯，虽也持戒、忍辱、精进，但怀着个人的打算，虽也禅定，但不知空的学说，远离空的教导。未得般若波罗蜜，未得善权方便，这样他就得不到正道，于是走上了低级修行的道路。异译和梵本与此稍有不同。他们的意思，此类人布施、持戒、忍辱、精进、禅定并无缺憾，缺只缺在无般若波罗蜜沤和拘舍罗。

各有各的用意，如果删去支谶所译的"求色""不知空，離空"，就失去了原样；而如果异译中加上"求色""不知空，離空"，那也就不是异译的本来面貌了。

例四

佛語舍利弗："若樂聞者，佛當為若說之。摩訶薩者，悉自了見，悉了知十方天下人，十方所有悉曉了知。知人、壽、命，知有惡無惡、樂不樂、有志無志，悉曉了知見，為說法。如是無所著，爾故字為摩訶薩。"（T8p427b17）

秦译：

佛語舍利弗："樂聞者，當為若說之。摩訶薩者，悉自了見，悉了知一切人，世間所有悉了知，人、壽、命悉了知，悉了知著斷之事，便能隨人所樂，為說法，以是故名為摩訶薩。"（T8p510b09）

罗什译：

舍利弗白佛言："世尊！菩薩為斷我見、眾生見、壽者見、人見，有見、無見、斷見、常見等，而為說法，是名摩訶薩義。於是中心無所著，亦名摩訶薩義。"（T8p538c21）

唐一：

舍利子言："以諸菩薩方便善巧，為諸有情宣說法要，令斷我見、有情見、命者見、補特伽羅見、有見、無見、斷見、常見、薩迦耶見，及餘種種有所執見，依如是義名摩訶薩。"（T7p766b13）

唐二：

舍利子言："以諸菩薩方便善巧，為諸有情宣說法要，令斷我見、有情見、命者見、補特伽羅見、有見、無見、斷常見等，依如是義名摩訶薩。"（T7p868a27）

宋译：

舍利子言："所有我見、眾生見、命者見、補特伽羅見、諸有趣見、斷見、常見，及有身見，若離如是等見為眾生說法者，是為摩訶薩。"（T8p589c20）

梵本 80 页：

āyuṣmān Śāriputra āha | mahatyā ātma-dṛṣṭyāḥ sattvadṛṣṭyāḥ jīva-dṛṣṭyāḥ pudgala-dṛṣṭyā bhava-dṛṣṭyā vibhava-dṛṣṭyā uccheda-dṛṣṭyāḥ śāśvata-dṛṣṭyāḥ svakāya-dṛṣṭyā etāsām evam-ādyānāṃ dṛṣṭīnāṃ prahāṇāya dharmaṃ deśayiṣyatîti tenârthena bodhisattvo mahāsattva ity ucyate ||（Sariputra：A Bodhisattva is called a 'great being' in the sense that he will demonstrate dharma so that the great errors should be forsaken, - such erroneous views as the assumption of a self, a being, a living soul, a person, of becoming, of not-becoming, of annihilation, of eternity, of individuality, etc.）

舍利弗：设此菩萨为摩诃萨，他将说法，阐明诸如此类的假定皆错：我见，众生见，寿者见，人见，有见，无见，断见，常见，个性见等。

关于具备什么条件才是摩诃萨，都说要为众生说法。光是说法，还不是摩诃萨，还有其他条件。从《道行般若经》到秦译，讲说法之人应善知一切。知什么呢？《道行般若经》说要知人，知有生命特征之物，知一切有生命的活物，知道他们的什么呢？知道他们有恶无恶（品行），乐不乐（感情），有志无志（志趣）。知道这些，才能有针对性地为之说法。

罗什和唐译，则阐述说法的目的，使听者消除许多偏见，罗什举 8 种偏见，唐一举 10 种偏见，最为详备。

梵本及英译只讲说法的内容，内容还是指出那么一些偏见。

宋译不讲目的和内容，只讲说法者本身要抛弃偏见，是对说法人的要求。《道行般若经》也对说法人提要求，不过只是要求能知晓一切。而不是要求本人消除偏见。

学说有发展，各家的说法不完全一致，各有特点，不可妄为比附。辛校（22 页）意欲将《道行般若经》中的"有惡無惡"，改成"有見無見”，如同罗什译、唐一、唐二和梵本所提到的那样。殊不知《道行般若经》是讲说法者应知晓的内容，是对摩诃萨的要求，而罗什等，则是讲去除偏见，是说法者要达到的目的，完全不可以牵合。

三、可改可不改的一律不改

例一　受——愛

何以故？用學般若波羅蜜故，不受自瞋恚，不受自貢高，不受自可。（T8p431c01）

受：信受。三“受”字皆如是解。此“受”，秦译作“愛”（T8p514a14）。辛校（62 页）据此欲改这里的“受”为“愛”。

梵本 198 页：

tat kasya hetoḥ | tathā hi taṃ prajñāpāramitā paridamayati prajñāpāramitā pariṇamayati na krodhaṃ vardhayati na mānaṃ vardhayati sa nôpanāhaṃ parigṛhṇāti na vyāpādaṃ parigṛhṇāti nânuśayaṃ dhārayati ||（Because perfect wisdom tames and transforms him. Wrath and conceit does not increase. Neither enmity nor ill will take hold of him, not even a tendency towards them.）

用般若波罗蜜熏陶故，瞋恚与贡高不生，不为仇恨与敌意所控，连仇恨与敌意的倾向都无。

辛校将“受”改为“愛”，将“愛”译为 apt（有……倾向的）。可能欲改“受”为“愛”，也受“倾向”意思的影响。但《道行般若经》中的“受”既可解通，就不必据后出异译改动。正如在校《摩诃般若波罗蜜钞经》时，也不必据《道行般若经》而改“愛”为“受”一样。况梵文 parigṛhṇāti 本有“受”义。

例二　檐——擔

當作護是菩薩摩訶薩，於諸佛所，破壞眾惡，而斷愛欲，等行如一，降伏魔事，棄捐重檐，是即自從。（T8p438b22）

檐：用为“擔”字。《说文》段注：“古书多用‘檐’为‘儋荷’之

'儋'。"今为此举数例。《史记·田敬仲完世家》:"羇旅之臣,幸得免负檐,君之惠也。"《平原君虞卿列传》:"虞卿者,游说之士也。蹑蹻檐簦,说赵成王。"赵宋《记纂渊海》卷48《性行》:"刘毅家无檐石之储,樗蒲一掷百万。"(引自《晋书》)今《晋书》"檐"作"儋",《宋书》作"擔",《南史》同。本经大正藏校,谓宫本、宋本、元本、明本"檐"皆作"擔",辛校(135页)从之,改"檐"为"擔"。

《说文解字·心部》儋(dān)字段注:"何也。'儋'俗作'擔'。古书或假'檐'为之,疑又'擔'之误耳。韦昭《齐语》注曰:'背曰负,肩曰儋。任,抱也。何,揭也。'按,统言之,则以肩、以手、以背、以首皆得云儋也。从人,詹声。都甘切。八部。"

例三"無有過上"之"上"

菩薩摩訶薩作是施者,無有過上,終不離怛薩阿竭、阿羅呵、三耶三佛。作是施者,為不雜毒。(T8p439a24)

"無有過上",辛岛校注(144页):吴译作"無過"(T8p486c29)。秦译作"無過也"(T8p520c28)。罗什译作"無有咎"(T8p584c12)。梵本作anaparāddho bhavati(becomes free from guilt)(从罪过中解脱)。辛岛据以删经文中"上"字,作"無有過"。

但大正藏所见各本,以及中华藏所见各本均有"上"字。且"无有过上"有义可说,言无有超过者,无有居其上者。如:

斷漏無婬者,謂無上義無有過上者,亦無儔匹,覺悟一切諸法,無微不入,無細不達,復為坐中眾生解狐疑,故說無上義。(姚秦竺佛念《出曜经》:T4p717b01)

特别是下一条引文,时间上更接近于东汉。且又是般若类佛经,还与《道行般若经》一样,"無有過上"在《劝助品》内,只不过一在第四品,一在第四十品。

發聲聞、辟支佛乘者,所作布施福祐之像,持戒自守一心福像。不如是菩薩摩訶薩勸助之福與眾生俱,共為阿耨多羅三耶三菩,其福最尊為最第一,具足無有過上者,所作勸助,皆為眾生成阿耨多羅三耶三菩。(西晋无罗叉《放光般若经》:T8p057a20)

由此看来，“無有過上”的“上”，似以保留不删为妥，而注明其异译中多无“上”字，并以“过”为过错、过失义。

例四　守——字

無所守是為逮法，守為般若波羅蜜。（T8p440c17）

辛校（160 页）改“守爲”之“守”为“字”。释“字”为“名”。“字爲般若波羅蜜”，名为般若波罗蜜。其根据为异译和对勘。

吴译：

逮無所逮法。無所逮法，名曰明度。（T8p487c10）

秦译：

無所守是為逮法，守為般若波羅蜜。（T8p522b15）

罗什译：

如是生般若波羅蜜，於法無所成。若無所成，則名般若波羅蜜。（T8p550a27）

唐一：

諸菩薩摩訶薩如是引發甚深般若波羅蜜多，於一切法都無所成，於一切法無所成故，乃名般若波羅蜜多。（T7p799a24）

唐二：

若諸菩薩引發般若波羅蜜多，於一切法都無所成，無所成故得名般若波羅蜜多。（T7p883c14）

宋译：

般若波羅蜜多雖如是生，無少法可成。由無法成故，乃得名為般若波羅蜜多。（T8p614a18）

梵本 386 页：

na yathôpalambhas tathā ‘rpayati na yathā nāma tathā ‘rpayati na yathā ‘bhisaṃskāras tathā ‘rpayati ||（When consummated in such a way, the perfection of wisdom does not procure any dharma, and in consequence of that fact she comes to be styled ‘perfection of wisdom.’）

如此坚守时，般若波罗蜜得不到任何法，由此它被称为“般若波羅蜜”。

异译除秦译与首译相同外，余皆以“名”与之相对应。梵文 nāma 就是“名”的意思。这样一来，改“守”为“字”，释为“名”，似可成立。

然而，“守为”之“守”，自东汉至清，由中至朝至日，各本皆如是作（据大正藏校，唯圣本误为“家”之外）。尚需注意一事，与此“守”相当的，恐非“名”字，而是“無所逮法”（吴）、“若無所成”（罗什）、“于一切法都無所成故”（唐一）、“無所成故”（唐二）、“由無法成故”（宋）、“arpayati”。“守爲般若波羅蜜”，意思是：若守无所守，是为般若波罗蜜。“守为”之“守”，略当于守无所守，宾语“无所守”，承前而省。

四、不可因误解佛理而改

例一“無欲無色界”之“欲”

無欲界，無色界，<u>無欲無色界</u>。（T8p439a29）

“無欲無色界”大正藏校：圣本、元、明本均无“欲”字。中华藏校：普宁藏、南藏、径山藏、龙藏均无“欲”字。所有异译都不能证明这里当有“欲”字。且依佛理，欲界有淫欲、情欲、色欲、食欲，色界则已无淫欲情欲，徒具形色，更上一级，则为无色界，并色亦无。故后世各传经者，以为色界已无欲，何劳于无色界再言“無欲”无色界呢？故辛岛校注（145 页）大胆删去“欲”字。

假如我们再谨慎一些，宁可不删。只作为问题提出即可。须知宫本、资福藏、碛砂藏、赵城藏、丽藏这些较早的版本都作“無欲無色界”。知古本本来如此。后世据已流行的三界说（欲界、色界、无色界），误以为色界已无欲，误以为到无色界还讲“無欲”显系多余。不知色界只“遠離欲界之淫、食二欲”，而为“仍具有清净色質等有情之所居”。只有到了无色界，才能做到完全无欲无色。就后世三界定名而言，后一“欲”多余，而就其初始而言，“无欲无色”便是实际情状的说明。

例二　多——光

舍利弗白佛言：“般若波羅蜜者<u>多</u>所成，天中天！因般若波羅蜜無

不得字者，天中天！般若波羅蜜為極照明，天中天！”（T8p440b15）

辛岛教授改“多”为“光”（157页）。译“多所成”为made of light，其根据为罗什译：

爾時舍利弗白佛言：“世尊！是般若波羅蜜，佛言是般若波羅蜜。世尊！般若波羅蜜能作照明。世尊！般若波羅蜜所應敬禮。世尊！般若波羅蜜能與光明。”（T8p549c28）

又是“作照明”，又是“與光明”，好像能对应起来了。但且慢，《道行般若经》下面还有为“極照明”的话，到底是对应“多所成”，还是对应“極照明”的呢？

唐一：

爾時，舍利子白佛言：“世尊！甚深般若波羅蜜多，當知即是一切智性，善能成辦一切智智。”

爾時，佛告舍利子言：“如是！如是！如汝所說。”

時，舍利子復白佛言：“甚深般若波羅蜜多能作照明皆應敬禮。”（T7p798c17）

唐二：

爾時，舍利子便白佛言：“如是無倒隨喜迴向，皆由般若波羅蜜多威力成辦。”

爾時，佛告舍利子言：“如是！如是！”

時，舍利子復白佛言：“如是般若波羅蜜多能作照明，皆應敬禮。”（T7p883b11）

宋译：

爾時，尊者舍利子白佛言：“世尊！般若波羅蜜多出生一切智智，一切智性即般若波羅蜜多耶？”

佛言：“舍利子！如是，如是！如汝所說。”

舍利子復白佛言：“世尊！般若波羅蜜多所應敬禮，般若波羅蜜多所應尊重。般若波羅蜜多是大光明；般若波羅蜜多清淨無染；般若波羅蜜多廣大照曜。”（T8p613b15）

三种异译都有与首译“爲極光明”相对应的话。此前确另有与“般若波羅蜜者多所成”相对应的话。在唐一是“甚深般若波羅蜜多，當知即是一切智性，善能成辦一切智智”，在唐二是“皆由般若波羅蜜多威力成辦”，在宋译是“般若波羅蜜多出生一切智智”。这样看来，把“多”改为“光”，从异译的角度说，理由相当欠缺。

现在看与梵文对勘，又是如何？

梵本 379 页：

atha khalv āyuṣmān Śāriputra Bhagavantam etad avocat | sarvajñā-jñāna-pariniṣpattir Bhagavan prajñāpāramitā | sarvajñatvaṃ Bhagavan prajñāpāramitā ||

Bhagavan āha | evam etac Chāriputrâivam etad yathā vadasi ||

Śāriputra āha | avabhāsakarī Bhagavan prajñāpāramitā | namaskaromi Bhagavan prajñāpāramitāyai | namaskaroṇīyā Bhagavan prajñāpāramitā |

（Sariputra：The perfection of wisdom，O Lord，is the accomplishment of the cognition of the all-knowing. The perfection of wisdom is the state of all-knowledge.

The Lord：So it is，Sariputra，as you say.

Sariputra：The perfection of wisdom gives light，O Lord. I pay homage to the perfection of wisdom！）

舍利弗：般若波罗蜜，天中天，完成了对萨芸若的认知。般若波罗蜜是对萨芸若的陈述。

佛：是这样，如你所说。

合利弗：般若波罗蜜光明照耀，天中天，般若波罗蜜当礼敬。

和“爲極光明”相对应的是 namaskaronīyā，而与“多所成”相对应的是复合词 sarvajñā-jñāna-parinispattir，其意思是一切智皆由般若波罗蜜多成办。完全没有“光所成”的影子。在佛的义理系统中，多有以光为喻的，却未见有为光所成的。

例三　闻——问

舍利弗白佛言：“般若波羅蜜甚深甚深，天中天！若有菩薩摩訶薩信深般若波羅蜜者，不說中短，亦不狐疑，其人何所來而生是間？為行菩薩道已來幾聞解般若波羅蜜事，隨教入中者？”

佛語舍利弗："從他方佛剎來生是間，是菩薩摩訶薩於他方供養佛已，從受問聞深般若波羅蜜故，以是復聞般若波羅蜜，自念言：'我如見佛無異。'"（T8p441a17）

辛校（165 页）读"幾聞解"为"幾間解"，以"幾間"为 for how long（好长时间）。所据为梵文（英译）作：for how long。吴译作：幾時。唐一作：已經幾時。

疑不当改。闻、解二字连读。所问是几度"聞解"般若波罗蜜，闻教而得理解。不是问何时得"解"其中义。回答是"問聞"之时。问者，请教，闻者，听闻。先已"問聞"，于今又"復聞"，正是回答几度闻解的。后来的般若学者以为解其中义，不可以有几度，而改为"何時"。但这不是《道行般若经》原意，改之非是。

闻、解连用，不是个例，除秦译与此相同亦作"闻解"外，又例如：

佛說是時，比丘意解，內思聖教即得應真；谷中鬼神亦皆聞解，為佛弟子受誓誡勑，不復侵民。（吴支谦《佛说义足经》；T4p578a03）

佛說是時，比丘意解，內思聖教即得應真；谷中鬼神亦皆聞解，為佛弟子受誓誡勑，不復侵民。（法矩共法立《法句譬喻经》；T4p578a03）

萬二千天地無不感發，天人鬼神多得聞解。（失译《般泥洹经》；T1p182a23）

一妙音聲充滿一切世界，隨其所應無不聞解，皆為歡喜。（东晋佛驮跋陀罗《大方广佛华严经》；T9p653c02）

而且，"幾間"也不等于"幾時"：

佛問諸沙門："人命在幾間？"

對曰："在數日間。"

佛言："子未能為道。"

復問一沙門："人命在幾間？"

對曰："在飯食間。"

佛言："子未能為道。"

復問一沙門："人命在幾間？"

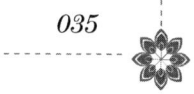

對曰："呼吸之間。"

佛言："善哉！子可謂為道者矣。"(《四十二章经》；T17p724a01)

五、不解之处宜存疑以待高明

一部《道行般若经》，不可解处多多。注者当尽其所能，力求破解。其中大多数，皆对读者有所交代，总有一个办法，总有一个回答。但也有些讲不清楚的地方，不得勉为其难。今试举3例，以见一斑。

例一

舍利弗言："善哉！菩薩精進作是語：'設使行色為行想，設生色行為行想，設觀色行為行想，設滅色行為行想，設空色行為行想，設識行立欲得為行想，痛痒、思想、生死、識行為行想，生識行為行想，觀識行為行想，滅識行為行想，空識行為行想。'如是菩薩為反行想，作是守行者，為不守般若波羅蜜，為不行般若波羅蜜。若想行者，菩薩護行，當莫隨其中。"

舍利弗謂須菩提："菩薩當云何行般若波羅蜜？"

須菩提言："不行色，不生色行，不觀色行，不滅色行，不空色行；不痛痒、思想、生死、識行，不生識行，不觀識行，不滅識行，不空識行；不色想行，不色生行，不色觀行，不識滅行，不識空行；亦無見亦無行，亦無見行，無行無見，亦復無行，亦無止行。如是為無見。何以故？一切法無所從來亦無所持，菩薩摩訶薩一切字法不受字，是故三昧無有邊、無有正，諸阿羅漢、辟支佛所不能及知。菩薩摩訶薩隨三昧者，疾得作佛。"(T8p426c02)

这里一共有48个"行"字。其中38个是动词谓语带宾语。宾语或在前，或在后。宾语在后的14个，在前的24个。为什么有在后，有在前，有什么规律，不全得其解。是不是宾语为单音节的时候，就置后呢？好像也不全是这样。

这里舍利弗首先说的，便于指称，我们叫它前言。后面须菩提的话，我们叫它后语。前言后语相配搭而行。前言是前提，是后语所以说"不"的原由。前言说了11项，而后语却增至16项，前言不搭后语。作何解释?

为了便于指称，将后语中的“行”与前言相对应的编上号。如下：

舍利弗謂須菩提:“菩薩當云何行般若波羅蜜?”

1 須菩提言:“不行色

2 不生色行

3 不觀色行

4 不滅色行

5 不空色行

6 不痛痒思想生死識行

7 不生識行

8 不觀識行

9 不滅識行

10 不空識行

11 不行色

12 不色想行

13 不色生行

14 不色觀行

15 不識滅行

16 不識空行

11 与 1 重，为什么要重，重有重的道理。13 与 2 重，唯一作“色生”，一作“生色”，“色生”，与“生色”有区别吗？区别在哪里？14 与 3 重，唯一作“色觀”，一作“觀色”。“色觀”，与“觀色”有区别吗？15 与 9 重，唯一作“識滅”，一作“滅識”。16 与 9 重，唯一作“識空”，一作“空識”。这些也只能是说不得其解。

例二

復次，須菩提！若疾心亂心，怛薩阿竭悉知之。何謂怛薩阿竭悉知之疾心亂心？其法本者，無疾無亂，以是故知之。（T8p449a16）

疾心亂心：这里所要表述的是聚集之心，散乱之心。罗什译作“乱心、攝心”（T8p557c18），唐一作“略心、散心”（T7p815a02），唐二作“散心、略心”（T7p893b16），宋译作“攝心、亂心”（T8p629a04）。梵（539—540 页）作 saṃkṣiptāni cittāni（collected thoughts），vikṣiptāni cittāni（distracted thoughts）。但“疾”何以有聚集、收摄之义，不得其解。或者在支谶那里，疾，假借为“集”，二字都是从纽，同声通假。但韵部不合，一是开口，一是闭口。而这种开口通于闭口之例，前人已有。《方言》卷十“激，清也”，钱绎笺疏谓：“疾，与急同义。”是说“疾”借为“急”，“急”在闭口，“疾”在开口。《韩非子·内储说上》“令下而人皆疾习射”，王先慎集解：“疾，读为亟。”“疾”和“亟”，韵部也是相隔甚远的。

例三

须菩提白佛言：“極大究竟般若波羅蜜，不可計究竟，不可量究竟，無有與等者究竟，無有邊究竟。”

佛言：“極大究竟般若波羅蜜，不可計究竟，不可量究竟，無有與等者究竟，無有邊究竟，安隱般若波羅蜜。不可計究竟，怛薩阿竭無師薩芸若，是故般若波羅蜜不可計究竟。何等般若波羅蜜不可量究竟？不可量怛薩阿竭無師薩芸若，不可議、不可稱，是故般若波羅蜜不可量究竟。何等般若波羅蜜安隱究竟無有與等者？怛薩阿竭誰能過者，是故般若波羅蜜無有與等者究竟。何等般若波羅蜜無有邊究竟？無有邊怛薩阿竭無師薩芸若，是故般若波羅蜜無有邊究竟。”（T8p450c09）

这里有 18 个“究竟”，加上稍后的两个（T8p451a16、17），一共 20 个，如何解释？李维琦《佛经词语汇释》认为，佛经中“究竟”有 3 个主要义项，作者举了 30 个例子以为论据（见该书 181 页）。其基本精神就是“極度”。“不可計究竟”，就是不可计极度，亦即极度不可计。“不可量究竟”，就是不可量极度，亦即极度不可量，等等。就本经文来说，应该通得过。但与异译相对照，就有问题（下文再说）。于是翻检支谶所译其他用例，以寻求别的恰当的解释。

《道行般若经》共用 27 个“究竟”，除这里 20，还有 7 个：

釋提桓因常作是願：“我會當念般若波羅蜜，常念常持心諷誦究竟。”釋提桓因心中誦念般若波羅蜜，且欲究竟，弊魔便復道還去。（T8p434a12）

“諷誦究竟”，始终谓诵读不辍。“且欲究竟”，将会坚持念经不停。

於色中不究竟，如色不究竟者，爾故不於色中住；痛痒思想生死識不究竟，如識不究竟者，爾故不於識中住。（T8p444c23）

“究竟”，谓常在，永存。

是菩薩終不中道懈墮，能究竟於是中得阿耨多羅三耶三菩。（T8p452a28）

“究竟”，终竟，终究。

疑似支谶译的佛经，检得四条“究竟”：

菩薩摩訶薩，當令居家學道者知之。所以者何？善男子善女人，黨不能究竟是德號法經。（《阿閦佛国经》；T11p764a01）

“黨不能究竟是德號法經”，或许终不能获得这种尊经。

於經法中無有飽時。所有惡不覆藏，皆發露。他人有短，不念其短惡。諸福功德悉究竟。（《遗日摩尼宝经》；T12p190b04）

“悉究竟”，最终全部完成获得。

亦不與人有所諍，亦無有能害者，與人無有恨。所作有究竟故，其慧而忠質故。（《伅真陀罗经》；T15p354a22）

所作為事悉當究竟，是為精進。（《伅真陀罗经》；T15p357c08）

“所作有究竟”“所爲事悉當究竟”，都是说做事都当做好做完。

综观这11个究竟，其基本意义是终竟，据上下文而有不同的意义。大都是从时间上说，有始终坚持，常住不懈，终得达成这一类的意思。把“终竟”及据以活用的意义代入所引20个“究竟”中去，极大的始终不变的般若波罗蜜，不可计量的永无停顿的般若波罗蜜，无与伦比的坚持不懈的般若波罗蜜，无边无际的也没有时限的般若波罗蜜，这样说也不会碰到大的阻碍。

依据时贤研究成果，或我们自己总结归纳，无论取其中哪个意义，只要不太拘谨，稍微活络一下，都能把经说得顺畅，问题应该可以解决。其所以通不过，使我感到为难的是异译和对勘。异译自罗什以下，梵本及其英译，出现了不可理解的情况。

罗什译：

須菩提白佛言：“世尊！般若波羅蜜為大事故出，般若波羅蜜為不

可思議事、不可稱事、不可量事、無等等事故出。（T8p559a13）

唐一：

爾時，具壽善現便白佛言："世尊！甚深般若波羅蜜多為大事故出現世間，為不可思議事故出現世間，為不可稱量事故出現世間，為無數量事故出現世間，為無等等事故出現世間。（T7p818a05）

宋译：

爾時，尊者須菩提白佛言："世尊！此般若波羅蜜多最上甚深，為大事故出，為不可思議事、不可稱事、不可量事、不可數事、無等等事故出。（T8p632b14）

与"究竟"相当的是"大事""事"或"事故"。叫人摸不着头脑。此处梵本在 569 页：

atha khalv āyusmān Subhūtir Bhagavantam etad avocat | gambhīrā Bhagavan prajñāpāramitā | mahā–kṛtyena batêyaṃ Bhagavan prajñāpāramitā pratyupasthitā | acintya–kṛtyenâtulya–kṛtyenâprameya–kṛtyenâsamkhyeya–kṛtyenâsamasama–kṛtyena batêyaṃ Bhagavan prajñāpāramitā pratyupasthitā ||（Subhuti：Deep，O Lord，is perfect wisdom. Certainly as a great enterprise has this perfection of wisdom been set up，as an unthinkable，incomparable，immeasurable，incalculable enterprise，as an enterprise which equals the unequalled.）

须菩提：啊，世尊！深奥啊般若波罗蜜！此般若波罗蜜已创立起来，无疑是伟大的事业，不可思议的、无与伦比的、不可计量的、不可算数的事业，是无等等的事业。

与"究竟"相对应的是 mahakṛtya（enterprise 事业，大事）。可知异译与梵本不异。支谶的本子作"究竟"，而异译作"事""大事"，作"事业"，如何能够调和起来呢？依辛校（268 页）之见，可能是支谶在这里把梵文的 kṛtya（an enterprise）误成 koṭi（end or top）了。这种说法比较勉强，相信难有人接受。实在没有法子，就只能把问题留给后人了。我曾经揣度，大概早期的般若学说，翻译过来，本就是作为极度解的"究竟"吧。然而我不自信，不敢作为一种看法提出，以供人们选择。

第二章 《道行般若经》的训诂方法

第一节 佛经语言训诂方法探究

佛经语言训诂方法，李维琦在《考释佛经中疑难词语例说》(原载《湖南师范大学学报》)社科版2003年第4期，为朱庆之编《佛教汉语研究》所收录，商务印书馆，2009)一文中列举了8种方法。就是：1.利用古注，2.翻检词书，3.与中土文献对勘，4.从佛经本身求解，5.从语句中归纳，6.以经证经，7.揣摩文例，8.比照非汉文佛典。其中4、5、6三项名义有些交叉的地方。但大致上也就包括了能用到的手段了。张幼军在《佛教汉语训释方法探索》(湖南师范大学出版社，2008)中提出语用学的方法和梵汉英对勘法。我们这里能用上的，多是后者，可以说还得到了某种程度的发挥。我们在《道行般若经》的注释工作中，使用上述各项方法，把自认为有些心得的地方，收集起来，成为本章。先看一例：

须菩提言："於拘翼意云何，何所法中作是教人本所生？"

釋提桓因言："無有法作是教者，亦無法作是教住置。設使有出者但字耳，設有住止者但字耳，但以字字，著言耳。有所住止處，但字耳。了無所有，但以字字，著言耳。人復人所，本末空，無所有。"(T8p430c08)

首先总体估量异译与对勘，撷取其大意。对于这段有参考意义的，举4处来看。

吴译：

善業言："云何於釋意，何所法中名為人？"

"於法中不見有名為人者。何以故？不見有所從來處。所以者何？人

本末皆空，無所有故。設使有來者、有住止者，但名耳。”（T8p483b12）

秦译：

須菩提言：“於拘翼意云何，何所法中說人、人之本?”

釋提桓因言：“無有法作是說者，亦無法留置者。設有出者，但字耳。無有作者，但以字耳。”（T8p513b02）

罗什译：

須菩提言：“眾生義即是法義。於意云何? 所言眾生、眾生有何義?”

釋提桓因言：“眾生非法義，亦非非法義，但有假名。是名字無本無因，強為立名，名為眾生。”（T8p541b11）

梵本 178 页：

sthaviraḥ Subhūtir āha | tat kiṃ manyase Kauśika katamasyâitad dharmasyâdhivacanaṃ yad uta sattvaḥ sattva iti ||

Śakr’ āha | nâitad ārya Subhūte darmasyâdhivacanaṃ nâdharmâdhivacanaṃ yad uta sattvaḥ sattva iti | āgantukam etan nāmadheyam prakṣiptam avastukam etan nāmadheyaṃ prakṣiptam anātmīyam etan nāmadheyaṃ prakṣiptam anārambaṇam etan nāmadheyaṃ prakṣiptam yad uta sattvaḥ sattva iti ||

（Subhuti：What factual entity does the word ‘being’ denote?

Sakra：The word ‘being’ denotes no dharma or non-dharma. It is a term that has been added on [to what is really there] as something adventitious，groundless，as nothing in itself，unfounded in objective fact.）

须菩提：众生这个词指的是什么实体?

释罗：众生这个词不是指法，也不是非法。它仅仅是一个术语，它已作为偶然的、无据的东西，作为本身为无、事实上是空的东西，被加到确实在于此的事物上。

前二处为前期，讲人、人之本，后二处为后期或近于后期，讲众生。前者讲没有法说人，没有法说人之所从来，后者说众生不是法所言，也不是非法所言。然后就都说，人或众生是空的，只是一个名词，无所实指。

其次，就来着手训释《道行般若经》中的词语。第一个要弄清楚的是“人本”，在秦译中，与之对应的是“人，人之本”。与后期译文相对照，知道这里说的就是众生，就是 being。“人本所生”类似于现代所说的“物种起源”。接着要弄清楚“住置”作何解，在这里指的是什么。在字面上说，“住置”意思是住止（后文就说“住止”），是留置（秦译就说“留置”），但不是一般的住止和留置，而是指原始的住止或留置（参照吴译“所从来处”），是哲学意义上的人之本源。还有一个词“教”，“教”是何意。“教”，说教，宣教。参秦译，何所法中“说”人、人之本，无有法作是“说”者。

词语搞明白了，句意也就不难理解了。这里难懂的是这样三句：

何所法中作是教人本所生

無有法作是教者

亦無法作是教住置

第一句是说，什么法中说了众生之所产生

第二句是说，没有法这样说过

第三句是说，也没有法说过众生原始存在于何处

进一步，要对这三句中的两句作语法分析，以确信所解无误。

作是教人本所生——作人本所生这样的宣教。“人本所生”与“是”同位，一在前，一在后。

作是教住置——作原始存在于何处的宣教。“住置”与“是”同位，一在前，一在后。

这两句的语法特点是，定语后置，而与作为前置定语的指代词相配合，互相照应。词序与众不同，但还是可以解释，不为不合。

此例注重异译比照，梵汉对勘，注意总览文义，并且讲究语法分析。

在佛经语言的训诂工作中，我们最常用到的方法就是对勘法。下面还介绍几个方法。

一、纵横求证

这是常用到的方法。例如“作”，有回向义。

《道行般若经》经文：

聞者不恐、不怖、不畏，是菩薩摩訶薩能勸助，為作薩芸若。持心作是勸助，心亦盡滅，無所有、無所見。何等心當作阿耨多羅三耶三菩者？當以何心作之？心無兩對，心之自然乃能所作。（T8p438b14）

经是说，此人能随喜，便是将此随喜功德回向萨芸若了。如果有意将这劝助功德回向于萨芸若，那想法就全然灭尽，无所有，无所见。什么想法是回向阿耨多罗三耶三菩的想法呢？应当以什么想法去回向呢？如果用想法去回向想法，这两种想法不可能同时并存。心本无性，岂能回向？

这里5个“作”，都是回向义。不是兴作，不是作起，不是进行活动，也不是发作。在异译中，多用“迴向”来对译。在梵文是pariṇamayati，回向。英译多用turn over to/ into来表述。

先从异译中求证：

罗什译：

是人聞是，不驚不怖，不沒不退。菩薩隨喜福德，應如是迴向薩婆若所。用心迴向，是心即盡即滅。何等心是迴向阿耨多羅三藐三菩提？若用心心迴向，是二心不俱，又心性不可得迴向。（T8p548a11）

唐一：

彼聞如是隨喜迴向，不驚、不怖、不退、不沒。諸菩薩摩訶薩應以如是隨喜俱行諸福業事，迴向無上正等菩提。當於爾時應作是念：所可用心隨喜迴向，此所用心盡、滅、離、變，此所緣事及諸善根，亦皆如心盡、滅、離、變。此中何等是所用心？復以何等為所緣事及諸善根，而說隨喜迴向無上正等菩提？是心於心，理不應有隨喜迴向，以無二心俱時起故。心亦不可隨喜迴向，心自性故，是故隨喜迴向之心及所緣事皆不可得。（T7p791c01）

宋译：

而彼菩薩聞是法已，不驚、不怖、亦不退沒。如是菩薩摩訶薩，能以隨喜功德如實迴向彼一切智。爾時，尊者須菩提白慈氏菩薩言：“若菩薩起隨喜心、迴向心，是心即盡、即滅、即離，當以何心而能隨喜？復以何心而用迴向阿耨多羅三藐三菩提？若以心心能迴向者，是二心不俱，亦無所有；若諸心自性，又不能迴向。即以何心能迴向

耶?”（T8p608c17）

梵本 335 页：

atha khalu Maitreyo bodhisattvo mahāsattva āyuṣmantaṃ Subhūtiṃ sthaviram etad avocat | nêdam ārya–Subhūte navayāna–samprasthitasya bodhisattvasya mahāsattvasya purato bhāṣitavyaṃ nôpadeṣṭavyaṃ || tat kasya hetoḥ | yad api hi syāt tasya śraddhā–mātrakaṃ prema–mātrakaṃ prasāda–mātrakaṃ gaurava–mātrakaṃ tad api tasya sarvam antardhīyeta | avinivartanīyasyêdam ārya–Subhūte bodhisattvasya mahāsattvasya purato bhāṣitavyam upadeṣṭavyaṃ | yo vā kalyāṇamitrôpastabdho bodhisattvo mahāsattvo bhavet so ‘tra nâvaleṣyate na saṃleṣyate na vipatsyati na viṣādam āpatsyate na vipṛṣṭhīkariṣyati mānasaṃ na bhagnapṛṣṭhīkariṣyati nôttrasiṣyati na saṃtrasiṣyati na saṃtrāsam āpatsyate |

（Alternatively, a Bodhisattva who is propped up by a good friend would thereby not be cowed, nor become stolid, nor cast down, nor depressed, would not turn his mind away from it, nor have his back broken, nor tremble, be frightened, be terrified. And thus should the Bodhisattva turn over into all–knowledge the meritorious work founded on jubilation.）

或者，在善友支持下，菩萨因而不畏怯，不冷漠，不倒地，不沮丧，他将不从此离心，不丧失主心骨，不震颤，不恐不惧。由此这菩萨必将把基于随喜的功德回向萨芸若。

atha khalve āyuṣmān Subhūtiḥ sthaviro Maitreyaṃ bodhisattvaṃ mahāsattvam etad avocat | yena Maitreya cittenânumodya yat pariṇāmayati tac cittaṃ kṣīnaṃ niruddhaṃ vigataṃ viparinataṃ tat katamat tac cittaṃ yena pariṇāmayaty anuttarāyai samyaksambodhaye | katamad vā tac cittam anumodanā–sahagatam puṇya–kriya–vastu yat pariṇāmayaty anuttarāyai samyaksambodhaye | kathaṃ vā śakyaṃ cittena cittaṃ pariṇāmayituṃ yadā dvayoś cittayoḥ samavadhānaṃ nâsti | na ca tac–citta–svabhāvatā śakyā pariṇāmayituṃ ||

（Subhuti：The thought by which one has rejoiced and turned over, or dedicated that［wholesome root connected with jubilation］, –that thought of［rejoicing］is［at the time of turning over］extinct, stopped, departed, reversed. Therefore, what is that thought by which one turns over to full enlightenment? Or what is that thought which turns over into full enlightenment the meritorious work founded on jubilation? Or, if no two thoughts can ever meet, how can one by thought turn over, or dedicate, thought? Nor is it possible to turn over [or to overturn, to transform] that thought as far as its own being is concerned.)

须菩提：这思想，人们以此欣赏并回向，或者奉献此与随喜相联的善根，那欣赏的思想于回向时为消灭，为停止，为孤滞，为颠倒。那么，什么是人们用以回向阿耨多罗三耶三菩的思想？或者，什么是那将随喜功德回向阿耨多罗三耶三菩的思想？或者，如果两种思想不可能冲突，如何能以思想回向思想？回向那关涉其自身的思想是不可能的。

然后从《道行般若经》中其余文例求证：

例一

持勸助福，用作阿耨多羅三耶三菩。（T8p438c16）

拿随喜这种福德，用它来回向阿耨多罗三耶三菩。

例二

作是無所求，眾所不還，是為阿耨多羅三耶三菩所作。（T8p438c21）

是这般无所求，（想、心、信）都不悔还，这便是回向阿耨多罗三耶三菩。

例三

因其勸助功德福，持作薩芸若，過菩薩之所作為——若布施、持戒、忍辱、精進、禪上。（T8p440c04）

由于他们随喜而得功德，以此功德回向萨芸若，较之菩萨之所作为，如布施、持戒、忍辱、精进、禅定，更在其上。

例四

釋提桓因問須菩提："何謂為著？"

須菩提言："心知，拘翼！持是知心施與作阿耨多羅三耶三菩。心者本清淨，能可有所作？"（T8p442c03）

帝释问须菩提："什么是著？"

须菩提说："心知有意就是著。拘翼，将此有意为之，回向阿耨多罗三耶三菩，便是著。心本清净无自性，岂能回向？"

例五

於法者而無法，故曰無過去、當來、今現在。以是不可有所作，亦不可有想，亦不可作因緣，有不可見聞，如心可知。（T8p442c14）

就法而言，本无所谓法，所以就无三世可说。因而不可有回向，也无相无想，无因无缘，无见无闻，无知无觉。

例六

是為不持怛薩阿竭戒、精進、三昧、智慧，不曉知薩芸若，但想如聞聲耳，便欲從是作阿耨多羅三耶三菩，會不能得，便中道得阿羅漢、辟支佛道。（T8p453c22）

这就叫不持戒，不精进，浮躁不安，无知无识，不懂一切智，跟他说佛理，如风贯耳，左耳进，右耳出，想以这种状况回向正等正觉，定不可得，只能半路上堕入阿罗汉、辟支佛道中。

例七

若復於辟支佛所而作功德，都勸助之，勸助已，持是福德作阿耨多羅三耶三菩，持所作為想。用是故，譬若雜毒。（T8p439a17）

如果再在辟支佛前修行功德，全都随喜，随喜完了，拿这功德回向正等正觉，亦即以所回向为相，为空。因此，这就好比是杂毒。

例八

舍利弗言："菩薩夢中布施，持是施與作阿耨多羅三耶三菩，如是有施與無？"（T8p457c01）

舍利弗的话是说，梦中布施，非实布施，用这回向正等正觉，这样能算作布施吗?

从本经中连举 8 例为证，是共时，是横向比勘；前面从异译中求证，那算是历时，是纵向比勘。这样一纵一横，共时加历时，可保万无一失，就叫纵横求证法。

二、本经中归纳

有时只在本经中求证即可，因为异译或无此种用法。例如“置”。

置：搁置，表示姑且不论的意思。《道行般若经》讨论问题，往往有从个别到小范围，再从小范围到大范围，再到更大范围的情形。从一个层次到另一个层次的时候，先用“置”字，把前一个层次撇开。

佛言：“拘翼！善男子、善女人，怛薩阿竭般泥洹後，取舍利起七寶塔供養，盡形壽自歸作禮承事——持天華、天搗香、天澤香、天雜香、天繒、天蓋、天幡。如是，於拘翼意云何，善男子、善女人作是供養，其福寧多不?”

釋提桓因言：“甚多，甚多！天中天！”

佛言：“不如是善男子、善女人，書般若波羅蜜，持經卷，自歸作禮承事供養——名華、搗香、澤香、雜香、繒綵、華蓋、旗幡——得福多也。”

佛言：“置是塔。拘翼！若復有閻浮利滿中七寶塔，若有善男子、善女人，盡形壽自歸作禮承事供養——天華、天搗香、天澤香、天雜香、天繒、天蓋、天幡。云何，拘翼！是善男子、善女人，其福寧多不?”

釋提桓因言：“甚多，甚多，天中天！”

佛言：“不如是善男子、善女人，書般若波羅蜜，持經卷，自歸作禮承事供養——名華、搗香、澤香、雜香、繒綵、華蓋、旗幡——得福多。”

佛言：“置閻浮利所作事。拘翼！滿四天下七寶塔，若有善男子、善女人，盡形壽自歸作禮承事供養——天華、天搗香、天澤香、天雜香、天繒、天蓋、天幡——其福寧多不?”

釋提桓因言：“甚多，甚多！天中天！”

佛言："不如是善男子、善女人，書般若波羅蜜，持經卷，自歸作禮承事供養——名華、擣香、澤香、雜香、繒綵、華蓋、旗幡——得福多。"

佛言："置四天下塔。拘翼！譬如一天下，復次一天下，如是千天下，四面皆滿其中七寶塔，若有善男子、善女人盡形壽自歸作禮承事供養——天華、天擣香、天澤香、天雜香、天繒、天蓋、天幡。云何，拘翼！其福寧多不？"

釋提桓因言："甚多，甚多！天中天！"

佛言："不如是善男子、善女人，書般若波羅蜜，持經卷，自歸作禮承事供養——名華、擣香、澤香、雜香、繒綵、華蓋、旗幡——得福多。"

佛言："復置千天下。拘翼！如是中二千天下，四面皆滿其中七寶塔，若有善男子，善女人，盡形壽自歸作禮承事供養——天華、天擣香、天澤香、天雜香、天繒、天蓋、天幡。云何，拘翼！其福寧多不？"

釋提桓因言："甚多，甚多！天中天！"

佛言："不如是善男子、善女人，書般若波羅蜜，持經卷，自歸作禮承事供養——名華、擣香、澤香、雜香、繒綵、華蓋、旗幡——得福多。"

佛言："復置是中二千天下。拘翼！若三千天下，四面皆滿其中七寶塔，若有善男子、善女人，盡形壽自歸作禮承事供養——天華、天擣香、天澤香、天雜香、天繒、天蓋、天幡。云何，拘翼！是善男子、善女人，其福寧多不？"

釋提桓因言："甚多，甚多！天中天！"佛言："不如是善男子、善女人，書般若波羅蜜，持經卷，自歸作禮承事供養——名華、擣香、澤香、雜香、繒綵、華蓋、旗幡——得福多。"

佛言："復置是三千天下七寶塔。拘翼！若三千大國土中薩和薩，皆使得人道，了了皆作人已，令人人作七寶塔，是輩人盡形壽供養，持諸伎樂、諸華、諸擣香、諸澤香、諸雜香、若干百種香、諸繒、諸蓋、諸幡，復持天華、天擣香、天澤香、天雜香、天繒、天蓋、天幡，如是等薩和薩，及三千大國土中薩和薩，悉起是七寶塔，皆是伎樂供養。云何，拘翼！其功德福祐寧多不？”

釋提桓因言：“作是供養者，其福祐功德，甚多，甚多！天中天！”

佛言：“不如是善男子善女人，書般若波羅蜜，持經卷，自歸作禮承事供養——名華、搗香、澤香、雜香、繒綵、華蓋、旗幡——得福多。”

釋提桓因白佛言：“如是，天中天！極安隱般若波羅蜜，天中天！自歸作禮承事供養，過去、當來、今現在佛天中天薩芸若，則為供養作禮承事自歸，為悉供養至。”

佛言：“置是三千大國土中七寶塔，復如一恒邊沙佛國土，一一薩和薩悉起作七寶塔，皆供養一劫，復過一劫，皆持天華、天搗香、天澤香、天雜香、天繒、天蓋、天幡，都盧天上天下諸伎樂持供養。如是，拘翼！其福祐功德寧多不？”

釋提桓因言：“甚多，甚多！天中天！”

佛言：“不如是善男子善女人，書般若波羅蜜，持經卷，自歸作禮承事供養——名華、搗香、澤香、雜香、繒綵、華蓋、旗幡——得福多。”（T8p432b16— p433a29）

从“置是塔”到“置是三千大國土中七寶塔”，7 个层次，层层推进，一层比一层广大。

三、主要从异译和对勘中求证

例如“自然”。❶

若於諸般泥洹佛所而作功德，持是功德欲作所求，其智自然，能為阿耨多羅三耶三菩。（T8p438c26）

辛岛静志教授《道行般若经校注》（以下简称“辛校”）140 页注说：

If（a *bodhisattva*）wishes to transform the merit, which he made under the *buddhas*, who have already entered *parinirvāṇa*, into what he has sought for,（then it shows that）his wisdom is innate, and he can attain

---

❶ 这一例为李维琦与辛岛静志商榷用例，见于《佛经释词三续》（《古汉语研究》2012 年第 1 期第 2 页）。现完整引来说明对勘法。

anuttara-samyaksambodhi.

（如果欲将诸佛于般泥洹后，在其处所作功德回向其所求，那就表示其智为天生，且能获得阿耨多罗三耶三菩。）

这里释“自然”为 innate，天生的，固有的。

这话所设条件与预计结果之间无必然联系，甚至悖谬。有那样一种欲望，便能达到就佛家来说是最高的境界吗？“其智爲天生”的话，在佛家看来，对于一般人来说，也是不可思议的。置于此，亦无谓。

唐一可参考之处如下：

若菩薩摩訶薩於已滅度諸佛世尊及諸弟子功德善根，若欲發起隨喜迴向無上正等菩提心者，應作是念：“如佛世尊及諸弟子皆已滅度，自性非有，功德善根亦復如是。我所發起隨喜迴向無上正等菩提之心，及所迴向無上菩提，性、相亦爾，都不可得。”如是知已，於諸善根發生隨喜迴向無上正等菩提，便能不生想、心、見倒，名正隨喜迴向菩提。（T7p794a01）

我们以为从“應作是念”到“都不可得”，就是《道行般若经》中的“其智自然”。落实一下，“自然”意指“自性非有”，亦即无自性。玄奘大师的译文说：诸佛及其弟子已灭度，无有自性；功德善根亦如是，无有自性；回向无上菩提之心、之事，其性其相也如此，都不可得。如是认识，如是知晓，便不至于堕入颠倒，便可回向阿耨多罗三耶三菩了。

“自然”本来是指自性、本性、真性，但这些本无，所以就引申为无自性、无本性、无性以至于无有了。这是我考察《道行般若经》中“自然”的意义而产生的概括性的认识。校注者在其《道行般若经词典》里，对于“自然”的意义也有一个总结性的表述，他说：

The state of things as they really are, natural state or constitution; self-existing, created spontaneously, made without cause, natural, spontaneously, of oneself.（《道行般若经词典》667 页）

（事情的状况如其真是，自然的状况或结构；自我生存，自然地创制，平白无故而成，天然的，自发的，亲自。）

好像这样的释义更适合于一般的语料，我们不会忘记，我们是在就《道行般若经》说话。现在就花点篇幅来考论《道行般若经》中其他文例中的“自然”。

例一

當以何心作之？心不兩对，心之自然乃能所作。（T8p438b17）

Which thought can be transformed (into omniscience)? Two thoughts do not exist simultaneously. It is impossible for thought to be transformed (into omniscience), because of its own nature. (辛校 135 页)

（哪个思想能回向萨芸若？两心不可同在。由于其自性，思想不可能回向萨芸若）

这个“自然”，我们据吴译“心無兩對，心無身，當作何施與乎？”（T8p486b14）解释为“心没有两相对立的心，且心本无，岂能有所作？”

“心无身”，心无自身，亦即空无。“自然”言其本性，本性空无，所以有此解释。

例二

是菩薩隨怛薩阿竭教者，是即為作，知佛功德所生自然、及其相、法所有。（T08n0224p0439a22—23）

辛校 144 页解释道：

A *bodhisattva*, who follows the Tathāgata's teachings, knows the origin (所生; *jātika*) of the merit of *tathāgatas*, its nature (自然; *svabhāva*), its marks and its mode of existence as a *dharma*.

（随如来之教者，知佛功德之来源、性质、身相和作为法的存在样式。）

此“自然”便是本性、自性，译为“性质”，无异议。

例三

般若波羅蜜，於一切法悉皆自然。（T8p440b26）

辛校 158 页注译：

(The *Prajñāpāramitā*) is innate in all the *dharmas*.

（于诸法中，般若波罗蜜是天生的。）

梵本在 380 页：

akūṭasthatām upādāya sarva-dharma-svabhāva-vidarśanī Bhagavan prajñāpāramitā |

［the perfection of wisdom... is］one，which shows the nature of all dharmas（《校注》158 页）

（般若波罗蜜显示一切法性。）

与梵本对勘，“自然”与 nature 即“性质”相当，可以接受。校注者以 innate（天生的、固有的）译之，就比较疏远了。

般若波羅蜜能示一切法性。（T8p550a11）

此为罗什译，与梵本同。好像可以同意此一解释了。可唐二又作：

開示諸法無性為性。（T7p883b20）

它意欲译为“无性”，但又嫌其过于直白，译为“無性爲性”，就兼顾到了本由“性质”义引申而来的这一事实。

例四

人無所生，般若波羅蜜與人俱皆自然。（T08p441a13—14）

辛校 164 页注：Human beings are not produced（无所生）. Both the *Prajñāpāramitā*）and human beings are made without cause（自然）.（人无所生，般若波罗蜜与人皆无由生。显然是译“自然”为无由，无缘故无来由。）

此处梵本在 389 页：

sattvâsvabhāva-jātikā hi prajñāpāramitā veditavyā | sattvâsvabhāvatayā prajñāpāramitā ‘svabhāvatā veditavyā |（For the absence of own-being in beings should be known as belonging to the very essence of the perfection of wisdom. One should know that the perfection of wisdom is without own-being because［or：in the same way in which］beings are without own-being.）

须将人无自性看成是般若波罗蜜最本质的属性，故应知：般若波罗蜜无自性，因为人无自性。

与《道行般若经》相对应，“自然”约当于无自性。梵本近似。英译也是。

吴译则作：

人本無，大明亦無。（T8p487c23）

罗什译作：

衆生不生故，般若波羅蜜不生。衆生無性故，般若波羅蜜無性。（T8p550b22）

“自然”约与无性相当。

或译为无，或译为无性，或相当于无自性，除了辛校，谁也不说是“無因”或“無故”。由此我的意见就要从众了。学术上的事当然不能以众为准，但如果众有理，也就不回避从众。

例五

色無著、無縛、無脫。何以故？色之自然故為色，痛痒、思想、生死、識無著、無縛、無脫。何以故？識之自然故為識。（T8p441c25）

辛校 173 页注译“自然……自然”：

the state of things as they really are, natural state or constitution.

（事物的形态如其真是，自然状态或机制。）

梵本 405 页：

rūpâsvabhāvatvāt Subhūte rūpam abaddham amuktaṃ | evaṃ vedanā saṃjñā saṃskārā vijñānaṃ ubhūte ‘baddham amuktaṃ tat kasya hetoḥ | vijñānâsvabhāvatvāt Subhūte vijñānam abaddham amuktaṃ ||（Form is neither bound nor freed, because form has no own-being. 英译此处有省略。）

辛校认为支娄迦谶误将无自性当作了有自性（Lokakṣema seems to have mistaken a-svabhāvatva for svabhāvatva），我们认为恐怕不是。色无自性即自性。色无缚无解所以色无自性。

我们指出过，辛校较多处注意“自然”的一般意义，这里也是。而经中意义不全同，它多与“無”联系在一起。

吴译：

往古來今，五陰不著、不縛、不脫。所以然者，以其無形。

（T8p488b07）

与“自然”相对应的是“無形”。

罗什译：

色無縛、無解。何以故？色真性是色。受、想、行、識無縛、無解。何以故？識真性是識。（T8p551b10）

这是另一派，它译为真性，或自性。这样译也不错，因为真实或自性，也是无。只是不如译为无那一派更加直接。

唐一：

色非縛非解。何以故？色以無性為自性故。受、想、行、識非縛非解。何以故？受、想、行、識以無性為自性故。（T7p801c20）

这种译法两派兼顾，既讲自性，也讲无性。

例六

自然波羅蜜，般若波羅蜜是。天中天！於諸法亦無自然故。（T8p444b22）

辛校 206 页注译：The *Prajñāpāramitā* is a self–existence *pāramitā*. Because all *dharmas* here no self–existence.（般若波罗蜜是自存波罗蜜，因为这儿一切法皆非自存。）

这里将一切法与般若波罗蜜对立起来，恐非。

梵本 456 页作：

svayambhū–pāramitêyaṃ Bhagavan sarva–dharmâsvabhāvatām upādāya |（This is a perfection of Self–existent，because all dharmas have no own–being.）

这个是自存波罗蜜，因为一切法皆无自性。

后一句好懂，前一句什么叫自存，不大能懂。参看异译。

吴译：

如來諸法，本無，無師；無為寂寞，明度無極。（T8p489b1617）

说如来诸法，包括般若波罗蜜。“本無”，言无实据；“無師”，言无所依傍。言“自存”，大概就是指无据无依。经言“自然波羅蜜，般若波羅蜜是”，说般若波罗蜜是自存波罗蜜，也就是说般若波罗蜜是无实据无依傍的波罗蜜。如果我们释“自然波羅蜜”为无自性的波罗蜜，与自存的波罗蜜，也就不相背离了。

因此，我们想将经中此处两个“自然”，前一处释为无自性，与梵本、异译都可以相合不悖。后一个释为本性、自性，“于諸法亦無自然”，亦即诸法亦无自性。

例七

皆是自然人，如是自然人。（T8p449a13）

辛校252页译注：These people are really thus. These people are really thus.（这些人真如是。这些人真如是。）

可见，辛校认为“皆是自然人，如是自然人”这两个句子意思完全相同，但其实这两句意思是不相同的。前一句说，（这些人）都是自然人，后一句说，自然人都如是。

此句梵本在538页：

sattvâsvabhāvatayā Subhūte ‘prameyāḥ sattvā asamkhyeyāḥ sattvā iti yathābhūtaṃ prajānāti ||（Moreover，Subhuti，thanks to this perfection of wisdom the Tathagata wisely knows immeasurable and incalculable beings as they really are. And that through the absence of own-beings.）

得益于般若波罗蜜，菩萨知道一切众生如其所是。且都处于无自性之中。

参照梵本所说，所谓“自然”，意思是无自性。人都是无自性的，而这些无自性的人，其心都是一样的。

我以唐一作为我的观点的支撑：

一切如來、應、正等覺皆依般若波羅蜜多，如實證知無量無數無邊有情自性非有，故說般若波羅蜜多能示世間諸法實相。（T7p814c24）

“無量無數無邊有情，自性非有”，就是一切众生皆无有自性，亦即“皆是自然人”。既然皆无自性，“自然人”皆如是，皆无自性，所以就能显示诸法实相，所谓诸法实相，亦即都无自性。

综上所言，重复地说一次前面已经说过的话，《道行般若经》中的“自然”，是性质、自性的意思，就说是它在本经中的基本义吧。在佛家看来，自性即无性，所以引申出无自性乃至无性和无的意思。而且经中大多用其引申义，较少用其基本义。

四、求助于古书古注

例一

一切人悉學法，其法俗如故。（T8p429a05）

俗，宫本、资福藏、普宁藏、南藏、径山藏、龙藏作“續”。碛砂藏作“非”。作“續”为是。句谓所有人都学法，而法不增不减，仍然如故。作“俗”者，“续”之借字，贾公彦疏《周礼·地官·土均》：“俗者，续也。续代不易。”

例二

須菩提言：“拘翼！當所問者，聽所問。……”（T8p429b04）

可以参考的是吴译：

善業白佛言：“……釋欲所聞者，聽所問矣。”（T8p482b24）

意思是说，你可以闻知的事，听由你问。听，解释为听凭，任凭。《庄子·徐无鬼》：“郢人垩慢其鼻端若蝇翼，使匠石斫之，匠石运斤成风，听而斫之，尽垩而鼻不伤，郢人立不失容。”

明明是“當所問”，为什么解释为“當所聞”呢？因为这一个“問”，通“聞”。

《庄子·庚桑楚》：“南荣趎俯而惭，仰而叹，曰：‘今者吾忘吾答，因失吾问。’”郭庆藩集释：“问，犹闻也。问、闻古通用。”辛校（41页）译为 listen to what you should listen to，听你该听的。义差近。而改两个“問”字为“聞”，作“當所聞者，聽所聞”，失之。

例三

須菩提言：“從般若波羅蜜中生。說是法時，若讀時，菩薩信不疑，菩薩當知之，有隨是法不增，不隨是法不減。”（T8p428c29）

“若读时”：或诵读是法时，与前文说是法时构成选择。若，或。

《史记·高祖本纪》:“诸将以万人若以一群降者，封万户。”

例四

我了不見人當般若波羅蜜者，人亦不見般若波羅蜜。般若波羅蜜所厭伏，善男子善女人無有敢輕者，心亦不恐，不怖懼，無所畏。（T8p434c12）

辛校（91页）以“當”为“擋”（obstructs）。未安。应训“當”为“敵”。《战国策·秦策》“所当未尝不破也”，高注：“当，敌也。”《孟子·公孙丑上》“文王何可当也”，朱集传：“当，犹敌也。”“當般若波羅蜜”，谓对般若波罗蜜怀有敌意。“人亦不見般若波羅蜜”，辛校（91页）直译为无人能见般若波罗蜜。这里实际上是说，也无人与般若波罗蜜为敌。“般若波羅蜜”之前，承前省“敵”字。

梵本可证实我们的说法：

sa upārampān api prajñāpāramitāvihārī na samanupaśyati upārambhakarān api prajñāpāramitāvihārī na samanupaśyati yo ‘py upārambhyeta tam api na samanupaśyati tām api prajñāpāramitāṃ na samanupaśyati（Immersed in the perfection of wisdom one does not see the hostility, nor those who act with hostility, nor those who want to be hostile. In that way upheld by the perfection of wisdom, one remains unaffected by censure and fear.）

信服于般若波罗蜜，就见不到敌意，没有谁行事敌对，也没有谁愿为敌。那样，在般若波罗蜜支撑之下，他不会受到别人责难的影响，在恐惧面前能保持镇定。

还是这一处，第二个问题：

般若波羅蜜所厭伏，善男子善女人無有敢輕者，心亦不恐，不怖懼，無所畏。（T8p434c12）

辛岛理解“厭伏”是强力压服，善男信女不应当说是被般若波罗蜜所压服，因而指支谶没弄懂梵文原文 parigṛhīta（摄受，护念）的意义，把“護念”译成了“壓伏”，译错了。

其实这里是辛岛错。他以为“厭伏”只能作强力压伏解，不知道也可作心服口服讲。就是后世所说的“折服”。

“伏”通“服”。降服，服从。汉荀悦《汉纪·哀帝纪下》：“故北狄不伏，中国不得高枕也。”《后汉书·乌桓传》：“乌桓自为冒顿所破，众遂孤弱，常臣伏匈奴，岁输牛马羊皮。”

是知“厌伏”即“厌服”，谓信服，心服。《东观汉记·冯勤传》：“由是使典诸侯封事，勤差量功次轻重，国土远近，地势丰薄，不相逾越，莫不厌服焉。”《三国志·吴书·陆逊传》：“机吴人，羁旅单宦，顿居群士之右，多不厌服。机屡战失利，死散过半。”

例五

其有說深般若波羅蜜，若不信者，其人為未行菩薩道，反持作難。（T8p444c10）

“反持作難”，不可确解。凡有难解之处，第一要做的是与异译比照对勘，或许能寻出蛛丝马迹。

吴译：

聞其義而不信者，彼求道未久，以斯為難矣。（T8p89b25）

罗什译：

若不久行菩薩道，不能信解，有何可怪？（T8p554a01）

唐一：

諸有未久信樂修行甚深般若波羅蜜多，聞說此中甚深義趣，不能信解，或生毀謗，未為希有。（T7p806a02）

唐二：

諸有未久信樂修行甚深般若波羅蜜多，聞說此中甚深義趣不生信解，未為希有。（T7p888a06）

宋译：

於甚深法不生愛樂，由不樂故不能解了，以其不了又復不能請問諸佛及佛弟子。由是緣故，今聞此法起違謗者，當知往昔已生違謗。（T8p620b21）

梵本 462 页：

kim atrâścaryaṃ syâd yad asyāṃ gambhīrayāṃ prajñāpāramitāyāṃ bhāsyamāṇāyāṃ pūrvam acaritāvvībodhisattvo mahāsattvo nâdhimucyeta（It is not at all astonishing that，when it is being taught，a Bodhisattva would not believe in it，if he had not practiced in the past.）

如果他在过去世时没有修习过般若波罗蜜，当其被开示时不信仰其说，那就全然不要大惊小怪。

与“反持作難”相对应的，在梵文是 atrâścaryaṃ，此中奇怪，令人惊讶。异译中，在吴译为“以斯爲難”；在罗什为“有何可怪”；在唐一为“或生毁謗，未爲希有”；在唐二为“不生信解，未爲希有”；在宋译为“起違謗”。在英译为：It is not at all astonishing.

在文字上对得上号的是吴译，“以斯爲難”，认为这是难点。可这样解释与前后文联系不上。其余各条都距离较远，难于牵合。

辛校（208 页）以吴译为释，只是将“難”译成对般若波罗蜜难于理解：considers（the prajñāpāramitā）hard（to understand）。

今按：“作難”应解作为难，指驳难、辩诘、质疑。《后汉书·儒林传下·李育》：“尝读左氏传……作难左氏义四十一事。”“反持作難”，谓不信其说犹自可，反而取为难的作法，加以驳难辩诘。

例六

阿惟越致心學諸法，皆安隱為世間人說經，持深經授與，令得分德住。悉致願使得經，令用分德住。（T8p454c03）

分德，以所修得的功德转以分与他人。语本《庄子·徐无鬼》：“以德分人谓之圣，以财分人谓之贤。”

五、求助于语法关系及意义脉络

厘清语法关系及语段之间的意义关系非常重要，看例：

須菩提白佛言：“阿惟越致菩薩極從大功德起，常為菩薩說深法教入深。”

佛言：“善哉，善哉！須菩提！若乃內菩薩使入深，何等為深？空為深，無想、無願、無識，無所從生滅，泥洹是為限。”

須菩提白佛言：“泥洹是限，非是諸法？”

佛言:“諸法甚深，色痛痒思想生死識甚深。何等為色痛痒思想生死識甚深？如本無，色痛痒思想生死識本無，爾故甚深。”

須菩提言:“難及也，天中天！色、痛痒、思想、生死、識，妄消去，便為泥洹。”

佛言:“甚深與般若波羅蜜相應，當思惟念，作是住、學，如般若波羅蜜教。菩薩隨是行，當思惟念，如中教，應行一日，是菩薩為却幾劫生死？譬如婬泆之人，有所重愛端正女人與共期會，是女人不得自在，失期不到，是人寧有意念之不耶?”

須菩提言:“其人有念，思想當到，欲與相見、坐起、宿止、言語。”（T8p456a25）

汉语简练，基本上无形态标志。加上佛典汉译早期译者多是外国人，对中文不够纯熟，行文难免龃龉，这是造成佛经译文难懂的原因之一。梵文形态标志清楚，有助于理清语法和意义的脉络。上引一段文字，我们乍读起来，会产生一些疑问。这些疑问在梵本中基本上可以得到解决。疑问例如:

（1）“從大功德起”，没有“至”。

（2）谁说深法教？似乎是阿惟越致菩萨？

（3）“泥洹，是爲限”，似乎没头没脑。

（4）“泥洹是限，非是諸法”，把泥洹与諸法对立起来，泥洹如何取得了这样对立的品位？

（5）什么“妄消去”便成了泥洹了？

（6）与般若波罗蜜“相應”，什么是相应？“甚深”放在“與”字前，有什么讲究？

梵本从695页起:

atha khalv āyuṣmān Subhūtir Bhagavantam etad avocat | āścaryaṃ Bhagavan mahā–guṇa–samanvāgato bodhisattvo mahāsattvo ‘pramāna–guṇa–samanvāgato Bhagavan bodhisattvo mahāsattvo ‘parimita–guṇa–samanvāgato Bhagavan bodhisattvo mahāsattvaḥ ||

evam ukte Bhagavān āyuṣmāntaṃ Subhūtim etad avocat | evam etat Subhūte evam etat | tat kasya hetoḥ | avinivartanīyena hi Subhūte bodhisattvena mahāsattvenânantam aparyantaṃ jñānam pratilabdham asaṃhāryaṃ sarva–śrāvaka–ratyekavuddhaiḥ ||

Subhūtir āha | pratibalo Bhagavann avinivartanīyasya bodhisattvasya mahāsattvasya Gaṅgā–nadī–vālukôpamān kalpān ākārān lingāni nimittāni nirdeṣṭum | ata eva Bhagavan bodhisattvasya mahāsattvasya gambhīrāṇi gambhīrāṇi sthānāni prajñāpāramitā–pratisaṃyuktāni sūcayitavyāni ||

evam ukte Bhagavān āyuṣmantaṃ Subhūtim etad avocat | sādhu sādhu Subhūte | yas tvam gambhīrāṇi gambhīrāṇi sthānāny ātabhya nigamayitu–kāmaḥ || gambhīram iti Subhūte śūnyatāyā etad adhivacanam ānimittasyâpr aṇihitasyânabhisamskāsyânutpādasyâjāter abhāvasya virāgasya nirodhasya nirvāṇasya vigamasyâitat Subhūte 'dhivacanaṃ yad uta gambhīram iti ||

Subhūtir āha | eteṣām eva Bhagavan kevalam etad dharmāṇām adhivacanam na punaḥ sarva–dharmāṇāṃ ||

Bhagavān āha | sarva–dhamāṇām apy etat Subhūte 'dhivacanaṃ yad uta gambhīram iti | tat kasya hetoḥ | rūpaṃ hi Subhūte gambhīraṃ evam vedanā samjñā samskārā vijñānaṃ hi Subhūte gambhīraṃ || kathaṃ ca Subhūte rūpaṃ gambhīraṃ kathaṃ vedanā samjñā samskārāḥ kathaṃ ca Subhūte vijñānaṃ gambhīraṃ | yathā Subhūte tathatā tathā gambhīraṃ rūpaṃ evam vedanā samjñā samskārā yathā Subhūte tathatā tathā gambhīraṃ vijñānaṃ | tatra Subhūte yathā rūpa–tathatā tathā gambhīraṃ rūpaṃ yathā vedanā–tathatā samjñā–tathatā samskārā–tathatā Subhūte yathā vijñāna–tathatā tathā gambhīraṃ vijñānaṃ || yatra Subhūte na rūpam iyaṃ rūpasya gambhīratā yatra Subhūte na vedanā na samjñā na samskārā na vijñānam iyam vedanā–samjñā–samskārāna iyaṃ vijñānasya gambhīratā ||

Subhūtir āha | āścaryaṃ Bhagavan yāvat sūkṣmenôpāyena rūpataś ca nirvārito nirvāṇaṃ ca sūcitaṃ | evam vedanā samjñā samskārā yāvat sūkṣmenôpāyena vijñānataś ca nirvārito nirvāṇaṃ ca sūcitaṃ ||

Bhagavān āha | imāṇi Subhūte gambhīrāṇi gambhīrāṇi sthānāṇi prajñāpāramitā–pratisaṃyuktāṇi yaś cintayiṣyati tulayiṣyati upanidhyāṣyati evam mayā sthātavyaṃ yathā prajñāparatāyāṃ ājñāptam evam mayā śikṣitavyam yathā prajñāpāramitāyāṃ ākhyātaṃ evaṃ mayā pratipattavyaṃ yathā prajñāpāramitāyāṃ upadiṣṭaṃ | tathā sampādayamānas tathôpanidhyāyaṃs tathôpaparīksamāṇas tathā prayujya mānas tathā ghaṭamānas tathā vyāyacchamāna eka-divasam apy atra yogam āpadyate | ayam bodhisattvo mahāsattvas tenâika-divascna kiyat karma karoti | tad-yathā 'pi nāma Subhūte kaścid eva puruṣo rāga-carito vitarka-caritaḥ | tasya purusasya rāga-caritasya vitarka-caritasya striyā abhirūpayā prāsādikayā darśanīyayā saha saṇketaḥ krto bhavet | sā khalu punaḥ strī para-parigrhītā bhavet | na vaśayed ātmānam agarān niṣkramituṃ | tat kim manyase Subhūte kiṃ pratisaṃyuktās tasya purusasya vitarkāḥ pravarteran ||

(Subhuti: It is wonderful, O Lord, with how great, with what unlimited and measureless qualities a Bodhisattva is endowed!

The Lord: So it is, Subhuti. Fur an irreversible Bodhisattvas has gained a cognition which is endless and boundless, and to which Disciples and Pratyekabuddhas have no claim.

Subhuti: For aeons on end the Lord could go on expounding the attributes, tokens and signs of an irreversible Bodhisattva. Hence he now might indicate the very deep positions of a Bodhisattva which are connected with perfect wisdom.

The Lord: Well said, Subhuti. You obviously bring up the very deep positions because you want me to change the subject. "Deep," Subhuti, of Emptiness that is a synonym, of the Signless, the Wishless, the Uneffected, the Unproduced, of No-birth, Non-existence, Dispassion, Cessation, Nirvana and Departing.

Subhuti: It is a synonym only of these, or of all dharmas?

The Lord: It is a synonym of all dharmas. For form, etc., is deep. How is form, etc., deep? As deep as Suchness, so deep is form, etc. As deep as the Suchness of form, etc., so deep is form, etc. Where there is no form, etc., that is the depth of form, etc.

Subhuti: It is wonderful, O Lord, how a subtle device has opened up

[or: impeded] form, etc., and indicated Nirvana at the same time.

The Lord: When a Bodhisattva reflects, ponders and meditates on these very deep positions which are connected with perfect wisdom, and strives to stand, train and progress as it is ordained, described and explained in the perfection of wisdom, then, if he does so for one day only, how great is the deed he does during that one day! If a man, moved by considerations of greed, had made a date with a handsome, attractive and good0looking woman, and if now that woman were held back by someone else and could not leave her house, what do you think, Subhuti, with what would that man's preoccupations be connected?

Subhuti: With the woman, of course. He thinks about her coming, about the things they will do together, and about the joy, fun and delight he will have with her.

须菩提：大妙，佛，菩萨拥有如此无边无际的美德。

佛：是的，须菩提。不退转菩萨已经得到无穷无尽的认知，是声闻弟子所不能指望的。

须菩提：很早以前，佛已能详说阿惟越致菩萨的特征、形相，所以他现在可以指出菩萨之最深奥秘，此奥秘与般若波罗蜜相连。

佛：须菩提说得好。因为你要我改变话题，明显地谈到了深处。所说深，须菩提，空深，同时也是说，无相，无愿，无影响力，无生，无存，无激情，无运动，涅槃和远离。

须菩提：仅这些深，一切法都深吗?

佛：所有法皆如是。因为五蕴皆深。五蕴如何深?五蕴其深如真如。其深如五蕴之真如。五蕴如是其深。哪里无五蕴，那便是五蕴之深。

须菩提：世尊啊，真是难及。以多么微妙之法揭开了五蕴之秘（或是阻止了关于五蕴之谬的流传），同时指明了何者是涅槃。

佛：菩萨深思熟虑、沉思默想这些甚深之处（此处与般若波罗蜜相连），并且力图坚持、修习、增进般若波罗蜜，把它作为任务以及宣讲、解说的对象，如果不只是这样做一天，在那一天其所为好伟大呀！设若其人为贪念所动，和一个风骚的、有魅力的、漂亮的妇人约会，而那女的为他事所阻，不能离家，须菩提，你认为那男人的心神将会是怎样的呢？

须菩提：当然是想那女的。他想象她的到来，想象他们将共做的事，想象着将与她和合、嬉戏、快活。

参考这里,《道行般若经》中前引经文当作如下翻译：

须菩提向佛说："世尊知不退转菩萨从大功德起，自致成佛的过程。所以您能深入地向菩萨说深法。"

佛说："好啊，好啊，须菩提，你想把话题引向深法。什么是深？空就是深，无相，无愿，无识力，无生，无灭，直到涅槃为止，都是深，是空。"

须菩提向佛说："到涅槃为止，不是所有的法都是空是深吗？"

佛说："所有法都甚深。色等五阴同样甚深。何谓色等五阴甚深？因其本无，亦即真如。五阴本无，是以甚深。"

须菩提说："世尊之圣，无以复加！去除五阴之虚妄，也就指明了涅槃的真相。"

佛说："所说'甚深'，是与般若波罗蜜紧密相连的。菩萨深思熟虑、沉思默想这与般若波罗蜜紧相联系的甚深处，坚持并修习，如其所教而行，哪怕是行一天，其功德甚大，会要减却若干生死劫。打比方，一个好色的人，有一个他所深爱的美女，本来约好相会，可此女不得自由，未能如约，你说这个男子会想念他的女人吗？"

须菩提说："此人一定会想。想到她会到来，和她相见，相与坐卧，一起睡觉，共同休息，情话绵绵。"

我试着这样翻译，前面提的 6 问，已都迎刃而解了。所问之外的疑问，也有了一个明确的答案。

六、求助于外语异文

佛经训诂工作有时得力于梵本甚至是其英译。单纯运用梵本资料，固然具备一定的权威性，然而梵文理解不易，熟知梵文的读者恐也寥寥。所以我们不排除英译，不否认英译的沟通之效。下文举例。

例一　不动成就

須陀洹道不動成就不當於中住，須陀洹道成已不當於中住。……斯陀含道不動成就不當於中住，斯陀含道成已不當於中住。……阿那含道不動成就不當於中住，阿那含道成已不當於中住。……阿羅漢道不動成就不當於中住，阿羅漢道成已不當於中住。……辟支佛道不動成就不當於中住。……佛道不當於中住。……（T8p429b23）

关键是那个“不動成就”怎么讲。老办法，还是看异译。

吴译：

溝港道不動成就，不當於中住。……頻來道不動成就，不當於中住。……不還道不動成就，不當於中住。……應儀道不動成就，不當於中住。……緣一覺道不動成就，不當於　中住。……佛所作皆究竟已乃滅訖，亦不當於中住。（T8p482c01）

果位名称变了，“不動成就”还是“不動成就”，找不到切入点。秦译也沿用“不動成就”，无法破解。唯唐一唐二，有点端倪。看唐译怎么说。

唐一：

不應住預流果是無為所顯，不應住一來、不還、阿羅漢果是無為所顯，不應住獨覺菩提是無為所顯，不應住諸佛無上正等菩提是無為所顯。（T7p770a23）

唐二：

不應住預流果乃至獨覺菩提，皆是無為所顯，是真福田，應受供養。（T7p870c03）

唐译将“是無爲所顯”代替“不動成就”，可“無爲所顯”又是什么意思呢，仍然不得明白。只好引来梵本对勘了，142 页：

srotaāpatti–phalam asaṃskṛta–prabhāvitam iti na sthātavyaṃ | evam sakṛdāgāmi–phalam arhattvam asaṃskṛta–prabhāvitam iti na sthātavyaṃ | pratyekavuddhatvam asaṃskṛta–prabhāvitam iti na sthātavyaṃ | srotaāpanno dakṣiṇīya iti na sthātavyaṃ | srotaāpannaḥ saptakṛtvo iti na sthātavyaṃ |

iti na sthātavyaṃ | sakṛdāgāmī dakṣiṇīya iti na sthātavyaṃ | sakṛdāgāmy aparinisthitatvāt sakṛd imaṃ lokam āgamya duḥkhasyântam kariṣyatîti na sthātavyaṃ | ānāgamī dakṣiṇīya iti na sthātavyaṃ | ānāgamy ānāgamyêmaṃ lokam tatrâiva parinirvāsyatîti na sthātavyaṃ | arhan dakṣiṇīya iti na sthātavyaṃ | arhann ihâivânupadhiśese nirvāna–dhātau parinirvāsyatîti na sthātavyaṃ | pratyekabuddho dakṣiṇīya iti na sthātavyaṃ | pratyekabuddho 'tikramya śrāvaka–bhūmim aprāpya buddha–bhūmim parinirvāsyatîti na sthātavyaṃ | buddho dakṣiṇīya iti na sthātavyaṃ |

buddho 'tikramya prthagjana–bhūmim atikramya śrāvakabhūmim atikramya pratyekabuddha–bhūmim aprameyānām asaṃkhyeyānām sattvānām arthaṃ kṛtvā 'prameyāṇy asaṃkhyeyāni sattva–koṭī–niyuta–śata–sahasāni parinirvāpyâprameyān asaṃkhyeyān sattvān śrāvaka pratyekabuddha samyaksambuddhatva–niyatān kṛtvā buddha–bhūmau sthigvā vuddha–kṛtyaṃ kṛtvā 'nuepadhiśese nirvāna–dhātau buddha–parinirvāṇena parinirvāsyatîty evam apy anena na sthātavyaṃ || (He should not take his stand on the notion that the fruits of the holy life drive their dignity from the Unconditioned. Or that a Streamwinner is worthy of gifts, and will be reborn seven times at the most. Or that a Once–Returner is worthy of gifts, and will, as he has not yet quite won through to the end, make an end of ill after he has once more come into this world. Or that a Never–Returner is worthy of gifts, and will, without once more returning to this world, win Nirvana elsewhere. Or that an Arhat is worthy of gifts, and will just here in this very existence win Nirvana in the realm of Nirvana that leaves nothing behind. Or that a Pratyekabuddha is worthy of gifts, and will win Nirvana after rising above the level of a Disciple, but without having attained the level of a Buddha. That a Buddha is worthy of gifts, and will win Nirvana in the Buddha–Nirvana, in the realm of Nirvana that leaves nothing behind, after he has risen above the levels of a common man, of a Disciple, and of a Pratyekabuddha, wrought the weal of countless beings, led to Nirvana countless hundreds of thousands of niyutas of kotis of beings, assured countless beings of Discipleship, Pratyekabuddhahood and full

Buddhahood，stood on the stage of a Buddha and done a Buddha's work，–even thereon a Bodhisattva should not take his stand.）

引得很长，其实与“不動成就”密切相关的只在前面两行之内。须陀洹果 srotaāpatti–phalam 说一次“不動成就”，斯陀含 akṛdāgāmi–phalam 说一次“不動成就”，阿那含 arhattvam 又说一次，如此分开说。srotaāpatti–phalam asaṃskṛta–prabhāvitam iti na sthātavyaṃ | evam sakṛdāgāmi–phalam arhattvam asaṃskṛta–prabhāvitam iti na sthātavyaṃ |（他不应该停留在无为所显现的状态里。）意思是说，不要以为到了某一个果位，就可以躺在上面睡觉吃老本了。例如到了须陀洹，取得了可靠的（不动的）成就，就可以松口气了。不当如此而停止前进。“須陀洹道不動成就不當於中住”，就是这个意思。

例二　住色　行色　究竟

若菩薩摩訶薩行般若波羅蜜者，不住色中，如色不住者即為行，於痛痒思想生死識中不住，如是識不住者即為行。於色中不究竟，如色不究竟者，爾故不於色中住，痛痒、思想、生死、識不究竟，如識不究竟者，爾故不於識中住。（T8p444c21）

“住色”是什么意思？关键是“住”字，翻普通词书，没法解决。就是查专业一点的书，例如李维琦教授《佛经词语汇释（2004）》，一列就是九大义项（389 页），到底哪个合适，没有把握。对应梵文 tiṣṭhati，停留在某种状态里；“住色”对应 tiṣṭhati rūpam 滞留在色上；执着于这就是色的观念，这样，我们就能比较具体把捉到它的意思了。

“即爲行”那个“行”也不好讲，对照异译，我们得知，“行”之后省宾语“色”，那么什么叫作“行色”呢？即使是对佛经不乏了解的人，一时也恐难说得清楚。梵文作，rūpe yogam，英译释作 makes efforts about form，致力于色这样的概念，也就好懂多了。

还有那个“究竟”，究竟是什么意思？李维琦（《佛经词语汇释（2004）》，179 页）有过专项解释，可放到这里仍有不安。“於色中不究竟”梵文作 na yojayati evam rūpam，英译作 apply himself to the notion that ‘this is form’，知“究竟”在这里当动词用，约当于汉语“专注于……的概念”。

与本段经文相对应的梵本在 464 页：

iha Kauśika bodhisattvo mahāsattvaḥ prajñāpāramitāyāṃ caran rūpe na tiṣṭhati rūpam iti na tiṣṭhati yataḥ Kauśika bodhisattvo mahāsattvo rūpe na tiṣṭhati rūpam iti na tiṣṭhati evam rūpe yogam āpadyate | evam vedanāyāṃ saṃjñāyāṃ saṃskāreṣu vijñāne tiṣṭhati vijñānam iti na tiṣṭhati yataḥ Kauśika bodhisattvo mahāsattvo vijñāne na tiṣṭhati vijñānam iti na tiṣṭhati evam vijñāne yogam āpadyate | rūpam iti Kauśika na yojayati yataḥ Kauśika rūpam iti na yojayati evam rūpam iti na tiṣṭhati | evam vedanā saṃjñāsaṃskārā vijñānam iti Kauśika na yojayati yataḥ Kauśika vijñānam iti na yojayati evam vijñānam iti na tiṣṭhati | evam prajñāpāramitāyāṃ sthito bhavaty evam vogam āpadyate |（Here，Kausika，a Bodhisattva who courses in perfect wisdom does not stand in form，etc.，does not stand in the notion that ‘this is form，’ and that means that he makes efforts about form，etc. He does not apply himself to the notion that ‘this is form，etc.’ Insofar as he does not apply himself to the notion that ‘this is form，etc.，’he does not stand in the notion that ‘this is form，etc.’ Thus he becomes one who has stood in perfect wisdom，thus he makes efforts.）

第二节 《道行般若经》训诂方法运用

上一节讲训诂，是以方法为纲的。这一节是例证的集锦，有方法论证的功能，但我们的重点不在方法，而在将我们讨论的训诂方法作用于问题自身，一个一个地将问题解决，或未解决。

一、解决文理和佛理难题

卷一《道行品》里须菩提与舍利弗有如下的对话，编号是作者加的：

1 须菩提語舍利弗：“……舍利弗！設使如是所語，菩薩不見出生，

菩薩為無所出生。”（T8p428b19）

2 舍利弗謂須菩提：“設使菩薩無所出生，薩芸若亦無所出生。”

3 須菩提言：“如是，薩芸若無所出生。”

4 舍利弗謂須菩提：“設使菩薩如是所語，菩薩不見出生，菩薩為無所出生。”

5 舍利弗謂須菩提：“設使菩薩無所出生，薩芸若亦無所出生。”

6 須菩提言：“如是，薩芸若無所出生。”

7 舍利弗謂須菩提：“設使薩芸若無所出生，悉逮得禪亦無所生。”

8 須菩提言：“如是，悉逮得禪亦無所生。”（T8p428c16）

首先，行文有一定规矩，比如不得无故重复，不得无理次序颠倒。你看这里，2、3 与 5、6 相同，或者是重复有理可说，或者就是有错，总要有个解释。参照异译（见下），知道 2、3 里两个“薩芸若”，都是特指“菩薩法”。更正之后，4 就显得孤零零的，无所依傍了。再审视一下，发现把它移置到 1 句之下，恰好形成对称。这样理（行文之理）校之后，这几句成了下面的样子，就通达可读了：

须菩提語舍利弗：“……舍利弗！設使如是所語，菩薩不見出生，菩薩為無所出生。”

舍利弗謂須菩提：“設使菩薩如是所語，菩薩不見出生，菩薩為無所出生。”

舍利弗謂須菩提：“設使菩薩無所出生，菩萨法亦無所出生。”

須菩提言：“如是，菩萨法無所出生。”

舍利弗謂須菩提：“設使菩薩法無所出生，薩芸若亦無所出生。”

須菩提言：“如是，薩芸若無所出生。”

其次，要懂义理，懂得一点佛理，才能方便下决心作注。所引文中有“悉逮得禪具足”“悉逮得禪”语句，这是什么意思呢？经对勘，与之相当的是凡人、凡夫、异生类、pṛthagjano（the common people）。这是两个不同的概念呢，还是所指相同？原来“悉逮得禪”指悉逮得禅者，依照佛理，升入色界四禅天或生于色界四禅天者，相对于无色界而言，仅为凡人、凡夫、平民或异生。知支讖所译与后世所译，其所指并无不同。

唐译一：

時，舍利子問善現言："是諸菩薩實無生不？"

善現答言："是諸菩薩皆實無生。"

舍利子言："為但菩薩是實無生，為菩薩法亦實無生？"

善現答言："諸菩薩法亦實無生。"

舍利子言："為但菩薩法是實無生，為一切智智亦實無生？"

善現答言："一切智智法亦實無生。"

舍利子言："為但一切智智法是實無生，為異生類亦實無生？"

善現答言："诸異生法亦實無生。"（T7p768c07）

唐译二：

時，舍利子問善現言："是諸菩薩實無生不？"

善現答言："如是！如是！一切菩薩皆實無生。"

舍利子言："為但菩薩實是無生，為一切智亦實無生？"

善現答言："此一切智亦實無生。"

舍利子言："為但一切智實是無生，為諸異生類亦實無生？"

善現答言："諸異生類亦實無生。"（T7p869c04）

梵本 119—120 页：

yad apy āyuṣmān Śariputra evam āha anutpādo bodhisattva iti | evam etad āyuṣmān Śariputra etat | anutpādo bodhisattva iti |

Śariputra āha | kiṃ punar āyuṣmān Subhūte bodhisattva evânutpādaḥ | ut’ āho bodhisattva–dharmā apy anutpādaḥ ||

Subhūtir āha | bodhisattva–dharmā apy Śariputrânutpādaḥ |

Śariputra āha | kiṃ punar āyuṣmān Subhūte bodhisattva–dharmā evânutpādaḥ ut’ āho sarvajñatā ‘py anutpādaḥ ||

Subhūtir āha | sarvajñatā ‘py āyuṣmān Śariputrânutpādaḥ ||

āha | kiṃ punar āyuṣmān Subhūte sarvajñatâivânutpāda ut’ āho sarvajñatā–dharmā apy anutpādaḥ ||

āha | sarvajñatā ‘py āyuṣmān Śariputrânutpādaḥ |

āha | kiṃ punar āyuṣmān Subhūte sarvajñatā–dharmā evânutpādaḥ ut’ āho pṛthagjano ‘py anutpādaḥ ||

āha | pṛthagjano ‘py āyuṣmān Śariputrânutpādaḥ ||

āha | kiṃ punar āyuṣmān Subhūte pṛthagjano evânutpādaḥ ut’ āho pṛthagjano–dharmā ‘py anutpādaḥ ||

āha | pṛthag jana–dharmā ‘py āyuṣmān Śariputrânutpādaḥ ||

（Subhuti：… …But when the Venerable Sariputra said that ‘a non–production is the Bodhisattva,’ indeed, it is so, a non–production is the Bodhisattva.’

Sariputra：Further, is just a Bodhisattva a non–production, or the dharmas also which constitute him?

Subhuti：The dharmas which constitute a Bodhisattva are also a non–production.

Sariputra：Are just the dharmas which constitute a Bodhisattva a non–production, or also the state of all–knowledge?

Subhuti：The state of all–knowledge is also a non–production.

Sariputra：Is just the state of all–knowlege a non–production, or also the dharmas which constitute it?

Subhuti：The dharmas which constitute all–knowledge are also a non–production.

Sariputra：Are just the dharmas which constitute all–knowledge a non–production, or also the common people?

Subhuti：The common people are also a non–production.

Sarriputra：Are just the common people a non–production, or also the dharmas which constitute them?

Subhuti：The dharmas which constitute the common people are also a non–production.）

须菩提：……当长老须菩提说“菩萨即无生”时，实际就是如此，菩萨确实无生。

舍利子：而且，菩萨恰是无生，或者构成菩萨之法也无生？

须菩提：构成菩萨之法也无生。

舍利子：构成菩萨之法无生，或者一切智也无生？

须菩提：一切法也无生

舍利子：一切智无生，或者组成一切智之法无生？

须菩提：组成一切智之法也无生。

舍利子：恰是组成一切智之法无生，或者平民也无生？

须菩提：平民也无生。

舍利子：恰是平民无生，或者构成平民之法也无生？

须菩提：构成平民之法也无生。

二、考释新词新义

1. 释“形”

我们先举出经中所用到“形”的文例，再开展讨论。

例一

是彼菩薩摩訶薩以自謂審然，便自貢高，輕易人，形笑人，無所錄。（T8p460a24）

例二

是輩菩薩摩訶薩聞魔所語，心歡欣，自謂審然，便行形調人，輕易同學人，自貢高。彼菩薩用受是字故，便失其本行，墮魔羅網。（T8p460c06）

例三

阿惟越致終不形相沙門、婆羅門面類，不祠祀跪拜天，不持華香施於天，亦不教他人為。（T8p454b25）

这里有三个词语，形笑、形调、形相。朱庆之在他1990年的博士论文里，认为“形相”是“不怀好意地端详和议论，评头论足”。“形调”和“形笑”，意思是嘲笑。所举例证包括《道行般若经》在内（《佛典与中古汉语词汇研究》115—117页，台湾文津出版社，1992）。王云路、方一新《中古汉语语词例释》（411页，吉林教育出版社，

1992）为“形调”（兼及“形笑”）作解释：“嘲弄，笑话”。在此之后，李维琦认为，“‘形’与‘笑’‘调’‘呰’等组合成双音词，仍然分别表示‘笑’‘调’‘呰’等义”。那就是说，“形”只是个构词成分，无实义。他举了8例，其中之一是：

時有婆羅門極醜陋，僂脊尪脚，將一年少端正婦來見。諸比丘笑已，作是念：此諸沙門見我醜陋，將端正婦，必當笑我。即瞋恚言：沙門釋子，不知儀則，而形笑我。諸比丘即答言：我不笑汝。婆羅門言：不爾，正笑我耳。（东晋佛陀跋陀罗共法显《摩诃僧祇律》；T22p381a03）

李于此例后加以解说：

先说“笑”，次说“形笑”，最后两用“笑”字，知“形笑”与“笑”无别。“而形笑我”一句，好像是为了凑足四字音节，才用上“形笑”的。（《佛经续释词》169页，岳麓书社，1999）

这是他的论证文字。其实他的意见与朱、王、方意见相同，只是要解释一下何以有那个“形”字。他也没有说到单独一个“形”应作何解，例如本经：

例四

善男子善女人書般若波羅蜜，於四部弟子中說時，其心都盧無所難。若有形者，若欲試者，終不畏。何以故？般若波羅蜜所擁護故。其所欲形試者便自去。（T8p434c09）

例五

菩薩摩訶薩書是經時若有雷電畏怖，當覺知魔為。菩薩摩訶薩書是經時展轉調戲，當覺知魔為。菩薩摩訶薩書是經時展轉相形，當覺知魔為。菩薩摩訶薩書是經時左右顧視，當覺知魔為。（T8p446c24）

“若有形者”“展轉相形”中的“形”是什么意思呢？没有论及。

“形调”“形笑”“形呰”等词中“形”字的理据到底在哪里呢？王云路教授给出了一个差强人意的答案。（《试说翻译佛经新词新义的产生理据》，《语言研究》2006年第2期，第91页）

王云路除了论及单独的“形”之外，还认为带“形”的词语“形骂”“形名”“形调”“形笑”“形呰”“形毁”“形相”等，“往往有毁谤、嘲弄、羞辱的意思，表示对人轻蔑、看不起”。为什么呢？她首先指出，“形”可表示阴部。例证：

东晋佛陀跋陀罗共法显译《摩诃僧只律》卷一：“王闻婢言，即大瞋骂：‘何弊女人敢见轻欺！’即遣使者割去女形。时商人等遥见使来，知王所遣，即便奔走，使者即捉淫女，割去女形。”

刘宋佛陀什共竺道生等译《五分律》卷四：“尔时跋难陀，晨朝着衣持钵往偷罗难陀比丘尼所。坐起轻脱，不觉露形，跋难陀见失不净。比丘尼知，语言：‘长老与我衣浣。’便脱与之。彼既得衣，即以不净自内形中。”

然后说：“因为‘形’指阴部，转用来表示羞辱、毁谤，当是很自然的。”

王说是我们所见到的较为合理的解释。但不能无疑。以阴说事，固不乏例，亦人所乐用，人所乐闻。但亦当照顾到说如此事人的身份地位。比如《水浒传》里李逵说，“我却怕甚鸟！”鸟字都了解，这话宋江、卢俊义就不会说。我们现在网络语，“TMD”，“草泥马”，“屌丝”，为有文化修养者所忌用。以今律古，以凡例圣，则佛不当以阴说经。而我们上举本经 5 例，皆佛所言，或是“佛語須菩提”。由此我们说，用阴部来表示羞辱毁谤，对于佛来说，并非很自然的事。

于是搜寻异译。异译也许会提供一些蛛丝马迹，对于解决问题会有些用处。搜寻一过，找不出明显的迹象，循着这些迹象能理出一个头绪来，让我们所提到的这些“形”有理据可言。结果是无所获。如果能找到有价值的东西，在我前面的学者早就已经找出来了。于是寄希望于《八千颂般若》梵文。看又是如何。

与本经上述 5 例相应的梵文如下：

例一在 771 页：

sa tenautsukyena tato’nyān bodhisattvān mahāsattvān avamaṃsyate uccagghayiṣyaty ullapapiṣyati kutsayiṣyati paṃsayiṣyati ahaṃ vyākṛtas taiḥ paurvakais tathāgatair arhabhiḥ samyaksambuddhair anuttarāyāṃ samyaksambodhav iti ||（and he despises other Bodhisattvas, sneers at them, ironically compliments, contemns and deprecates them. His pride will go on increasing, will become quite firm and rigid.）

他鄙视别的菩萨，讥笑他们，嘲讽地恭维他们，蔑视他们，不予尊重。

例二在 776 页：

abhimānam utpādya mānâbhibhūtaḥ stambhâbhibhūto Mārâdhiṣṭhānenâbhibhūtas tad-anyān bodhisattvān mahāsattvān avamaṃsyate uccagghayiṣyaty ullapapiṣyati kutsayiṣyati paṃsayiṣyati ||（he despises his fellow-Bodhisattvas sneers at them and deprecates them. One should recognize this as a deed of Mara, who makes uses of the annunciation of the past circumstances of a Bodhisattva.）

这菩萨鄙视同伴，讥笑他人，又不尊重人。宣扬菩萨在过去世的情形，须知这是恶魔的行为。

例三在 667 页：

punar aparam Subhūte ‘vinivartanīyo bodhisattvo mahāsattvo nânyeṣāṃ sramaṇānām brahmaṇānāṃ vā mukham ullokayati |（Furthermore, an irreversible Bodhisattva does not pander to Shramanas and Brahmins of other schools, telling them that they know what is worth knowing, that they see what is worth seeing. He pays no homage to strange Gods, offers them no flowers, incenses, etc., does not put his trusts in them.）

再者，阿惟越致菩萨不以外道引诱沙门、婆罗门，告诉他们何者该知，何者该视。他不敬天，不以花与香等相敬，不信仰那些邪门歪道。

例四在 252 页：

punar aparaṃ Kauśika tasya kula-putrasya kula-dubitur vā imāṃ prajñāpāramitāṃ bhāṣamāṇasya catasṛṇāṃ parṣadām agrato nâvalīnacittatā bhaviṣyati | mā khalu māṃ kaścit paryanuyunjitôparambhabhiprāya iti ||（Moreover，the minds of those who teach this perfection of wisdom will remain uncowed in front of the four assemblies. They will have no fear of being plied with questions from hostile persons.）

而且，在四部众前说般若波罗蜜，其心坚不可摧。被怀有敌意的人频频追问而毫无惧色。

例五在 500 页：

parasparam uccagghayamānā likhiṣyanti ||（Or they will write while deriding one another，or while sneering at one another，or with distracted eyes.）

或者菩萨们写经时，互相嬉闹，或互相讥嘲，或左顾右盼。

例一、例二、例五里“形笑”“形调”和“形”，在梵文作 uccagghayiṣyaty，英译为 sneer（讥笑，嘲笑），精当无误。朱、王、方 3 位所释正确。只是仍然看不出汉译其中的“形”字有何意义。

而例三与梵文对勘，却提供了有启发意义的思路。汉文的“不形相沙门婆罗门面类”，英语作“不以外道引诱沙门、婆罗门，告诉他们何者该知，何者该视”，梵文作“不藐视沙门、婆罗门，告诉他们何者该知，何者该视”。引起我们特别注意的是，与汉语“形相”相对应的梵文 mukham ullokayati，意思是“当面注视，藐视”，这与当代佛经词语研究者所理解的近似。而且“形相”的“形”也有了着落。那就是相当于梵文的 mukham。梵文 mukha，意思是口、面目、颜面，作形容词，意思是表露在脸上的，作为副词，意思是朝向、面对。陆机《汉高祖功臣颂》“义形于色，愤发于辞”（《文选》卷四十七），《三国志·蜀书·许慈传》“谤讟忿争，形于声色”，那“形”也就包含有表现在脸上的意思。[1]

由此悟出，那个“形”字，意义是带有表情的、伴有形体动作的。“形笑”和“形调”，或是以鄙夷的神态冷嘲热讽。“形试”，或是居高临下，以刁钻的问题频频考问。未在本经出现，为他经所有的带“形”

[1] “形相”在英译中，对应的是 pander（勾引）。疑为别本。

的词语，由此也可得到阐释。

在毘葉佛世，形罵諸比丘，不應食粳粮，正應食馬麥。（失译《兴起行经》；T4p172b16）

形罵，或是戳戳点点，高声叫骂。

此衆生者，過去世時，於此舍衛國迦葉佛法中出家作比丘，作摩摩帝，惡口形名諸比丘，或言此是惡秃，此惡風法，此惡衣服。（刘宋求那跋陀罗《杂阿含经》；T2p138c28）

形名，或是指名道姓，恶言粗语相加。

佛告阿難：

乃往過去，迦葉佛時，有年少比丘，見他沙門跳渡渠水而作是言："彼人飄疾，熟似獼猴。"彼時沙門聞是語已，便問之曰："汝識我不？"答言："識汝。汝是迦葉佛時沙門，何以不識也？"時彼沙門，復語之言："汝莫呼我假名沙門，沙門諸果，我悉備辦。"年少聞已，毛衣皆竪，五體投地，求哀懺悔。由悔過故，不墮地獄；形呰羅漢，故致五百世中恒作獼猴。（元魏慧觉等译《贤愚经》；T4p430b14）

形呰，毫不掩饰地脱口而出，加以诋毁。

既不能知如實苦聖諦、苦集聖諦、苦滅聖諦、苦滅道聖諦，既不如實知，當知彼等，方應長夜共生諍鬭，流轉而行，各相形毀，各相罵辱。既生諍鬭，執競不休，各各以手自遮其面，如彼群盲，共相惱亂。（隋达摩笈多译《起世因本经》；T1p390c05）

形毁，谓恶言恶语，横加毁辱。

单独一个"形"字作动词用，就当是带有表情的、伴有形体动作的动作行为。这动作行为或与前述形调、形笑、形相、形名、形毁等相关。例四"若有形者"如果有冷嘲热讽反唇相讥的听众。[1]例五"展转相形"，谓嬉皮笑脸互相嘲笑。又如支娄迦谶译《般舟三昧经》：

其人聞是三昧已，不樂不信，不入中。反作輕戲語："佛亦有深經乎？亦有威神乎？"反形言："世間亦有比丘如阿難乎？"（T13p907a25）

譬如賈客持摩尼珠示田家癡子。……其人殊不曉其價，反形是摩

---

[1] 此例中的"若有试者"中的"试"，意思是考问。

尼珠言:“其價能與一頭牛等不。寧可貿一頭牛,想是不復過此。與我者善,不肯者已。”如是,颰陀和,其人聞是三昧不信者,反形是經如是。(T13p907b03)

“反形言”,反而冷嘲热讽地说。“反形是摩尼珠”,反而以不屑的神情嘲笑这摩尼宝珠。“反形是经如是”,反而这样恶口诋毁此经。

我们认为形笑、形调等,其中的“形”是表示与调、笑等词的意义相关的形体动作或表情,为附加意义。而“形”单用作动词,是带有表情与形体动作的行为,与形调、形笑等相关。这些认识,是经过反复摸索而后得的一点领悟,还不能说就是定论。至少,也得以与朱教授的无理据,与李教授的无义说,以及王教授的羞辱说,并列而为四,可供人抉择了。

2. 释“枝掖 / 棭”

《道行般若经》有3例5个“枝掖(棭)”,考察结果,确定为3个不同的义项。看例:

例一

譬如閻浮利地上種種好樹,若色種種各異,葉葉各異,華華各異,實實各異,種種枝棭,其影無有異,其影如一,影相類。(T8p436b14)

辛岛静志《道行般若经校注》(109页)校“棭”为“掖”。大正藏、丽藏、金刚寺本作“棭”;金藏、宋本、圣本、法藏敦煌写本等均作“掖”。今按:本经卷四《觉品》即作“枝掖”。本书将“枝棭”“枝掖”合在一起讨论。

辛岛教授《道行般若经词典》(635页)为“枝掖”释义:twigs and branches; trifling, trivial.(枝条;小事,琐屑无用的。)把这意思套进句子里去,“種種枝條”,前面已说“枝葉各异”,嫌于重复。或说“种种小事”“种种无用的”,也搭配不上来。只得去求别解。

秦译《摩诃般若钞经》:

譬若閻浮利地上,拘翼!種種樹木,若干種色,各各異葉、各各異華、各各異實、各各異種,其影者而無異,即皆悉相類。

（T8p518a27）

唐二《大般若波罗蜜多经》第四会：

憍尸迦！如贍部洲所有諸樹，枝條、莖幹、華葉、果實，雖有種種形類不同，而其蔭影都無差別，具大功德眾所歸依。（T7p783a06）

唐一《大般若波罗蜜多经》第五会：

憍尸迦！如贍部洲所有諸樹，枝條、莖幹、花葉、果實，雖有種種形類不同，而其蔭影都無差別。（T7p878c13）

梵本在 281 页：

tad–yathā ‘pi nāma Kauśika Jambūdvīpe nānā–vṛkṣā nānā–varṇa nānā–samsthana nānā–pattra nānā–puṣpa nānā–phala nān’ āroha–pariṇāha–sampannā na ca teṣāṃ vṛkṣāṇāṃ chāyāyā viśeṣo vā nānā–karaṇaṃ vā prajñāyate |（Just as）no distinction or difference is conceived between the shadows cast by different trees in Jambudvipa，–though their colors may differ，and their shapes，and their leaves，flowers and fruits，and their height and circumference – but they are all just called ‘shadows’；）

由阎浮利不同的树投下的影子没有区别，并无不同。虽然这些树它们的形、色可能不同，其叶、花、果、高度、环境各不同，但它们一律叫作阴影。

《道行般若经》“种种枝掖”：

秦译：各各异种

唐一：种种形类不同

唐二：同唐一

英译：树高、树围不同

各译对“种种”的理解不完全相同。一说种类，一说形类，一说树高与树围。而相当于“枝掖”的，则同。就是“异”或“不同”。对勘结果是：

枝掖 = 不同

梵文“种种枝掖”作：nān’ āroha–parināha–sampannā（角度以及上下左右前后纵横长短各不相同），意义与以上四种异文（秦译、唐一、唐二和英译）一致。

例二

佛言："……有當來善男子、善女人，欲得阿耨多羅三耶三菩阿惟三佛，喜樂學般若波羅蜜，反得惡知識教枝椀般若波羅蜜。"

釋提桓因問佛言："何等為枝椀般若波羅蜜？"

佛言："甫當來世比丘，得般若波羅蜜欲學，惡知識反教學色無常、行色無常，作是曹學行般若波羅蜜，痛痒思想生死識學無常，行識無常，作是曹學行般若波羅蜜。拘翼！是為枝椀般若波羅蜜。"（T8p437a08）

这里3个"枝椀般若波羅蜜"，在鸠摩罗什译《小品经》中，都作"相似般若波罗蜜"（T8p546b29–c07）。在唐译《大般若波罗蜜多经》第四会（T7p784–c23）、第五会（T7p879b–16）和宋译《佛母出生三法藏般若波罗蜜多经》（T8p605a07–17）中，均作"相似般若波罗蜜多"。

照这里对勘，与"枝椀"相对应的是"相似"。

玄应《一切经音义》第七卷：

（枝）椀，以石反，言相似也。

再查"枝掖"。

慧琳《一切经音义》卷九《道行般若经》卷二：

（枝）掖，以石反。相似也。掖猶葉也，此應外國語訛耳。

《音义》注此词为"相似"，而且说了，此词何以会有相似的意义。原来是外语的音译。不说是梵文，而说是外国语，这外国不知是哪个外国，已无从查考。或者就是支娄迦谶的母语月氏语吧。

枝椀，或枝掖，意思是相似，看来可以成定论了。为了牢靠起见，让我们再查查《八千颂般若》，梵本在298页：

tat kasya hetoḥ | utpatsyate hi Kauśika anāgate 'dhvani praj*ñāpāramitā*–prativarṇikā | tatrâbudhyamānaḥ kula–putro vā kula–duhitā vā anuttarām samyaksambodhim abhisamboddhukāmo mā praṇaṃkṣīt tāṃ praj*ñāpāramitā*–prativarṇikām śrutvā ||（In the future there will be some monks whose bodies are undeveloped, whose moral conduct, thought and wisdom are undeveloped, who are stupid, dumb like sheep, without wisdom. When they announce that they will expound the perfection of wisdom, they will actually expound its counterfeit. They will expound the counterfeit perfection of wisdom by teaching that the impermanence of form, etc., is to be interpreted as the destruction of form, etc. is to be interpreted as the destruction of form, etc.)

佛：将来会有一些比丘，他们发育未全，他们的道德行为、理想和智力也未成熟，他们愚笨，沉默如羊，缺少智慧。有人宣称，他们将宣说般若波罗蜜，实际上宣说的是它的赝品。他们教导说，色、受、想、行、识无常，就是色等的消灭。以此等谬论来兜售他们的赝品。

依此译文，则“枝掖般若波羅蜜”相当于 a counterfeit of the perfection of wisdom，般若波罗蜜赝品，或赝品般若波罗蜜。相似对应赝品，这是怎么一回事呢？梵文里与“枝掖”、counterfeit 相对应的是 prativarṇika，颜色相合的，类似的。与汉译不异，而与英译不同。揣摩孔兹用赝品译 prativarṇika，是意译，直指经文真意所在。相似般若波罗蜜，与般若波罗蜜相似，但似是而非，形貌相似，而本质则非，那就成赝品了。般若波罗蜜认为色等五蕴变动不居，所谓无常。赝品般若波罗蜜也认为五蕴无常，但又认为无常就是虚无，是消灭。这是真假区别所在。

这一处的“枝掖”，就其初义说，是相似。而就其语用意义、引申意义说，是似是而非，是赝品。

例三

當來有菩薩棄深般若波羅蜜，反索枝掖般若波羅蜜，為隨異經術，便墮聲聞、辟支佛道地。（T8p447a13）

宋译：

須菩提！未來世中所有退失菩薩法者諸善男子、善女人亦復如是，棄捨般若波羅蜜多一切智智根本法門，而返於彼聲聞、緣覺法中取其枝葉。須菩提！此因緣者，應當覺知是為魔事。（T8p624c29）

梵本在 502 页：

evam eva Subhūte bhaviṣyanty anāgate 'dhvani eke bodhisattva-yānikāḥ pudgalā ya imāṃ prajñāpāramitāṃ sarvajña-jñānasya mūlaṃ chorayitvā śākhā-pattra-palāla-bhūte śrāvaka-pratyekabuddha-yāne sāraṃ vṛddhatvaṃ paryesitavyaṃ maṃsyante | idam api Subhūte teṣāṃ Māra-karma veditavyaṃ ||（just so, in the future, some persons belonging to the vehicle of the Bodhisattvas will spurn this perfection of wisdom, which is the root of the cognition of the all-knowing, and decide to look for the core, for growth, for Buddhahood, in the vehicle of the Disciples and Pratyekabuddhas, which really corresponds to branches, leaves and foliage. This also should be known as done to them by Mara.）

恰恰如此，将来有些菩萨乘的人会抛弃这个般若波罗蜜，而般若波罗蜜是获识一切智的根本。并且决意在声闻、辟支佛道中寻求精髓、提升和菩萨道，而声闻、辟支佛道不过是一些枝叶。要知道，这也是魔之所为。

对照英译，知宋译的“于聲聞緣覺法中取其枝葉”，当理解为取声闻缘觉法这种枝叶。经义是说，般若波罗蜜是根本，而声闻、辟支佛是枝叶。此处“枝掖”，实在就是枝叶，比喻其不足轻重。“枝掖般若波罗蜜”，即细枝末节的、权重极轻的般若波罗蜜，亦即声闻、辟支佛道。

《可洪音义》第一册第二卷：“枝腋，谓枝叶也。”大概东汉时，腋、掖与叶的发音，除韵尾有［k］、［p］之分，声母、韵头、韵腹全同。外国译者听起来几乎没有分别，故得通用。

此处“枝掖”梵文作 sakha-pattra-palala-bhute，草木枝叶。梵、汉、英可以互相印证。

回到前面辛岛教授对“枝掖”的注解，他的解释只对第三处合适，且没有来得及说清楚释“枝掖”为“枝叶”的理由。

还要说到，他经在运用“枝掖”这个词的时候，多半是说似是而非，是非不分，是“相似”这个意义的引申，只是还没有引申到“赝品”这个地步：

有人以曉微妙權慧而更不敬，廢經輕罪，為枝掖說，於屏處言：“師無所知。我已從學，其說皆非。自今不當復與從事。”令無知者信用其言。斯己自飲毒，復飲他人毒。是十自燒。（相传吴支谦《法律三昧经》；T15p458c19）

“為枝掖說”，就是说似是而非的话，造谣诬蔑。

若有得羅漢辟支佛，若沙門及天與人，起想煩荷，於法求名，壞亂本慧，妄增減法，枝掖解說，以僞錯真，以辯亂道。不惟空慧，而務嚴飾。聞佛可得，志存超獲。不知漚和拘舍羅，而不勤殖德行。為是法賊破我道者也。（相传晋竺法护《无极宝三昧经》；T15p513c24）

“枝掖解說”，似是而非地解说。下文接以“以僞錯真，以辯亂道”，其义互明。

归纳起来说，第三处枝掖，假借为枝叶，掖、腋与叶音近。第二处枝腋，可能是月氏语音译，意思是相似，引申为似是而非，为赝品。他经此词，也多用引申义，似是而非，貌是而实非。问题在第一处，那个“枝腋”，何以可解释为“不同”。我以为其本义仍然是相似。只看与谁相似。前文说：种种树，不同；色，不同；叶，不同；花，不同；果，不同；其他种种，如高矮、粗细等，与上述相似，也不同。这便是“种种枝腋”的实际意思。所谓“似”者，似上述之不同也。把“枝腋”释为不同，那才真正是语用义，是语用义一个适例。

对勘不易，要有梵、英语料可供对勘。要具备梵文与英语的基础。对勘起来，倘有不对，要有理可说。要给一个汉文辞书未载的“生词”定一个义项，不得不反复斟酌。而且要有理据，不是对出来了就算数。如果在音义一类的书里面能找到一点根据，那说话就更有底气了。

3.“署”字新义

“署”,《汉语大字典》4 个义项,《汉语大词典》有 9 个义项，拿来解释《道行般若经》中的 3 例“署”字都不合适。

例一

勸助已，持作阿耨多羅三耶三菩，以是為阿耨多羅三耶三菩。署

是菩薩有德之人，持心能作是求阿耨多羅三耶三菩，乃至作是心欲有所得。（T8p438a29）

例二

難及也，天中天！怛薩阿竭·阿羅呵·三耶三佛，悉豫了了署菩薩摩訶薩。（T8p445c04）

例三

佛語須菩提："我所署菩薩，用是比、用是相，我不教令作是為。我所教了不得，亡是比、失是相，反用是字。"（T8p460c19）

解者多以例三的异文对勘为突破口。例三的异译，秦译：

佛語須菩提："我所說阿惟越致菩薩摩訶薩，用是比相、行，而不為是，其以字自念我是。"（T8p534a02）

另一异译唐一：

善現當知！如我所說不退轉地諸行、狀、相，此諸菩薩皆未成就，但聞魔說成佛虛名。（T7p838a17）

例三中的"我所署"，异译作"我所说"，是知"署"即"说"。可是，释"署"为"说"，在汉文使用习惯中无理可说。还有，这个"说"是什么意思？是言说吗？放到其他两句中去，能行得通吗？

熟悉梵文和英语的的辛岛教授，据梵文与孔兹英译立论。梵本在777页：

yāni ca mayā Subhūte ‘vinivartanīyānāṃ bodhisattvānāṃ mahāsattvānāṃ ākārā lingāni nimittāni ākhyātāni tāni tasya na bhavisyanti | 英译在232页：But he has not got the attributes, tokens and signs of an irreversible Bodhisattva which I have described.

释为describes, relates（《词典》457页）。describes，描写，叙述。relates讲述，叙述。意思与"说"相近。其不足与释"署"为"说"相类。

看看用上了"署"字的别的经。首先就看《文殊师利问菩萨署经》，此经与《道行般若经》同一译者：

佛語舍利弗："怛薩阿竭署者有四事。何謂四事？一者發意；二者阿惟越致；三者菩薩坐於樹下；四者具足佛法。是為四。"

舍利弗問："何因緣發意？"

"菩薩有一署，所謂發意所作為一切十方作功德。所以者何？欲令皆得僧那僧涅故，名曰一署。阿惟越致署者，一切有所作為，無所希望求是地：安隱地、無所想地、堅固地，是為佛法基界，故曰為二署。坐於樹下者，由不空起，起者當成道故，不離力.無所畏，是為三署。怛薩阿竭署者，如所署、審如所署署、不可數、特尊之署，已住怛薩阿竭.阿羅呵.三耶三佛陀，已法教，是為四署。"（T14p435b21）

读了还是不得明白，反复琢磨，仍难得其解。再来一本，西晋无罗叉《放光般若经》：

佛告舍利弗：我復知是善男子、善女人盡意供養般若波羅蜜，所有名香繒綵華蓋，持是功德不墮三惡趣，受二地之善福，行六波羅蜜供養諸佛，以三乘法而得度脱。何以故？舍利弗！如來已見是輩人、已稱譽是人，我已署是人所在；十方現在諸佛亦復稱譽，亦見是人，亦署是人已。（T8p072a20）

这一处前人已为我们作了注解：

玄应《一切经音义》卷三《放光般若经》"署"："位也，表也，謂表識也。"

"表識"，用今语说，就是标记。

"如來已見是輩人，已稱譽是人，我已署是人所在；十方現在諸佛亦複稱譽，亦見是人，亦署是人已。"如来已知见这些人，已称赞他们，我（即佛）也已经标记他们的住处。当今各地一切佛也对他们称誉有加，当然也知道他们了，也对他们作了标记。

以此义代入《文殊师利问菩萨署经》，所说"問菩薩署"，便是问菩萨的标记或标志。佛回答舍利弗，菩萨有四个标记或标志。每一个标记又有具体详细的标记或标志。这样代进去，文从字顺，没得说的了。

但我们马上发现，《放光般若经》"署"，与《文殊师利问菩萨署经》的"署"，并不完全相同。后者是名词，可与"標志"对换。前者是动词，带宾语，不可以换成"標志"。"署是人"，标记此人，不只是为了识别，更是为了以后佑护他们，帮助他们，让他们得以免灾祛祸。就是说，“署是人”的“署”，除了标记之义外，还有很重要的附加意义。这既是推论，也可以从异译中得到证明。

再看前面提到的例二：

難及也，天中天！怛薩阿竭·阿羅呵·三耶三佛，悉豫了了署菩薩摩訶薩。（T8p445c04）

唐二：

甚奇！世尊！於諸菩薩善能付囑、善能護念。（T7p889a11]）

宋译：

如來·應供·正等正覺善所護念諸菩薩眾，能善宣說諸菩薩法。（T8p622a15）

在汉，一个“署”字，有未明言的附加义。在唐，只有附加义：付嘱、护念。在宋，也只有附加义：护念、宣说。可知原来的附加义变成了主要意义，而随人理解不同而有不同。梵本在 475 页：

āścaryaṃ Bhagavan yāvat suparigrhītāś ca suparīttāś ca suparīnditāś ca me bodhisttvā mahāsattvās tathāgatenârhatā samyaksambuddhena ||（It is wonderful to see the extent to which the Tathagata has well taken hold of the Bodhisattvas, has well encompassed and favoured them.）

看到这场面真高兴：如来已称心如意地指导了菩萨们，已细心地护念他们，多方面地帮助他们。

由原来“标记”的初义，延申到了指导、护念和帮助。

把已说过的话，再说一遍：“署”在佛经中，意义多为标记。单纯的标记，可以换成标志。另外，除了标记的意义外，可以引申用作动词，带宾语，还有一些附加义，或者后续义。例如佑护。用这样的理解，来解释《道行般若经》的 3 个“署”字，如下：

例一

署是菩薩有德之人，持心能作是求阿耨多羅三耶三菩，乃至作是心欲有所得。

标记这有德行的菩萨，他能发心如是寻求无上正等正觉，以至于内心深处希望有所获得。（以后当常佑护之。）

例二

怛薩阿竭·阿羅呵·三耶三佛，悉豫了了署菩薩摩訶薩。

如来早已明明白白标记了菩萨摩诃萨。（定有福佑降临其身。）

例三

我所署菩薩，用是比、用是相，我不教令作是為。

我所标记的菩萨（本当护念之，却不料他）做出这一类的行为，做出这样的表现，我并没有要他这样做。

三、考释通假字

1.“德”，通“得”

例一

佛言：“不如是善男子、善女人書般若波羅蜜者，持經卷與他人，使書，若令學、若為讀，其福倍益多。何以故？薩芸若德，成法德，一切從般若波羅蜜中學成佛，便出生須陀洹道、斯陀含道、阿那含道、阿羅漢道、辟支佛道。”（T8p437b01）

辛岛《道行般若经校注》（119 页）译“薩芸若德成法德，一切從般若波羅蜜中學，成佛”：（Because）the virtues of sarvajña（tā）（omniscience）bring the virtues of the *dharmas* to completion. All（beings）train themselves in the prajñāpāramitā and become buddhas.［（因为）萨芸若（一切智）之美德，成就了法之美德。众生以般若波罗蜜养成自己为佛。］

我们的注意力放在“薩芸若德，成法德”上，这话到底应该怎样理解。辛岛教授照直译来，似乎不错，或者说，初看起来，只能如此。但如着眼于上下文，这话在其中有何作用，简直前不着村，后不着店。这话，连同下面的话是回答上面的问话的。上面问：善男信女书写般若波罗蜜经卷，写好送给他人，让他人也书写，学习，诵读，其人得福就加倍的多。佛自己问道，这是什么缘故呢？接着自己回答说：萨芸若的美德成就了法的美德。这样岂不是答非所问？下文说，“一切從般若波羅蜜中學成佛”，这与上文也接不上茬。勉强寻出其间的联系来，终觉别扭难安。只能另寻出路。

我的意见是，“德”读为“得”。回答上文说，因为通过那些，可以得萨芸若，可以得成佛之道。下面说一切从般若波罗蜜中学到，是补充说，通过何种具体途径得到，接下去说从这里还可以生出须陀洹道直至辟支佛道等。大乘并不排斥辟支佛，只是觉得那是低级的，修学就当以佛道为目标。说直白一点，通过书写经卷，赠送经卷，并学习诵读，可以成佛，至低也得辟支佛道。这种联系是显而易见的。

下面要说清楚，“德”可读为“得”。也要陈述原来是名词在前，动词在后，为何必须倒其语序来理解。《礼记·乐记》：“德者，得也。”《释名·释言语》：“德，得也，得事宜也。”古书“德”常作“得”，德、得古字通。《易·升·象传》：“君子以须德”，陆德明释文：“姚本‘德’作‘得’。”《管子·心术下》：“此之谓内德”，戴望校正：“朱本‘德’作‘得’。”《读书杂志·荀子第七·解蔽》“德道之人”，王念孙按：“德道，即得道也。”我们敢于说“萨芸若德，成法德”不是萨芸若之德，造成了各法之德，是因为下文佛又有相类似的说法，以确认并强调自己已提出的论点。那里是这样讲的：

例二

皆從般若波羅蜜中學，得成薩芸若、成法德，用是故得佛，出生須陀洹道、斯陀含道、阿那含道、阿羅漢道、辟支佛道，用是故其福轉倍多。（T8p437b13）

前文说，“薩芸若德，成法德，一切從般若波羅蜜中學成佛，便出生須陀洹道、斯陀含道、阿那含道、阿羅漢道、辟支佛道”。这里“從般若波羅蜜中學”提前了，“一切”换成了“皆”。“萨芸若德”变成了“得成萨芸若”。只那个“成法德”仍依旧，看看梵文，即可完全弄懂。梵本 309 页：

evaṃ câsyôtsāhaṃ vardhayiṣyati yathā-yathā hi tvaṃ kula-putra prajñāpāramitāyāṃ śikṣiṣyase tathā-tathā tvam anupūrveṇa buddha-dharmāṇāṃ lābhī bhaviṣyasi āsannaś ca bhaviṣyasi anuttarāyāḥ samyaksambodheḥ |（And the Bodhisattva will increase his endurance by the reflection that by training himself in the perfection of wisdom, he will by and by become one who obtains the dharmas which constitute a Buddha, and will get near to full enlightenment.）

并且这菩萨将以修学般若波罗蜜进行反思，通过反思助增其定力。他将逐步获得成佛之法，并接近于阿耨多罗三耶三菩。

据此，“薩芸若德成法德”的“德”，也不是讲“德性”或“德行”，而是 lābhī（得，所得），bhaviṣyasi（当有），āsannaś（接近，得近），英译用 increase，obtains 和 will get near to，其实也是“得”，或与“得”义相近的词儿。

本是“得”，却用上“德”。本是“得成薩芸若”，而要说成“薩芸若德”，把动词放到宾语后面。再说一次的时候，两个动宾词组，一个把动词调到宾语前来，一个不调；一个用本字“得”，一个仍然用借字“德”。大概是为了错综，为了避复吧。

2.“榻”借为“搨”？

薩陀波倫菩薩及五百女人，聞是大歡欣，踊躍無極，俱往至般若波羅蜜臺所，持雜華雜香散般若波羅蜜上，持金縷織成雜衣，中有持衣散上者，中有持衣作織者，中有持衣榻壁者，中有持衣布地者。（T8p473b01）

“榻壁”，费解。榻，《玉篇·木部》：“床狭而长谓之榻。”以此释经，殊不合。通常以为此乃“搨”之借字，德盍切，音 dá。此字此音，有“贴”义，“榻壁”，即搨壁，贴于墙上。于理可通。但此音此义出现较晚，未见早于唐代的典籍。故仍有不安。

今按：《史记·货殖列传》有“榻”字用例：

筋角丹沙千斤，其帛絮细布千钧，文采千匹，榻布皮革千石。

《集解》徐广曰：“榻音吐合反。”骃案：《汉书音义》曰：“榻布，白迭也。”

《索隐》：荅布。注音吐合反，大颜音吐盍反。案：以为麤厚之布，与皮革同以石而秤，非白迭布也。《吴录》云：“有九真郡布，名曰白迭。”《广志》云：“迭，毛织也。”

《正义》颜师古曰：“麤厚之布也。其价贱，故与皮革同重耳，非白迭也。荅者，厚之貌也。”案：白迭，木绵所织，非中国有也。

榻布，裴骃以为是白叠。玄应《一切经音义》卷11说：“白迭，字体作㲲。古文毾。同徒颊反。毛布也。”他没有说为什么叫“白”叠，可能是白羊毛所织而具有原色。为什么叫白“叠”，已能明白是多重羊毛叠积而成。

司马贞所见《史记索引》，“榻布”作“荅布”，为“荅”注音，相当于现在的读音 tà。他取大颜（颜游秦，颜师古之叔）之说，以为“荅布”是粗厚之布。否定裴说。并引《吴录》，解释“白叠”产于九真郡（今越南的清化、义安、河静三省沿海侧大部分地区），是毛织品。

张守节认可司马贞所说，引注《汉书》的颜师古为说。并补充解释“荅”是厚重的样子（《汉书》注原文本作“厚重之貌”）。还补充非“白叠”的理由，那不是中国的出产，而且是棉制品。说是棉制品，这一点与司马贞的说法不一。

反“白叠”说的理由有三：第一，解释了“荅”的意义，裴未就“榻”作解；第二，“白叠”非中国出产；第三，张说以为白叠为毛，而实为棉。今谓：榻、荅皆假借字，本字为“沓”，义为重沓，重叠。《说文·曰部》：“沓，语多沓沓也。”段注：“《孟子》、毛传释《诗》皆曰：‘泄泄犹沓沓也。’引伸为凡重沓字。”徒合切。“榻布”或“荅布”，谓多层厚重的织品。用其专用名词，就是白迭。据玄应的解释，就其字形㲲、毾而言，是毛织品无疑。释“荅”为“厚重之貌”，此外另无所据，难以成立。说“白迭”非中国所产，或是。但《货殖列传》是讲做生意，没有谁说外国货就不允许交易。

有没有棉花的白叠？应该是有的。张守节唐开元年间为官，他可能见过产自九真郡的白叠。就是棉花织成的厚褥。棉花当然白色，其为多层制成，故也可称“叠”。然此棉叠非汉时来自西域的毛叠。据植物学史，棉花的传入，或者在南北朝时期，但多在边疆种植。棉花大量传入内地，当在宋末元初。关陕闽广首获其利，因为闽广通海舶，关陕通西域。

《新唐书·西域传上·高昌》："有草名白叠，撷花可织为布。"此言草本棉花名为白叠，恐系道听途说。

《道行般若经》说"榻壁"，就是沓壁，与"布地"相对为文，谓以金缕织成的覆盖物，叠加于墙壁之上，意义与贴附于壁相同。"沓"作动词用本有先例,《西京杂记》卷四："羊胜为《屏风赋》，其辞曰：'屏风鞈匝，蔽我君王。重葩累绣，沓璧连璋。'"

《玉篇·韦部》："韂，都盍切。热韂韂。"《广韵》入声盍韵都榼切："韂，热韂韂。""热韂韂"当是方言，形容热度，可惜不知典籍出处。而《集韵》入声盇韵德盍切："韂，皮服。"更不知其所谓，或者竟是指《史记》中的"榻布"吧，皮毛本相类。

四、考释佛教术语

1."摩诃僧那僧涅"定名

何因呼菩薩為摩訶僧那僧涅，摩訶衍三拔致？佛說號如是，爾故為摩訶僧那僧涅，摩訶衍三拔致？（T8p427b29）

"摩訶僧那僧涅"，到底什么意思。先看梵本 84 页：

mahā-saṃnāha-saṃnaddhaḥ sa sattvo mahāyāna-saṃprasthito mahāyāna-samārūḍhaś ca sa sattvaḥ | tasmāt sa mahāsattvo mahāsattva iti saṃkhyāṃ gacchati ||（"Great being", one who is so called, armed with the great armour is that being, he sets out in the great vehicle, is mounted on the great vehicle. That is why he comes to be styled a 'great being.'）

被称为摩诃萨者，就是披大铠其人，他乘大乘出发，已登上大乘之车。那就是称之为摩诃萨的原因。

梵文 mahā-saṃnāha-saṃnaddhaḥ，英译 armed with the great armour，披大铠，以大铠武装起来。"披大铠"是个比喻，问题是比喻什么。是披的什么铠，以制胜于敌。

再看异译怎么译：

吴译：

吾亦樂其為大士者，揖人昇於大乘而有弘誓之鎧，是為大士。（T8p480c18）

罗什译：

菩薩發大莊嚴，乘大乘故，是名摩訶薩義。（T8p538c27）

唐一：

以諸菩薩普為饒益一切有情被大功德鎧故，發趣大乘故，乘大乘故，名摩訶薩。（T7p766c06）

唐二：

以諸菩薩普為利樂一切有情被大願鎧故，發趣大乘故，乘大乘故，名摩訶薩。（T7p868b10）

宋译：

摩訶薩者，所謂被大乘鎧，以大乘法而自莊嚴，安住大乘，是故說為摩訶薩義。（T8p590a10）

吴译为“有弘誓之鎧”，与唐二“被大願鎧”所说相同。誓愿实行，就是下了大决心，非做到不可。罗什译“發大莊嚴”，就是把思想武装起来（李维琦，2004，398页），与宋译相同。宋译说“而自莊嚴”，以大乘思想自我武装。（罗什只说武装思想，没有说用什么思想武装。）唐一却说“被大功德鎧”，是凭借于过去积累的大功德，而走上大乘之路。三家，哪一家最为合适呢？三家都说得过去。相比较而言，似乎罗什与唐二更为恰切。这里实际上是教派之争，就是要你下决心跟着大乘走，至于过去的功德什么的，不在话下。也顾不上你是不是能信奉大乘这个教派的整体思想。什么是摩诃僧那僧涅呢？字面上看是梵文mahā-saṃnāha-saṃnaddhaḥ的音译，其意思很深远，就是要你下最大的决心，誓死加入大乘，毫不动摇，走大乘之路，那样就可以成为摩诃萨了。

2.“怳忽”真谛

先看经文：

若有菩薩摩訶薩，不諦曉了知作福德者。所以者何？於身怳忽，

於勸助福亦復恍忽。菩薩了知恍忽無所有，是故為菩薩摩訶薩般若波羅蜜。（T8p438c23）

这一小段文字辛岛教授给出4个注解。首先把“了”改为“不”，没说理由，大概是为了能解通全句。其次他对“恍忽”（“恍惚”）发表了意见，认为本经译者支娄迦谶对此词的理解出错。辛岛《校注》140页将“恍忽”解释为“faint, dim, indistinct”，且注解说，恍忽，宋本、石经等作“恍惚”。圣本作“怳忽”。此后异本定为“恍忽”。参三种梵文本，vivikta，śānta（isolated and quiet）。异译吴本：无所有……空。秦译：恍忽。罗什译：离相。唐一：远离寂静。据此文本，支娄迦谶似乎把梵文vivikta错认为是 'vivikta了。原意是分开的、偏远的、有区别的，用否定符号加以否定，就变成为不加选择的、糊涂的、不清楚的了。所以他用“恍忽”来译，“恍忽”的意思是模糊不清。

错没错，要将这几句的意思搞懂。义理不通，即算是词义没错，那整个句子能不能讲通还是问题。单独看这里开头引的文句，是永远也无法理解的。理解之法是拿异译比照。首先看罗什译《小品经》：

若有菩薩於福德、作起法取相分別，則不能以此福德迴向。何以故？是作起法，皆是離相；隨喜福德，亦是離相。若菩薩知所念作起法皆離7相，當知是為行般若波羅蜜。（T8p548b15）

“何以故”相当于“所以者何”，此前是讲事由的。这事由就是如《小品经》所说，于福德（前文提到的劝助福德）取相，于劝助缘起取相，就不能回向最高最后的福果。与《道行般若经》比照，“不諦曉了知作福德者”，意思就是不知道作福德不能取相，不知道作福德之缘起不能取相，也不知道如果取相就无法回向。谛晓了知，4个近义词连用，意思只是知晓。为什么不能回向呢？《小品经》回答道：

劝助缘起是离相，劝助福德是离相，如果知道其所想其所缘起皆是离相，那么，这就对了，这就是行般若波罗蜜。相较于《道行般若经》，于缘起本身是恍惚，于劝助福德是恍惚，如果知道恍惚是无所有，那就对了，那就是行般若波罗蜜。

再看唐一：

若菩薩摩訶薩於能隨喜迴向之法，起能隨喜迴向法想，於所隨喜迴向之法，起所隨喜迴向法想，而起隨喜迴向無上正等菩提，是菩薩摩訶薩所起隨喜迴向之心，則便墮於想心見倒，所起隨喜迴向皆邪，菩薩應知方便遠離。

復次，善現！若菩薩摩訶薩於所修作諸福業事，如實了知遠離寂靜，於能隨喜迴向之心，亦如實知遠離寂靜。如是知已，行深般若波羅蜜多，於諸法中都無取著，而起隨喜迴向無上正等菩提，是菩薩摩訶薩所起隨喜迴向之心，則不墮於想心見倒。（T7p793c15）

《道行般若经》和《小品经》说的是两句话，前一句说，不应取相，后一句说，应当离相。唐一也是两句，它把两句化成了两段，第一段是说不应当起想（相当于取相）。后一段是说应当“远离、寂静”（相当于“恍惚”或“离相”）。所不同者，前者以缘起与福德本身为纲，后者以能回向、能修与所回向、所修为纲。角度不同，意思还是一样的。

梵本在 349—350 页：

ayam bodhisattvasya mahāsattvasya anuttaraḥ pariṇāmaḥ | sacet punar bodhisattvas taṃ puṇyâbhisaṃskāraṃ saṃjānīte na pariṇāmayaty anuttarāyāṃ samyaksambodhau || tat kasya hetoḥ | tathā hi sa tām pariṇāmanām abhiniviśate || sacet punar asyâivaṃ bhavati so ‘pi puṇyâbhisaṃskāro viviktaḥ śāntaḥ yad apy anumodanā-sahagataṃ puṇya-kriyā-vastu tad api viviktaṃ śāntam iti pariṇāmayaty anuttarāyāṃ samyaksambodhau |（But if, on the other hand, a Bodhisattva perceives that accumulation of merit, then he cannot turn it over into full enlightenment. Because he settles down in that process of dedication. If further he reflects that also this accumulation of merit is isolated and quietly calm, that also the meritorious work founded on jubilation is isolated and quietly calm, then he turns over into full enlightenment.）

再说，另一方面，菩萨察觉到那功德的积累，那么，他就不能回向无上正等正觉。因为在奉献过程中他停顿下来了。如果他进一步显示：此积累功德远离并寂静；基于劝助的功德也是远离和寂静的，他回向了无上正等正觉。

基本意思与前述相同。这就证实了汉译的无误。只是把取相，换成了产生、出现（saṃjānīte）；把离相，还有恍惚换成了远离并寂静（vivikta，śānta）。

于是就有下面的列表：

梵本：vivikta，śānta

《道行般若经》：恍忽

罗什译：离相

唐一：远离、寂静

英译：isolated and quietly calm

解释一下，梵文意思是远离、寂静，远离事物的形相，而处于寂静无侣状态。佛家的意见，一切皆空，所见事物的相状，其实则空无。哪怕是千辛万苦，修成了功德，就其初心，就其福果来说，仍然是空。如此观察，如此存心，方成正果。这层境界，支娄迦谶用“恍忽”即“恍惚”来表示。译者恐怕读者不太明白，补充说“恍忽”是“无所有”。并不是恍恍惚惚，迷糊不清。这词本出自老子《道德经》，此经第21章说：“道之为物，惟恍惟惚。惚兮恍兮，其中有象。恍兮惚兮，其中有物。”王弼注：“恍惚，无形不系之叹。”又说：“以无形始，物不系成物，万物以始以成，而不知其所以然。”王弼意思是恍惚便是无形，不附着（系）于任何其他现成之物。用“恍惚”来表达佛家不取相的学说，在当时来说，怕是比较合适的。除非另造新词。况且，佛教初传入中国，人们多以老庄思想相比附，学者并不以此为非，甚至可以说，还是比较时尚的事。

罗什译求其通达好懂，译为离相。比只译“远离”，而无所离之处之物，更能为读者着想。但从字面上说，他加了一个“相”字。唐译反而不如罗什“开明”，仍然不加“相”字。可以说，是比较“忠”于原文了。英译同样无“相”字。

从以上分析看来，支娄迦谶用的“恍忽”，与时代相一致，与汉语本身并无冲突，也与经义基本相符。支谶译经时固然有汉语不完全纯熟之弊，但在这儿并没有出错，错在把“恍惚”的后起义（迷糊不清）当成唯一意义的现代学人。

第三节　余论

前面提到训诂方法，还作了些例证。然而，一路解经一路感慨，方法再多仍然没有困难多。下面再讨论一下佛经训诂有哪些困难以及面对困难如何做。

一、佛经训诂之难

佛经训诂之难，主要难在句和句群上，不完全在于个别词语。

例一

菩薩摩訶薩當學漚恕拘舍羅，未得般若波羅蜜者不得入，已得般若波羅蜜乃得入。勿為身作，識用之有滅。以是故無有身。有德之人，有想便礙，反欲苦住。怛薩阿竭、阿羅訶、三耶三佛，不樂作是德持用勸助。（T8p439a01）

这一段经文难点在“勿爲身作，識用之有滅”。要解释清楚很不容易。

辛校（141 页）标点为：“勿爲身作識。用之有滅，以是故無有身。”解释为：“You should not consider that the body produces consciousness. As existence ends，the body，therefore，does not exist.”（你不要以为身体会产生意识。因为“有”已经结束，因而身体不存在了。）

这是说的怎么一回事呢？身体产生意识？为什么这么说呢？因为“有”既已为无，自然也就没有什么身体了。这是说的佛经呢，还是在说别的什么？可以这样判断，这根本不是在谈论佛经。

先体会一下异译是怎么说的。

罗什译：

若不聞不得般若波羅蜜方便，能以諸福德正迴向者，無有是處。何以故？是人於過去諸佛身，及諸福德，皆已滅度，而取相分別，得是福德，欲以迴向。如是迴向，諸佛不許，亦不隨喜。（T8p548b27）

唐一：

若無如是方便善巧，能正發生隨喜迴向，無有是處。何以故？於過去佛及弟子眾諸功德等取相分別隨喜迴向，諸佛世尊皆不隨喜。（T7p794b21）

似乎还不够，再审察一回梵本，353 页：

tat kasya hetoḥ | na hi prajñāpāramitām anāgamya śakyêyam aśrutavatā prajñāpāramitā pariṇāmanā–kriyā praveṣṭam || tatra ya evaṃ vadec chakyam āgamya prajñāpāramitāṃ tat puṇya–kriyā–vastu anuttarāyāṃ samyaksambodhau pariṇāmayitum iti sa mâivaṃ vocad iti syād vacanīyaḥ || tat kasya hetoḥ | niruddhā hi te ātmabhāvā niruddhā hi te samskārāḥ śāntā viviktā virahitā upalabdhinaḥ | api tu khalu punaḥ sa pudgalo nimittīkṛya vikalpya ca yathābhūtam ayathābhūte yathābhūta–saṃjñī upalambham anupalambhe pariṇāmayet | tasya kuśala–mūlaṃ buddhā bhagavanta evaṃ pariṇāmitam anuttarāyāṃ samyaksambodhau nâbhyanujānanti ||

再参考英译：For without the help of the perfection of wisdom one untaught cannot enter on the work of dedication by means of the perfection of wisdom. But one should not make a statement to the effect that thanks to the perfection of wisdom it is possible to transform that meritorious work into full enlightenment. For stopped are those personal lives, stopped are those karma–formations, calmly quiet, isolated, lacking in basis. Moreover, that person has brought about a sign, and made a discrimination, he perceives what is truly real in what it not truly real as it were truly real, and he would transform a basis into what is without basis. The Buddhas, the Lords do not allow his wholesome roots to become something which is in this way transformed into full enlightenment.

无般若波罗蜜的帮助，一个无教养者不可能进入回向。

可不要以为，由于般若波罗蜜，把功德回向正等正觉是可能的。因为个人功德将失效，业力、寂静、远离等都将失效，因为缺乏基础。而且，他取相分别，承认非真实为真实，且回向基础为无基础。如来与佛不会承认其善根可以回向正等正觉。

与“勿为身作……”相应的，在罗什是：

是人于过去诸佛身……

在唐一是：

于过去佛及弟子众诸功德……

在梵文是：

tatra ya evaṃ vadec chakyam āgamya prajñāpāramitāṃ tat puṇya-kriyā-vastu anuttarāyāṃ samyaksambodhau pariṇāmayitum iti sa mâivaṃ vocad iti syād vacanīyaḥ ||

连成一片来理解，所说的“身”，指“過去諸佛身”及弟子众（诸功德）。而“作”是 anuttarāyāṃ samyaksambodhau pariṇāmayitum，亦即回向正等正觉。“勿爲身作”，不要以为过去诸佛身及弟子众诸功德可回向阿耨多罗三耶三菩。“作”有回向义（正等正觉），前文已释。

“識用之有滅”，与之相应的，在罗什是：

（诸佛身）及诸福德皆已灭度。

在梵本是：

niruddhā hi te ātmabhāvā niruddhā hi te samskārāḥ śāntā viviktā virahitā upalabdhinaḥ |

在英译是：

stopped are those personal lives, stopped are those karma-formations, calmly quiet, isolated, lacking in basis.

于是“識用之有滅”就成为可以理解的了。那是说，人们所认知之诸佛及众弟子的功德也随之而无有了。“识”，理解为所识，特指其功德。“用之”，因之，“之”代指佛及弟子之消逝。

接下来就好解释了。佛与弟子既已逝，其功德随之而无，所以说便是无佛无功德了（以是故无有身）。凡是有了一些德行积累的人，只要取相分别，就是想住于困苦邪思而不能自拔（有德之人，有想便碍，反欲苦住）。

回过头来，看难在什么地方。“为”通“谓”，“有”通“又”，这是对古文有知识的人能够接受的，但也要有所颖悟。至于“身”特指过去佛身，并且还要兼及众弟子（的功德），则是很难领会的。实在是简省太多。“作”有回向（正等正觉）义，那就非熟悉《道行般若经》等的用词习惯是不可能凭空悟出来的。“识”是动词，常为五阴之一，这里理解为所识，而且有所别指，也就异乎寻常。尤其是那个代词“之”所指代前文未明确出现，更不知当何所指。一个“灭”字，自是普通，但有消灭、灭亡等义，选中一个恰切的义项，也非易事。罗什用“灭度”，梵文用 niruddhā，英译用 stopped，辛校用 does not exist，实在只是“无”的意思。

总之，词义异常，所指不明，代词不知所代，简省不知其所简。词义过于宽泛，也难求其精确。不明了这些原委，而强求其解，就难免“身体产生意识”这类误会了。

还有更难的。我们从本经第十九品中举个例子来看，难度主要在解释一个片段上。

例二

1 須菩提白佛言：“如是般若波羅蜜為空行乎?”

2 “不，須菩提!”

3 “有離般若波羅蜜行得?”

4 “不，須菩提!”

5 “空行?”

6 “不，須菩提!”

7 “離空行?”

8 “不，須菩提!”

9 “敗色行?”

10 “不，須菩提!”

11 “敗痛痒、思想、生死、識行?”

12 “不，須菩提!”

13 “離色頗所有行?”

14 “不，須菩提!”

15 “離痛痒、思想、生死、識頗所有行?”

16 “不!”

17 須菩提言:“云何，天中天，行般若波羅蜜?”

18 佛言:“云何，須菩提！見是法不？何所法行般若波羅蜜?”

19 須菩提言:“不見也，天中天!”

20 佛言:“云何，須菩提！遍見不？見般若波羅蜜何所菩薩摩訶薩行?”

21 須菩提言:“不見也，天中天!”

22 佛言:“設使，須菩提！遍見不？是菩薩摩訶薩行般若波羅蜜。”

23 須菩提言:“不見也，天中天!”

24 佛言:“設使，須菩提！不遍見，法有所生處不?”

25 須菩提言:“不見也，天中天!”

26 佛語須菩提:“是菩薩摩訶薩逮無所從生法樂，如是樂悉具足，無所從生受決阿耨多羅三耶三菩，是怛薩阿竭、阿羅訶、三耶三佛所至處，無所復畏，悉作是護，菩薩摩訶薩作是求、作是行、作是力，為逮佛慧、極大慧、自在慧、薩芸若慧、怛薩阿竭慧。設見不得佛，佛語為有異。”

27 須菩提白佛言:“設使諸法無所從生，受決阿耨多羅三耶三菩。”

28 佛語須菩提:“不也。”

29 須菩提白佛言:“云何菩薩摩訶薩得阿耨多羅三耶三菩?”

30 佛語須菩提:“見不？所當受決阿耨多羅三耶三菩。”

31 須菩提言:“我不見法當作阿耨多羅三耶三菩。”

32 佛言:“如是，須菩提！如是諸法無，無從中得。菩薩不作是念:‘持是法當受決不受決。’”（T8p463a09）

我们于原文上加上了数字作为序号，以便指称。下面把所说的意思演绎出来。斜线之后是何以如此的解说。

1 行（般若波罗蜜的）空是行般若波罗蜜吗? / 原文的“空”，当是指般若波罗蜜的“空”。原文的“般若波羅蜜”应是原文“行”的宾语。

3 有离般若波罗蜜（的空）得行（般若波罗蜜）吗? / 原文“離般若波羅蜜”之后，当补“的空”，以与上句形成正反两句。原文“行”之后，省略宾语“般若波羅蜜”。

5 行空是行（般若波罗蜜）吗？/“空”字动化，意思是行空。1 的“空”也当动化。“行”后省宾语“般若波羅蜜”。

7 离空行（般若波罗蜜）吗？/“離空行”之后也省宾语“般若波羅蜜”。

9 行（败）色是行（般若波罗蜜）吗？/“敗色行”即是“色行”，“色”字动化，谓行色。原文“行”后同样省了宾语“般若波羅蜜”。“敗色行”的“敗”考证如下。

败色行：行色，是行般若波蜜？罗什译此句，作：“行色是行般若波羅蜜不？”（T08p0572b24）说“行色”，为什么要把“色”说成“敗色”呢？“敗”当是常义，即破败、损坏的意思。“色”就是色，为什么要说成破败损坏之色呢？其原义或许是其人已有一定的修养，其所见之“色”已不完全，但仍然是色。后来的般若学者，认为没有必要特别指出其为败色，多钩掉了那个“敗”字。

佛经中言“敗色”的，以苻秦僧伽跋澄之所译为对我们较有参考意义,“败色”，他译为“壞敗色”：

云何彼作壞敗色想？或作是說：彼無有壞敗想，然彼色未盡，設色盡者，彼謂壞敗想也。或作是說，彼有壞敗想，彼不修色想。若以離色想，以離謂之壞敗色想。復次，彼非壞敗色想：彼不入無色界定。若入無色界定成就彼定，彼謂壞敗色想。(《尊婆须蜜菩萨所集论》；T28p0744c06）

说败色有三种情况，一层比一层高。一种是色未尽，一种是已离色，一种是入无色界定。《道行般若经》所说“敗色”，当指第一种情形，谓其色尚未尽。

11 行（败）痛痒、思想、生死、识，是行（般若波罗蜜）吗？/“敗”字如上，亦无实际意义，句后同样省略了宾语“般若波羅蜜”。

13 离色（于般若波罗蜜）有所行吗？/当补状语“于般若波羅蜜”，“有所”当为“所有”。

15 离痛痒、思想、生死、识（于般若波罗蜜）有所行吗？/如 13，也要补状语，句意才完整。

16 无所行,（须菩提！）/照例后有“須菩提”三字。

17 世尊，如何行般若波罗蜜？/“天中天”插入呼语，“雲何”与“行般若波羅蜜”连读。

18 见过行般若波罗蜜之法吗？/此句“是”与“何所”搭配着用，“是”字先行，代表“何所”所引领的短句。

20 怎么样，见过菩萨摩诃萨在何处行般若波罗蜜吗？/“見”前加“遍”，还是“見”，只是增加了遍寻各处之意。

22 假设见过，你见过这位菩萨摩诃萨行般若波罗蜜没有？/“設使”后，省“見過”。“遍見”后的“不”，当挪至句末。

24 如果没有见过，法有没有产生之地？/须菩提是插入呼语，“設使”“不遍見”连读。

26 那就是说，这菩萨摩诃萨已得无生法，得无生法而乐，此等乐完备无缺知是无所生法得以受决而为阿耨多罗三耶三菩。这是如来·应供·正遍知所要达到的最终目的。至是再无所畏惧，得天神护佑。菩萨如此求索，如此实行，如此努力，是为了得到佛智慧、极大智慧、自在无碍智慧、一切智慧、如来智慧。如果这样还得不到佛（智慧、极大智慧……），佛之所言就有别解，是不可能的。/“見不得佛”的“見”字，各本均作“是”，当校正为“是”。“設是不得佛”，意思是：如果这样还得不到佛智、极大智等。“不得佛”那个“佛”字，代表“佛慧、极大慧、自在慧、萨芸若慧、怛萨阿竭慧”。

27 如果诸法没有产生之处，就可以受决而为阿耨多罗三耶三菩了。

29 菩萨如何能得阿耨多罗三耶三菩呢？/“雲何”，在此句中相当于如何、怎样，照现代汉语的规矩，会置于主语之后。

30 你见过当受决而为阿耨多罗三耶三菩之法没有？/“見不”，“不”读为“否”，相当于现在是否问的“没有”，可置于全句之后。

32 这样看来，没有诸法，没有从诸法中获得什么。菩萨不这样想：依凭此法能得受决或不能受决。/“無無從中得”，“無無”二字，辛校（394 页）据金藏、房山石经、普宁藏删去一“無”字，作“無從中得”。但资福、碛砂、宫本、丽藏、圣本、金刚寺钞本皆作“無無從中得”，而据中华藏校，普宁藏、南藏、径山藏、龙藏作“無所從中得”。今从古本，保留两“無”字，而以前“無”字属上，作“諸法無，無從中得”。

假如我们的解释不错，就知道对佛经的训诂要解决许多问题。经文行文往往有省略或缺损，而且这缺损与省略，有时简直分不清楚。行文颠倒，又有插入，说不清楚何时颠倒，怎样颠倒。经文中有错字，有的是明显错了，有的好像错了，实际上又没错。有难解的词语，得花力气去考证。一个词的意义，有时不限于本身，而有更广泛的代表性。还有特殊的语法，见所未见。有些意义不在字面上，而有言外之意。本来是个名词，却动化了，其语法作用已是个动词了。什么时候动化，什么时候保留原来的意义不变，不是一两句话能说明白的。又多特例，不按常理“出牌”。这里简要地说，讲了 10 项，而这些项又交叉为用，造成十分复杂的局面，使得训诂家们眼花缭乱，目不暇接。

那么，你是怎么知道应当这样解释，而不作别样解释呢？佛经读多了，知道它的套路了，这是一。其次，就这一块来说，我主要参考了异译，并且得力于梵本。比如何以将“般若波羅蜜為空行乎？”解释为“行（般若波罗蜜的）空是行般若波罗蜜吗？”就是对勘了梵本（797—800 页）：

kim punar Bhagavan yā prajñāpāramitāyāḥ śūnyatā sā carati prajñāpāramitāyāṃ ||（Does the emptiness of perfect wisdom course in perfect wisdom？）

我们把主要参考的中文异译和梵本及其英译都列在下面，以使读者知所凭借。

唐一：

爾時，具壽善現復白佛言：“世尊！為即般若波羅蜜多，能行般若波羅蜜多不？”

“不爾！善現！”

爾時，具壽善現復白佛言：“世尊！為即般若波羅蜜多，能行般若波羅蜜多不？”

“不爾！善現！”

“世尊！為即色空，能行般若波羅蜜多不？”

“不爾！善現！”

“世尊！為離色空有法可得，能行般若波羅蜜多不?”

“不爾！善現!”

“世尊！為即受、想、行、識空，能行般若波羅蜜多不?”

“不爾！善現!”

“世尊！為離受、想、行、識空有法可得，能行般若波羅蜜多不?”

“不爾！善現!”

“世尊！為即色，能行空不?”

“不爾！善現!”

“世尊！為離色有法可得，能行空不?”

“不爾！善現!”

“世尊！為即受、想、行、識，能行空不?”

“不爾！善現!”

“世尊！為離受、想、行、識有法可得，能行空不?”

“不爾！善現!”

“世尊！為即色空，能行空不?”

“不爾！善現!”

“世尊！為即受、想、行、識空，能行空不?”

“不爾！善現!”

“世尊！為離受、想、行、識空有法可得，能行空不?”

“不爾！善現!”

“世尊！為即一切法，能行般若波羅蜜多不?”

“不爾！善現!”

“世尊！為離一切法有法可得，能行般若波羅蜜多不?”

“不爾！善現!”

“世尊！為即一切法空，能行般若波羅蜜多不?”

“不爾！善現!”

“世尊！為離一切法空有法可得，能行般若波羅蜜多不?”

“不爾！善現!”

“世尊！為即一切法，能行空不?”

“不爾！善現!”

“世尊！為離一切法有法可得，能行空不？”

“不爾！善現！”

“世尊！為即一切法空，能行空不？”

“不爾！善現！”

“世尊！為離一切法空有法可得，能行空不？”

“不爾！善現！”

爾時，善現便白佛言：“若爾，諸菩薩摩訶薩以何等法，能行般若波羅蜜多及能行空？”

佛告善現：“於意云何？汝見有法能行般若波羅蜜多及能行空不？”

善現對曰：“不也！世尊！”

佛告善現：“於意云何？汝見有般若波羅蜜多及見有空是菩薩摩訶薩所行處不？”

善現對曰：“不也！世尊！”

佛告善現：“於意云何？汝所不見法，是法可得不？”

善現對曰：“不也！世尊！”

佛告善現：“於意云何？不可得法，有生滅不？”

善現對曰：“不也！世尊！”

佛告善現：“汝所不見、所不得法所有實相，即是菩薩無生法忍。若菩薩摩訶薩成就如是無生法忍，便於無上正等菩提堪得受記。善現當知！是菩薩摩訶薩於佛十力、四無所畏、四無礙解、大慈、大悲、大喜、大捨及十八佛不共法等無量無邊殊勝功德，名能精進如實行者，若能如是精進修行，不得無上正等覺智、一切相智、大智、妙智、一切智智、大商主智，無有是處。”

具壽善現復白佛言：“諸菩薩摩訶薩為以一切法無生法性，於佛無上正等菩提得受記不？”

“不爾！善現！”

“世尊！諸菩薩摩訶薩為以一切法有生法性，於佛無上正等菩提得受記不？”

“不爾！善現！”

“世尊！諸菩薩摩訶薩為以一切法有生無生法性，於佛無上正等菩提得受記不？”

“不爾！善現！”

“世尊！諸菩薩摩訶薩為以一切法非有生非無生法性，於佛無上正等菩提得受記不？”

“不爾！善現！”

爾時，善現便白佛言：“若爾，云何諸菩薩摩訶薩於佛無上正等菩提堪得受記？”

佛告善現：“於意云何？汝見有法於佛無上正等菩提得受記不？”

善現對曰：“不也！世尊！我不見法於佛無上正等菩提堪得受記，亦不見法於佛無上正等菩提有能證者，證時、證處及由此證若所證法皆亦不見。何以故？以一切法皆無所得，於一切法無所得中，能證、所證、證時、證處及由此證不可得故。”

佛告善現：“如是！如是！如汝所說。善現當知！若菩薩摩訶薩於一切法無所得時，不作是念：‘我於無上正等菩提當能證得，我用是法於如是時、於如是處證得無上正等菩提。’”（T7p841c15）

梵本及其英译：

kim punar Bhagavan yā prajñāpāramitāyāḥ śūnyatā sā carati prajñāpāramitāyāṃ ||

Bhagavān āha | no hîdaṃ Subhūte ||

Subhuti：Does the emptiness of perfect wisdom course in perfect wisdom?

The Lord：No，Subhuti.

须菩提：般若波罗蜜的空行般若波罗蜜吗？

佛：不，须菩提。

āha | kim punar Bhagavan anyatra prajñāpāramitā-śūnyatāyāḥ sa kaścid dharma upalabhyate yaś carati prajñāpāramitāyāṃ ||

Bhagavān āha | no hîdaṃ Subhūte ||

Subhuti：Can one then apprehend outside the emptiness of perfect wisdom any dharma which courses in perfect wisdom?

The Lord：No，Subhuti.

āha | kim punar Bhagavan śūnyatā carati prajñāpāramitāyāṃ ||

Bhagavān āha | no hîdaṃ Subhūte ||

（英译缺省）

须菩提：般若波罗蜜的空之外，能有行般若波罗蜜之法吗?

佛：不，须菩提。

āha | kim punar Bhagavan Śūnyatāyāṃ sa kaścid dharma upalabhyate yaś carati prajñāpāramitāyāṃ ||

Bhagavān āha | no hîdaṃ Subhūte ||

Subhuti：Does emptiness course in perfect wisdom?

The Lord：No，Subhuti.

须菩提：空行般若波罗蜜吗?

佛：不，须菩提。

āha | kim punar Bhagavan śūnyatā carati sūnyatāyāṃ ||

Bhagavān āha | no hîdaṃ Subhūte ||

Subhuti：Can one apprehend in emptiness any dharma that courses in perfect wisdom?

The Lord：No，Subhuti.

须菩提：在空之中，有什么法行般若波罗蜜吗?

佛：没有，须菩提。

āha | kim punar Bhagavan rūpaṃ carati prajñāpāramitāyāṃ ||

Bhagavān āha | no hîdaṃ Subhūte ||

Subhuti：Does emptiness course in emptiness?

The Lord：No，Subhuti.

须菩提：空行般若波罗蜜吗?

佛：不，须菩提。

āha | kim punar Bhagavan vedanā saṃjñā saṃskārāḥ kim punar Bhagavan vijñānaṃ carati prajñāpāramitāyāṃ ||

Bhagavān āha | no hîdaṃ Subhūte ||

Subhuti：Does form，etc.，course in perfect wisdom?

The Lord：No，Subhuti.

须菩提：五阴行般若波罗蜜吗?

佛：不，须菩提。

āha | kim punar Bhagavan anyatra rūpāt sa dharmaḥ kaścid upalabhyate yaś carati prajñāpāramitāyāṃ ||

Bhagavān āha | no hîdaṃ Subhūte ||

（英译缺省）

须菩提：有空之外什么法行般若波罗蜜吗?

佛：没有，须菩提。

āha | kim punar Bhagavan anyatra vedanā saṃjñāyāḥ saṃskārebhyo ‘nyatra vijñānāt sa dharmaḥ kaścid upalabhyate yaś carati prajñāpāramitāyāṃ ||

Bhagavān āha | no hîdaṃ Subhūte ||

Subhuti：Can one apprehend outside form，etc.，any dharma which courses

in perfect wisdom?

The Lord：No，Subhuti.

须菩提：有五阴之外什么法行般若波罗蜜吗?

佛：没有，须菩提。

Subhūtir āha | katham punar Bhagavan bodhisattvo mahāsattvaś carati prajñāpāramitāyāṃ ||

evam ukte Bhagavān āyuṣmantaṃ Subhūtim etad avocat | kim punar Subhūte samanupaśyasi tvaṃ taṃ dharmaṃ yaś carati prajñāpāramitāyāṃ ||

Subhūtir āha | no hîdaṃBhagavan ||

Subhuti：How then does a Bodhisattva course in perfect wisdom?

The Lord：Do you then，Subhuti，see a real dharma which courses in perfect wisdom?

Subhuti：No，Lord.

须菩提：那么，菩萨如何行般若波罗蜜?

佛：须菩提，你见过一种真正行般若波罗蜜的法吗?

须菩提：世尊，没见过。

Bhagavān āha | samanupaśyasi tvaṃ Subhūte taṃ dharmaṃ prajñāpāramitāyāṃ yatra prajñāpāramitāyāṃ bodhisattvo mahāsattvaś carati ||

āha | no hîdaṃ Bhagavan ||

The Lord: Do you see that perfect wisdom, in which the Bodhisattva courses, as a real thing? Subhuti: No, Lord.

佛：你见过菩萨作古正经行之的那种般若波罗蜜吗?

须菩提：世尊，未见过。

Bhagavān āha | tat kiṃ manyase Subhūte yo dharmo ʻnupalambbhas taṃ dharmaṃ samanupaśyasi | api nu sa eva dharma utpanno vā utpatsyate vā utpadyate vā niruddho vā nirotsyate vā nirudhyate vā |

āha | no hîdaṃ Bhagavan ||

The Lord: Do you see as real that dharma which offers no basis for apprehension? Has that dharma by any chance been produced, or will it be produced, or is it being produced, has it been stopped, will it be stopped or is it being stopped?

Subhuti: No, Lord.

佛：你真的见过那法吗，它没有提供理解的依据? 那法或已生，或将生，或正生? 或已灭，将灭，正灭?

须菩提：未见，世尊。

Bhagavān āha | evaṃ khalu Subhūte bodhisattvasya mahāsattvasyânutpattikeṣu dharmeṣu kṣāntir evaṃ rūpā bhavati | evaṃ rūpayā ca Subhūte kṣāntyā samanvāgato bodhisattvo mahāsattvo vyākriyate ʻnuttarāyāṃ samyaksambodhau | iyaṃ Subhūte tathāgatasya vaiśāradya-pratipat yāṃ pratipadyamāno bodhisattvo mahāsattva evaṃ carann evaṃ ghaṭamāna evaṃ vyāyacchamāno ʻnuttaraṃ boddhaṃ sarvajña-jñānaṃ mahā-sârthavāhaṃ nânuprāpsyatîti nâitat sthānaṃ vidyate ||

Subhūtir āha | yā Bhagavan sarva-dharmāṇām anutpattika-dharmatā sā vyākriyati ʻnuttarāyāṃ samyaksambodhau ||

Bhagavān āha | no hîdaṃ Subhūte ||

The Lord: This insight gives a Bodhisattva the patient acceptance of dharmas which be produced. When he is endowed with that, he is predestined to full enlightenment. He is progress towards the selfconfidence of a Tathagata. It is quite impossible that a Bodhisattva, who courses, strives and struggle in this way, and progresses in this direction, should not reach the supreme cognition of a Buddha, the cognition of the all–knowing, the cognition of the great Caravan Leader.

Subhuti：Can the true nature of all dharmas, which consists in the fact that they fail to be produced, can that be predestined to full enlightenment?

The Lord：No, Subhuti.

佛：此情景让菩萨有可能常常接受那无生法。当他有这样的机会的时候，他就于正等正觉得到了授记。他定会进向于信仰如来。他这样实行并力争，向此方向前进，而达不到对于菩提、一切智以及商团巨头的最高智慧，那是完全不可能的。

须菩提：这无生法的实质于正等正觉可受记吗?

佛：不能，须菩提。

Subhūtir āha | katham asyêdānīṃ Bhagavan dharmasya vyākaraṇaṃ bhavaty anuttarāyāṃ samyaksambodhau ||

Bhagavān āha | kim punah Subhūte samanupaśyasi tvaḥ taṃ dharmaṃ yasya dharmasya vyākaraṇaṃ bhavaty anuttarāyāṃ samyaksambodhau ||

Subhūtir āha | no hîdaṃ Bhagavam | nâhaṃ Bhagavans taṃ dharmaṃ samanupaśyāmi yo dharmo vyākrto vyākarisyate vyākariyate vā 'nuttarāyāṃ samyaksambodhau | tam apy ahaṃ Bhagavan dharmaṃ na samanupaśyāmi yo dharmo 'bhisambudhyate yo dharmo 'bhisambuddhavyo yena vā dharmeṇâbhisambudhyate || tat tasya hetoḥ | sarva–dharmeṣu Bhagavann anupalabhyamāneṣu na me evaṃ bhavati ayaṃ dharmo 'bhisambudhyate 'yaṃ dharmo 'bhisamboddhavyo 'nena vā dharmeṇâbhisambudhyate iti ||

Subhuti：How then in that case does the prediction of this dharma to full enlightenment take place?

The Lord：Do you see as real that dharma which has a prediction to full enlightenment?

Subhuti：No，Lord. I do not see any real dharma which is at any time predestined to full enlightenment. Nor do I see any real dharma which is known by the enlightened，which should be known to them，or by means of which they would have their full knowledge. It is because all dharmas cannot be apprehended，that it does not occur to me to think that “this dharma is known to the Enlightened，this dharma should be known to them，by means of this dharma they do have their full knowledge.”

须菩提：那么，此法授记于无上正觉如何实现呢？

佛：你真见过授记于无上正觉之法吗？

须菩提：没有，世尊。我未见任何实法，它在任何时候被授记。我也未见任何实法，它为正觉所知，它将被知，或依仗着它他们因而有一切智。这是因为一切法不可能被理解，它不会出现在我们面前，去想什么这法知道正觉，这法将知道正觉，依靠此法他们因而有一切智。

二、方法不足用，举所不解以待高明

一部《道行般若经》，不可解处多多。注者当尽其所能，力求破解。其中大多数，皆对读者有所交代，总有一个办法，总有一个回答。但也有些讲不清楚的地方，不得勉为其难。今试举3处，以见一斑。

例一：

舍利弗言：“善哉！菩薩精進作是語：‘設使行色為行想，設生色行為行想，設觀色行為行想，設滅色行為行想，設空色行為行想，設識行立欲得為行想，痛痒、思想、生死、識行為行想，生識行為行想，觀識行為行想，滅識行為行想，空識行為行想。’如是菩薩為反行想，作是守行者，為不守般若波羅蜜，為不行般若波羅蜜。若想行者，菩薩護行，當莫隨其中。”

舍利弗謂須菩提：“菩薩當云何行般若波羅蜜？”

須菩提言：“不行色，不生色行，不觀色行，不滅色行，不空色行；不痛痒、思想、生死、識行，不生識行，不觀識行，不滅識行，不空識行；不色想行，不色生行，不色觀行，不識滅行，不識空行；亦無見亦無行，亦無見行，無行無見，亦復無行，亦無止行。如是為無見。何以故？一切法無所從來亦無所持，菩薩摩訶薩一切字法不受字，是故三昧無有邊、無有正，諸阿羅漢、辟支佛所不能及知。菩薩摩訶薩隨三昧者，疾得作佛。”（T8p426c02）

这里一共有 47 个“行”字。其中 38 个是动词谓语带宾语。宾语或在前，或在后。宾语在后的 14 个，在前的 24 个。为什么有在后，有在前，有什么规律，不全得其解。是不是宾语为单音节的时候，就置后呢？好像也不全是这样。

这里舍利弗首先说的，便于指称，我们叫它前言。后面须菩提的话，我们叫它后语。前言后语相配搭而行。前言是前提，是后语所以说“不”的原由。前言说了 11 项，而后语却增至 16 项，前言不搭后语。作何解释？

为了便于指称，将后语中的“行”与前言相对应的编上号。如下：

舍利弗謂須菩提：“菩薩當云何行般若波羅蜜？”

1 須菩提言：“不行色。”

2 不生色行

3 不觀色行

4 不滅色行

5 不空色行

6 不痛痒思想生死識行

7 不生識行

8 不觀識行

9 不滅識行

10 不空識行

11 不行色

12 不色想行

13 不色生行

14 不色觀行

15 不識滅行

16 不識空行

11 与 1 重，为什么要重，重有重的道理。13 与 2 重，唯一作“色生”，一作“生色”，“色生”与“生色”有区别吗？区别在哪里？14 与 3 重，唯一作“色觀”，一作“觀色”。“色觀”与“觀色”有区别吗？15 与 9 重，唯一作“識滅”，一作“滅識”。16 与 9 重，唯一作“識空”，一作“空識”。这些也只能是说不得其解。

例二

復次，須菩提！若疾心亂心，怛薩阿竭悉知之。何謂怛薩阿竭悉知之疾心亂心？其法本者，無疾無亂，以是故知之。（T8p449a16）

疾心亂心：这里所要表述的是聚集之心，散乱之心。罗什译作“乱心”“摄心”（T8p557c18），唐一作“略心”“散心”（T7p815a02），唐二作“散心”“略心”（T7p893b16），宋译作“摄心”“乱心”（T8p629a04）。梵作 saṃkṣiptāni cittāni（collected thoughts），vikṣiptāni cittāni（distracted thoughts）。但“疾”何以有聚集、收摄之义，不得其解。或者在支讖那里，疾，假借为“集”，二字都是从纽，同声通假。但韵部不合，一是开口，一是闭口。而这种开口通于闭口之例，前人已有。《方言》卷十“激，清也”，钱绎笺疏谓：“疾，与急同义。”是说“疾”借为“急”，“急”在闭口，“疾”在开口。《韩非子·内储说上》：“令下而人皆疾习射”，王先慎集解：“疾，读为亟。”“疾”和“亟”，韵部也是相隔甚远的。

例三

須菩提白佛言：“極大究竟般若波羅蜜，不可計究竟，不可量究竟，無有與等者究竟，無有邊究竟。”

佛言：“極大究竟般若波羅蜜，不可計究竟，不可量究竟，無有與等者究竟，無有邊究竟，安隱般若波羅蜜。不可計究竟，怛薩阿竭無師薩芸若，是故般若波羅蜜不可計究竟。何等般若波羅蜜不可量究竟？不可量怛薩阿竭無師薩芸若，不可議、不可稱，是故般若波羅蜜不可量究竟。何等般若波羅蜜安隱究竟無有與等者？怛薩阿竭誰能過者，是故般若波羅蜜無有與等者究竟。何等般若波羅蜜無有邊究竟？無有邊怛薩阿竭無師薩芸若，是故般若波羅蜜無有邊究竟。”（T8p450c09）

这里有 18 个“究竟”，加上稍后的两个（T8p451a16、17），一共 20 个，如何解释？《佛经词语汇释》认为，佛经中“究竟”有 3 个主要义项，作者举了 30 个例子以为论据（见该书 181 页）。其基本精神就是“極度”。“不可計究竟”，就是不可计极度，亦即极度不可计。“不可量究竟”，就是不可量极度，亦即极度不可量，等等。就本经文来说，应该通得过。但与异译相对照，就有问题（下文再说）。于是翻检支谶所译其他用例，以寻求别的恰当的解释。

《道行般若经》共用 27 个“究竟”，除这里的 20 个，还有 7 个：

釋提桓因常作是願：“我會當念般若波羅蜜，常念常持心諷誦究竟。”釋提桓因心中誦念般若波羅蜜，且欲究竟，弊魔便復道還去。（T8p434a12）

“諷誦究竟”，始终谓诵读不辍。“且欲究竟”，将会坚持念经不停。

於色中不究竟，如色不究竟者，爾故不於色中住；痛痒思想生死識不究竟，如識不究竟者，爾故不於識中住。（T8p444c23）

“究竟”，谓常在，永存。

是菩薩終不中道懈憧，能究竟於是中得阿耨多羅三耶三菩。（T8p452a28）

“究竟”，终竟，终究。

疑似支谶译的佛经，检得四条“究竟”：

菩薩摩訶薩，當令居家學道者知之。所以者何？善男子善女人，黨不能究竟是德號法經。（阿閦佛国经；T11p764a01）

“黨不能究竟是德號法經”，或许终不能获得这种尊经。

於經法中無有飽時。所有惡不覆藏，皆發露。他人有短，不念其短惡。諸福功德悉究竟。（遺日摩尼宝经；T12p190b04）

“悉究竟”，最终全部完成获得。

亦不與人有所諍，亦無有能害者，與人無有恨。所作有究竟故，其慧而忠質故。（伅真陀罗经；T15p354a22）

所作為事悉當究竟，是為精進。（伅真陀罗经；T15p357c08）

“所作有究竟”“所爲事悉當究竟”，都是说做事都当做好做完。

综观这11个究竟，其基本意义是终竟，据上下文而有不同的意义。大都是从时间上说，有始终坚持，常住不懈，终得达成这一类的意思。把“终竟”及据以活用的意义代入所引20个“究竟”中去，极大的始终不变的般若波罗蜜，不可计量的永无停顿的般若波罗蜜，无与伦比的坚持不懈的般若波罗蜜，无边无际的也没有时限的般若波罗蜜，这样说也不会碰到大的阻碍。

依据时贤研究成果，或我们自己总结归纳，无论取其中哪个意义，只要不太拘谨，稍微活络一下，都能把经说得顺畅，问题应该可以解决。其中通不过，使我感到为难的是异译和对勘。异译自罗什以下，梵本及其英译，出现了不可理解的情况。

罗什译：

須菩提白佛言：“世尊！般若波羅蜜為大事故出，般若波羅蜜為不可思議事、不可稱事、不可量事、無等等事故出。（T8p559a13）

唐一：

爾時，具壽善現便白佛言：“世尊！甚深般若波羅蜜多為大事故出現世間，為不可思議事故出現世間，為不可稱量事故出現世間，為無數量事故出現世間，為無等等事故出現世間。（T7p818a05）

宋译：

爾時，尊者須菩提白佛言：“世尊！此般若波羅蜜多最上甚深，為大事故出，為不可思議事、不可稱事、不可量事、不可數事、無等等事故出。（T8p632b14）

与“究竟”相当的是“大事”“事”或“事故”。叫人摸不着头脑。看梵本569页：

atha khalv āyuṣmān Subhūtir Bhagavantam etad avocat | gambhīrā Bhagavan prajñāpāramitā | mahā-kṛtyena batêyam Bhagavan prajñāpāramitā pratyupasthitā | acintya-kṛtyenâtulya-kṛtyenâprameya-kṛtyenâsaṃkhyeya-kṛtyenâsamasama-kṛtyena batêyam Bhagavan prajñāpāramitā pratyupasthitā ||（Subhuti：Deep, O Lord, is perfect wisdom. Certainly as a great enterprise has this perfection of wisdom been set up, as an unthinkable, incomparable, immeasurable, incalculable enterprise, as an enterprise which equals the unequalled.)

须菩提：啊，世尊！深奥啊般若波罗蜜！此般若波罗蜜已创立起来，无疑是伟大的事业，不可思议的、无与伦比的、不可计量的、不可算数的事业，是无等等的事业。

与“究竟”相对应的是，梵文作 mahakṛtyā（大事），enterprise（事业）。可知异译与梵本不异。支谶的本子作“究竟”，而异译作“事”、“大事”，作“事业”，如何能够调和起来呢？依辛校（268 页）之见，可能是支谶在这里把梵文的 kṛtya（an enterprise）误成 koṭi（end or top）了。这种说法比较勉强，相信难有人接受。实在没有法子，就只能把问题留给后人了。我曾经揣度，大概早期的般若学说，翻译过来，本就是作为极度解的“究竟”吧。然而我不自信，不敢作为一种看法提出，以供人们选择。

第三章 《道行般若经》的语病

大汉的西域耸立着一个历史上也曾有过光辉的国家，叫大月氏，照现在的地图看，大概在新疆伊犁河一带，且拥有这条河流西部一大片土地。月氏族在那里繁衍生息，有自己的语言、宗教和文化。它的西边，是大国印度，它的东边也是一个大国中国，那时叫作汉。处在两大国之间，当然其间还有许多小国，深受两国文化的影响。他们中有的对印度了解多些，学习了很艰深的梵文；有的对中国了解多些，学习了同样艰深的汉语。只有其中最杰出的学者才能既懂梵文，又懂汉文。Lokakṣema 就是这样杰出者中的杰出者。梵汉都行，行到能口译梵为汉，为那时的印度人竺佛朔作口语翻译，把深奥的佛理口译为中文，而能得到当时汉文化人的认可和赞誉。想想看，现在学习条件这么好，能学懂梵文的能有几人？能学懂中文的倒不在少数，可要读通中国的历史文献的人也就不那么多了。如果要他书写文言，以留传于世，那就少之又少了。在汉代那样交通不发达，学习条件那样原始的情况下，兼通梵汉，译出《道行般若经》等那样的大典，为中印文化交流作了贡献，后人称为翻译家，称之为语言学家，应无愧色。这位译师，这位在语言方面很有造诣的人，用梵文表达，前面已经说过，叫 Lokakṣema，用中文表达，另加国别为姓，就叫支娄迦谶。

但本书不是说他在语言上的成就，而是说他的不足，对汉文的掌握欠缺功夫。这不足为奇。西汉的大史学家，语言大师司马迁，也有人指出过他的作品有不合语言规范的地方。金人王若虚，著《滹南遗老集》，指出太史公的语病好几百处。例如卷 15,《张释之传》:‘有人盗高庙坐前玉环，捕得，文帝怒，下廷尉，廷尉治。释之案律盗宗庙服御物者为奏。’不须‘廷尉治’三字。又曰:‘有如万分之一假令愚民盗长陵一抔土’，但云‘有如’，或云‘万一’，或云‘假令’足矣。

烦重如此，殆不可读。王若虚认为，这里“廷尉治”三个字是多余的。又指出“有如万分之一假令”三个词语用其中一个就可以了。这都是精当的议论。司马迁著述的价值，并没有因此而损。所以，下文我们要直言《道行般若经》的一些语病了。

《道行般若经》的用词造句大异于中土文献，虚词实词都有使用的问题,《道行般若经》中表现突出的还有近义词不加区分地使用。句法方面有句式杂糅的问题，有梵文理解的错误问题，有时态表达不清晰等不少问题。我们一一看来。

第一节　词法问题

一、虚词误用

1. 不无 = 不

有这样的逻辑吗？有的。请看经文：

菩薩亦不念彼間，亦不於是間念，亦不無中央念，色亦無有邊，菩薩亦無有邊。（T8p428a18）

一看那“不無中央念”心里就咯噔，大概多了一个“無”字吧。可辛岛教授的《校注》29 页明明作了记号，说碛砂藏和金刚寺本缺这个“無”字是错了，那就是说该有。可看异译又没有：

菩薩大士，不於始近、不於終近亦不中近，色無際，道無際，痛、想、行、識道俱無際，是故菩薩無近無得、無知無明。（吴译；T8p481a29）

復次，天中天！亦不見菩薩本，亦不見當來菩薩，亦不見菩薩中間。色無有邊，菩薩亦無有邊。（秦译；T8p511a04）

諸菩薩摩訶薩前際不可得，後際不可得，中際不可得。所以者何？色無邊故，當知菩薩摩訶薩亦無邊，受、想、行、識無邊故，當知菩薩摩訶薩亦無邊。（唐一；T7p767c02）

我都不得前際、後際、中際菩薩。色無邊故菩薩亦無邊，受、想、

行、識無邊故菩薩亦無邊。”（唐二；T7p869a10）

我於前、後、中際求菩薩摩訶薩了不可得。何以故？色無邊故。菩薩摩訶薩亦無邊，受、想、行、識無邊故，菩薩摩訶薩亦無邊。（宋译；T8p590c29）

梵本在 109 页：

api tu khalu punar Bhagavan pūrvântato bodhisattvo nôpaiti aparântato bodhisattvo nôpaiti madhyato bodhisattvo nôpaiti（Moreover，O Lord，a Bodhisattva [who sets out on his journey] does not approach [the goal of full Bodhisattvahood] from where it begins，nor where it ends，nor in the middle either. because a Bodhisattva is as boundless as form，etc.，is boundless.）

从以上异译可以得出结论，不无 = 不。两个否定词在一起，作用只等于一个。如果只有这一个例，可以作特例来处理，实际上却有多个。不能不引起特别的注意。

2. 无不 = 无

我當度不可計阿僧祇人，悉令般泥洹，如是悉般泥洹，是法無不般泥洹一人也。（T8p427c05）

“是法無不般泥洹一人”，这法没有让一个人得到涅槃。异译可证这样理解无误。相应处罗什译作：

度眾生已，無有眾生滅度者。（T8p539a01）

宋译作：

雖度如是眾生已，於諸眾生無所度想，而無一眾生得涅盤者。（T8p590a15）

此句梵本 88 页作：

na ca sa kaścit sattvo yaḥ parinirvṛto yena ca parinirvāpito bhavati（there is not any being that has been led to Nirvana，nor that has led others to it.）

按常规，“無不”，双重否定就是肯定了。这样行文有被误解的可能。这不，辛岛教授在这里就误解了一回。上面“無不般泥洹”的例子，《校注》23 页英译“是法無不般泥洹一人也”：In this Dharma，there is no single person who does not attain *parinirvāṇa*.（在此法中，无人未得涅槃。）

这样的误解也不是孤例。

3. 无不 = 无，或 = 不

無不入波羅蜜，諸羅漢辟支佛所不及。（T8p444b10）

"無不入"，即无入，或不入。指不著，不取著。相对应的词语，罗什译作"不著"（T8p553b27），唐一作"無取著"（T7p805b08），唐二同（T7p887b24），宋译作"無著"（T8p619c23）。梵本 450 页作：

aparāmṛṣṭa–pāramitêyaṃ Bhagavan sarva–śrāvaka–pratyekabuddha–bhūmy–aspṛhaṇatām upādāya |（This perfection is untarnished, because it is free from any longing for the level of Disciples and Pratyekabuddhas.）

辛岛教授注（203 页）"無不入"：all enter without exception（无例外地全部进入）。这又误解了。

由大学者屡屡误解看来，这样用两个否定词表示一个否定的意思，是个毛病。不可以当作经典来看待的。还有无、无连用的情形，叫人不知如何是好。

4. 无无 = 无

色無無常不當於中住，痛痒、思想、生死、識無無常不當於中住。（T8p429b17）

这里有两个"無無"，辛岛教授欲改前一个"無"为"常"，成为"色常、無常不當于中住"，"識常、無常不當于中住"（《校注》42 页）。而按我这里行文的语势，一路下来，这两个"無無"，只当是一个"無"，"色無常不當于中住""識無常不當于中住"。没有法子，还是请异译来帮助作判断。

吴译：

五陰無常，不當於中住。（T8p482b27）

秦译：

色常、無常不那中住，痛痒、思想、生死、識常、無常不那中住。

(T8p512a16)

此处梵本在 141 页：

rūpaṃ nityam anityam iti na sthātavyaṃ | evaṃ vedanā saṃjñāsaṃskārā vijñānaṃ nityam anityam iti na sthātavyaṃ | (He should not take his stand on the ideas that 'form, etc., is permanent, [or] impermanent';)

梵本可见，此处须菩提想表达的意思是，五阴无常也好，有常也好，都不应执着于此念想。汉语异译能对应的这两处，似乎吴译支持我们，似乎秦译支持辛岛。其实不是这样，秦译的意思还是支持我们的观点的，"不那中住"的"那"是复指代词，等于前面的"常"和"無常"两种状况两种念想。可见辛岛教授改字无据。

总之，支谶连用两个否定词只表示一个否定，而不是否定之否定，不是好办法，一是容易误会，二是令后人争论不休、无所适从。

5. 何而

例一

菩薩有字便著。菩薩有字無字？何而法中字菩薩？了不見有法菩薩。(T8p425c20)

《道行般若经校注》(3 页) 为"何而"作注："what, how"(何如)。

王引之《经传释词》卷七："而，犹如也。"《左传·昭公四年》："牛谓叔孙，见仲而何？"杜注："而何，如何。"

"而何"既可释为"如何"，则"何而"释为"何如"似可成立。

查"何而法中字菩萨"的异译：

吴译：

何等法貌為菩薩者？(T8p478c11)

秦译：

為在何法而字菩薩？(T8p508c07)

罗什译：

何等法義是菩薩？(T8p537b08)

唐一：

所言諸菩薩者，何法增語謂為菩薩？（T7p763c03）

唐二同于唐一（T7p865c27）。

宋译：

以何等義名為菩薩？（T8p587b02）

异译相当于“何而”的，是“何”或“何等”。是 what，what kind of，没有 how。参考梵本 30 到 31 页：

katamasyâitad Bhagavan dharmasyâdhivacanaṃ yad uta bodhisattva iti | nâhaṃ Bhagavaṃs taṃ dharmaṃ samanupaśyāmi yad uta bodhisattva iti | tam apy aham Bhagavan dharmam na samanupaśyāmi yad uta prajñāpāramitā nāma |（When one speaks of a ‘Bodhisattva,’ what dharma does that word ‘Bodhisattva’ denote? I do not, O Lord, see that dharma ‘Bodhisattva’, nor a dharma called ‘perfect wisdom.’）

梵本中“何”katamasya 和“法”dharmasya 用的属格，在此表示行为的对象，作宾语。宜解释为 what，what kind of，不是 how。《道行般若经》中有另外两个“何而”，一个在下列句中：

例二

何而有菩薩，當教般若波羅蜜？（T8p425c22）

与此句相应的异译如下：

吴译：

何有菩薩當說明度無極？（T8p478c14）

秦译：

何所有菩薩，當為說般若波羅蜜？（T8p508c10）

罗什译：

當教何等菩薩般若波羅蜜？（T8p537b10）

唐一：

云何令我為諸菩薩摩訶薩眾宣說開示甚深般若波羅蜜多？（T7p763c07）

唐二：

云何令我為諸菩薩摩訶薩眾宣示般若波羅蜜多？（T7p866b03）

宋译：

我當為何等菩薩教何等般若波羅蜜多？（T8p587b06）

此处梵本在31页：

katamam bodhisattvam katamasyām prajjñāpāramitāyām avavadisyāmy anuśāsisyāmi ||（what Bodhisattva shall I instruct and admonish in what perfect wisdom?）

梵文用疑问代词katama的两个形式，一个业格，修饰菩萨，作宾语；一个依格，修饰般若波罗蜜，作状语。句子意思是，我用什么般若波罗蜜教什么菩萨？按照佛经的表达，应该是以何般若波罗蜜教何菩萨？此处经文中与“何而”相应的仍然宜解释为what（什么），而不是how，各家异译也都不是。相比英译，以上六种汉语异译都没有准确译出经文意思：“何有”，哪里有，问地方；“何所有”，有什么，问事物，当然也可以理解为哪里有；“云何”，问原因。

《道行般若经》中还有第三个“何而”：

例三

何而心亦不有，亦不無，亦不能得，亦不能知處者？（T8p425c28）

此句汉语异译不再详列，相当于“何而”的也是“什么”（何），或“什么样的”（何等）。是what，没有how。此处梵本40页作：

evam ukte āyuṣmān Śāriputra āyuṣmāntam Subhūtim etad avocat | kā punar es’ āyuṣmān Subhūte acittatā ||（Sariputra：What then is this state of absence of thought?）

梵本相当于“何而”的是kā（什么），体格，作主语。

梵文及英译也没有推翻这里的结论，相当于这三个“何而”句的是：

① katamasyâitad Bhagavan dharmasyâdhivacanam yad uta bodhisattva iti |（What dharma does that word ‘Bodhisattva’ denote?）

② katamam bodhisattvam katamasyām prajjñāpāramitāyām avavadisyāmy anuśāsisyāmi ||（What Bodhisattva shall I instruct and admonish in what perfect wisdom?）

③ kā punar es’ āyuṣmān Subhūte acittatā ||（Sariputra：What then is this state of absence of thought?)

这里 katamasya、katamam 和 kā 都相当于 what，未见 how 的踪迹。

明知“何而”是对应 what，为什么注释要加上一个 how 呢？因为要释“而”为“如”，“何而”既是“何如”，不用 how 就不周全了。只为迁就这个“而”字才作此释，只怕未必正确。既然这里有三例“何而”可释为“何如”，考虑到语言的社会性，应该在别的地方也有同解才是。我们在中土文献里找，又到佛经文献里寻，至今为止，还没有发现一例。我们发现的是：“几何而……”“如之何而……”“于（从）何而……”等类，却没有发现“何而……”这样的例。不敢说已经穷尽了一切可能，但至少是绝大部分语料找不到前无他词而光秃秃地有“何而……”并可将“何而”说成“何如”的例子。

唯一合理的解释是译者对汉语“而”字用法的生疏。他以为“而”可作连词，“何”呢，可以作状语，状语后面可接连词，于是用上了“而”。他没有看清楚“何”在本经所举句子中并不是作状语。“何”既可以作主语宾语，也可作定语，在它作主语、宾语和定语的时候，后面不使用“而”，就是作状语，后面用“而”也有超出常规的可能。这么复杂的情况，一个习汉语的外国人不可能一下子都懂得。他的译用语言出些小毛病完全可能。把一个对汉语生疏的译者的语言当作经典性的语言来对待，显然是不合适的。

许理和的论文《最早的佛经译文中的东汉口语成分》[1] 发现了“而”字的奇怪用法，如“其音莫不而闻”“常于功德而坚固”“光而七尺”，却还没有提及“何而”这种也可称为“奇怪”的用法。许文所称“而”的奇怪用法，举 9 例，其中 7 例见于《佛说伅真陀罗所问如来三昧经》，1 例见于《阿阇世王经》，此 2 经译者与《道行般若经》译者为同一人。[2] 许理和以为这种奇怪用法是当时的口语，如果是口语，何以绝大部分的“奇怪”，只出在同一个译者的笔下？

---

[1] 此文为朱庆之编的《佛教汉语研究》（商务印书馆，2009）所收录。其所举“而”的例子，见该书 102 页。

[2] 已有人认为《佛说伅真陀罗所问如来三昧经》非支谶所译，尚无确论。由此经也用错“而”字看来，可能确为支谶所译。

“而”字误用例子还有：

我熟念菩薩心不可得，亦不可知處，亦不可見何所，是菩薩般若波羅蜜，亦不能及說，亦不能逮說菩薩字，菩薩無有處處，了不可得，亦無而出，亦無如入，亦無如住，亦無如止。（T8p426a11）

“無而出”的“而”，据辛校（7 页），丽藏、碛砂藏、房山石经等如此作。资福藏、普宁藏、南藏等作“如”。辛校以为当作“如”。用法同“所”。“無如出”，便是无所出。今谓：本经此处支谶本用“而”不误。后文“無如入”“無如住”“無如止”，“如”亦当读为“而”。译者将“而”用在动词“无”及其宾语之间，作为连词，而无实义。这不是古今规范的汉语，是不以汉语为母语而学习汉语未臻纯熟者的特殊用法。不可视为经典语言。

相当于本经“亦無而出，亦無如入，亦無如住，亦無如止”的地方，罗什译作：

又菩薩字無決定，無住處。（T8p537b29）

唐一作：

甚深般若波羅蜜多及菩薩名，俱無決定，亦無住處。（T7p764a23）

唐二作：

菩薩等名俱無決定，亦無住處。（T7p866b06）

都寻不出“而”或“如”的痕迹。“所”字的印记倒是有，但释“如”为“所”，无理据可言，故不可从。

上面提到的《滹南遗老集》卷 19 说：

《史记》用“而”字多不安，今略举甚者：

《齐世家》云“郄克使于齐，齐使夫人帷中而观之”。《赵世家》云“襄公之六年而赵衰卒”“景公时而赵盾卒”“平公十五年而赵武为正卿”。《荀卿传》云“齐襄之时而荀卿最为老师”……“李广与望气王朔燕语曰：‘自汉击匈奴，而广未尝不在其中。而诸部校尉以下，才能不及中人，然以击胡军功取侯者数十人，而广不为后人，然无尺寸之功以得封邑者何也？’”三“而”字皆剩。上一“然”字却作“而”字，则惬当矣。

真有点像塾师所批：“当而不而，不而而而，而今而后，已而已而。”我们不好说“已而已而”，当说“慎之慎之！”

6.“所”字羡余

例一

一切無所受、無所從，誰得法？無所持、無所收，亦無所泥洹想。（T8p426b14）

“無所泥洹想”，意思只是无泥洹想。

例二

須菩提言：“拘翼！當所問者，聽所問，菩薩云何住般若波羅蜜中……”（T8p429b04）

“當所問者，聽所問”，实际意思就是：当问者，听问。

例三

佛言：“其有行般若波羅蜜者，守般若波羅蜜者，亦不為魔及魔官屬所得便。”（T8p434a19）

“亦不爲魔及魔官屬所得便”，亦不为魔及其部下得便。

例四

怛薩阿竭亦本無，因慧如住。何謂所本無？世間亦是本無。（T8p450a03）

“何謂所本無”，便是何谓本无。

例五

若空，若色、痛痒、思想、生死、識解慧，色痛痒思想生死識空，無力當所解，是法了不見也，亦不見當所解者。（T8p457c07）

“當所解”，即当解。

例六

釋提桓因白佛言：“怛薩阿竭、阿羅呵、三耶三佛，所說善男子、善

女人功德未竟，學般若波羅蜜者，持者、誦者，云何?”（T8p434b23）

“所説”，意思只是“説”，“所”犹如虚词，有其形而无其用。

例七

行般若波羅蜜菩薩摩訶薩，如中所狎習般若波羅蜜，作是堅持，是菩薩摩訶薩疾近薩芸若。（T8p463c08）

“如中”：谓如其中所教。

“所狎習般若波羅蜜”：谓亲近般若波罗蜜。“所”字无义。

学习汉语，虚词往往是一大关卡。“所”字之外，又例如他转连词：

例八

閻浮利人少所信佛、信法、信比丘僧者，少少耳。及行須陀洹、斯陀含、阿那含、阿羅漢、辟支佛，至行佛道者復少少耳。（T8p432b02）

“及”：他转连词，大约相当于“至于”。这种用法少见。

例九

如是，拘翼！少少耳。人至有索佛道、行求佛道者甚多，至其然後作佛少少耳。（T8p432b05）

“至”：他转连词，至于。常规中“至”当居于句首，这里两个“至”，第二个多余，第一个放在主语后。

二、实词误用

1. 治道

若有治道、符祝、行藥，身不自為，亦不教他人為，見他人為者心不喜也。終不説男子若女人為事，亦不説非法之事。（T8p455c01）

“治道”，治理国家的大道，如方针、政策之类。《礼记·乐记》：“是故審聲以知音，審音以知樂，審樂以知政，而治道備矣。”是个褒义词。放到画符念咒、土方调汤合药（致人于死命）一起，殊不可解。据大正藏校，圣本作“蛊道”，巫蛊之术，较为合辙。可支谶这里明明作“治道”，各种版本无异。可知支谶这里是将“治道”当作蛊道、巫术、魔法之类的词来用的。

参看异译如唐一：

不行幻術、占相吉凶、呪禁鬼神、合和湯藥、誘誑卑末、結好貴人、侮傲聖賢、親昵男女，不為名利自讚毀他，不以染心瞻顧戲笑。戒見清淨，志性淳質。（T7p827c22）

此例梵本在683页：

mantra-jāpyâuṣadhi-vidyā-bhaiṣajy' ādīni tāni sarvāṇi sarveṇa sarvaṃ na prayojayati śuddh' ājīvaś ca bhavati na mithyājīvo na vigraha-vivāda-śīlaḥ ṛju-dṛṣṭkaś ca bhavati n' ātmôtkarṣī na parapaṃsakaḥ | sa ebhiś cânyaiś ca guṇaiḥ samanvāgato bhavati | sa na striyaṃ na ca puruṣaṃ vyākaroti putro vā te bhaviṣyati duhitā vā te bhaviṣyatîti | tasyâivam-ādikā evaṃ-rūpā ādeyatādoṣā na bhavanti ||（He does not in any way embark on those spells, mutterings, herbs, magical formulae, medical incantations, etc., which are the work of women. He earns his livelihood in a clean way, not in a wrong way. His character is neither quarrelsome nor disputatious. His views are upright, he does not exalt himself nor deprecate others. With these and other similar qualities he is endowed. He does not predict to women or men that they will have a son or a daughter. Such faulty ways of making himself acceptable will not be his.）

他无论如何不从事那些个画符、念念有词、鼓捣草药、魔法、咒语治病之类的勾当，这些都是妇人干的活。他干着干净的而不是污浊的营生。他不喜争吵论辩。他乐观向上，不夸耀自己也不贬损别人。他天赋这些优良品质。他不臆测别人生男生女来博取别人关注。

那么，"治道"怎么可以用作蛊道、巫术、魔法等义来使用呢？显然，支谶是用错了。其所以错，或是译者曾受佛教巫术化的影响，以为巫术便是正道。或者是向当时汉语的权威著作《汉书》学语言，而在《汉书》中有两处"治道"，是有可能误会成邪门歪道的。一处在《汉书·文帝纪》：

五月，诏曰："古之治天下朝有进善之旌，诽谤之木，所以通治道，而来谏者也。今法有诽谤妖言之罪，是使众臣不敢尽情，而上无由闻过失也。”

本来是说设进善之旌，诽谤之木，是为了履行治道、招致谏者，但接着说到诽谤妖言，就误以为所说“治道”便是指此。另一处在《汉书·文三王传》：

今梁王年少，颇有狂病。始以恶言按验，既亡事实，而发闺门之私，非本章所指。王辞又不服，猥强劾立，傅致难明之事，独以偏辞成罪断狱，亡益于治道，污蔑宗室以内乱之恶，披布宣扬于天下，非所以为公族隐讳，增朝廷之荣华，昭圣德之风化也。

此“治道”当然也是指治国大道，言劾治梁王之大臣，片辞断狱，无益于治国大道，而有污蔑宗室的后果。对汉语了解不多的人或者以为，此“治道”上连“无益”，下连“污蔑”，肯定它不是个好词，由此而误用。

2. 自恣

（佛所說法，法中所學，皆有證、皆隨法，展轉相教，展轉相成，法中終不共諍。何以故？）時而說法，莫不喜樂者，自恣善男子、善女人而學。（T8p425c14）

此话怎讲？有辛岛教授的《校注》在，看那上面怎么说：

As（the Buddha）expounds the Dharma at the proper time，everybody will be pleased and satisfied. Good men and good women will，then，study it.（《校注》3 页）

（菩萨适时说法，个个高兴满意。于是善男子、善女人将学习之。）

突出的一点是“莫不喜樂者自恣”为句。这在语感上过不去。如果真是表达此意，则应作“莫不喜樂自恣者”，不会在“喜樂者”之后，再缀上一个“自恣”。其次，译“自恣”为“满意”，恐怕没有根据。先让我们来查一查“自恣”的意义。

《汉语大词典》释“自恣”为：

放纵自己，不受约束。《楚辞·大招》：“自恣荆楚，安以定只，逞志究欲，心意安只。”

《中华佛教百科全书》解释“自恣”：

（梵 pravāranā）印度僧团生活中之一固定仪式。指每年雨期夏安居末日，大众就见、闻、疑三事，相互指摘罪过，忏悔修福。音译钵剌婆剌拏，意译随意或自恣。

我们这里经文的“自恣”既不是放纵自己，也不是相当于批评自我的僧团安居末日的一种程序或仪式。靠现成的工具书没用，只好“自力更生”，到佛经文句中去体会归纳。

《道行般若经》中“自恣”凡四见，除这里一处外，尚有三处：

佛言：“我故問，若拘翼！自恣說。云何，若有怛薩阿竭舍利自供養，復分布與他人令供養；若復有舍利自供養，亦不分與他人。其福何所多者？”（T8p436b24）

復次，須菩提！若欲書般若波羅蜜，若欲說時，其有來人坐於眾中，稱譽天上快樂五所欲，悉可自恣，其作禪者可得在色天中，念空寂者可得在無色之天，是皆無常勤苦之法……（T8p448a22）

女言：“我欲得金銀珍寶琦物。”父母言：“女自恣取之。”女便自取金銀雜寶珍琦好物……（T8p472c26）

三例中三个“自恣”都可释为随意。“自恣说”，随意说，不要受拘束。五欲“悉可自恣”，言五欲皆可随意（享受）。“女自恣取之”，你可以随意拿。

他经“自恣”，也多作随意解。

意志已正，所為自恣，欲上天即上，入海即入。（吴《佛开解梵志阿颰经》；T1p262a21）

譬如幻師善於幻法，化作五樂色欲，於中自恣共相娛樂。（西晋《放光般若经》；T8p004c09）

象車、馬車、羊車、伎車，吾以嚴辦，停在門外，速疾走出，出避火災，自恣所欲，從意所樂。（西晋《正法华经》；T9p075b17）

这个“随意”是随己之意，不是 pravāranā 意译为“随意”的那个“随意”。以随己之意解释“自恣”，套进句子里去，仍然不顺。随己意善男子、善女人而学，能是一个表情达意的语言单位吗？如果讲成善男子、善女人随己意而学，义理上又难以成立。没有法子，只好求助于对勘。能与“時而說法，莫不喜樂者，自恣善男子、善女人而學”

相对应的有下列 4 处：

吴译：

如來說法，為斯樂者。族姓子傳相教，如經意，無所諍。（T8p478c05）

秦译：

怛薩阿竭所說無有異。若有仁善欲學是法，於中終不諍。（T8p508c04）

宋译：

佛所說法順諸法性，諸善男子當如是知。（T8p587a27）

梵本 29 到 30 页：

tathāgata–dharma–deśanāyā ev' āyuṣman Śariputrâiṣa niṣyando yat te kulaputrā upadiśantas tāṃ dharmatāṃ dharmatayā na virodhayanti |（It is just an outpouring of the Tathagata's demonstration of dharma. Whatever those sons of good family may expound as the nature of dharma, that they do not bring into contradiction with the actual nature of dharma.）

那仅是如来讲法的实质流露。善男子、善女人不论如何解释法性，他们都不会带来与法的实性相抵触的东西。

好像无可对勘，实际上有对勘价值。这里是两句话，一句主语是如来（或怛萨阿竭，或佛，或 tathāgata，意思相同），辛校以为是“菩薩”，错了。一句主语是“善男子、善女人”（或族姓子，或仁善，或善男子，或 kulaputrā，总之是佛弟子佛信徒）。再则，这两句 1 都必须回答为何“法中終不共諍”。只说听众满意，大家都来学，没有回答“何以故”的问题。这就是前言要搭后语。为了前后相搭，就要体会如来怎么做，族姓子又怎么做，才能“終不共諍”。如来要“所說無有异”，即是“皆有證，皆隨法”。这层意思，秦译、宋译与梵本明说了，吴译与《道行般若经》没有明说，只讲说法说得大家高兴，这里面就包含有“皆有證，皆隨法”的意思，无证不法，听众是高兴不起来的。族姓子要怎么样呢？要“相教”“如經意”“無所諍”。无所诤即不相矛盾这层意思，除吴译已明说，秦译与梵本也能让人一看就明白。但“如經意”这层意思秦译和梵本并未明言，把它包含在“無所諍”

的大框框里了。必顺经意才能无所诤。现在把问题反过来问，这四译加上首译，他们各自怎样回答终不共诤的问话呢？一个一个来，先从宋译问起，宋译回答说，要做到不共诤，如来所说要顺诸法性，善男子们要知道这一点，也要顺诸法性。其次问首译，看支讖如何表达法。支讖的译文说，要做到不共诤，如来说法适时，（所说皆有证，皆随法）让听众乐于接受。佛弟子佛信徒要自恣而学。什么是自恣而学？这个能与“自恣”相匹配的项，除了“如經意”，别无其他。就是说，在（现在所见）首译那里，善男子、善女人要做的，就是自恣，就是随顺经意而学。可是，“自恣”是随己意，能表示“順經意”吗？不错，不能表示，但支讖已经表示了，不能不承认。承认归承认，读者心知肚明，这个词用错了。把相近意义的词当成该用的词了。不但词用错，句子也有毛病。把普通状语，谓语的修饰语移到主语之前，也与常规不符。假设“自恣”真可释为随顺经意，应当说成：

善男子、善女人自恣而学。

不好说成：

自恣善男子、善女人而学。

问完了首译，还要接着问下去吗？不必了，真正要问的已问出了一个结果。要再问，已没有什么意义，就免了。

3. 不喜 = 不疑

如是信者，心無有疑，不厭、<u>不喜</u>、樂聞，念不欲遠離經師。（T8p451b12）

“不喜”，有疑。对于般若波罗蜜，如果相信它，当然是无疑、不厌、乐闻。既是乐闻，何以又说“不喜”呢？历来似乎无人怀疑，唯据大正藏校，“不喜”，圣本作“所喜”。圣本当据文意改“不”为“所”，“不厌所喜”，文字虽有不顺，但意义没有弄反。今查各本，皆作“不喜”，而异译皆无是说。再查梵本，在 581 页：

nâvaleṣyate na saṃleṣyate nâvasthāsyate na dhandhāyiṣyati na vicikitsiṣyati na kāṅkṣiṣyaty abhinandiṣyati ca darśanaṃ śravaṇaṃ ca dhārayiṣyati bhāvayiṣyaty enāṃ gambhīrāṃ prajñāpāramitāṃ prajñāpāramitā–pratisaṃyuktāṃś ca manasikārān na vihāsyati na viprṣṭhīkariṣyati mānasaṃ chandaṃ janayiṣyaty udgrahītuṃ dhārayituṃ vācayituṃ paryavāptuṃ pravartayituṃ |（He does not become cowed, stolid, paralysed or stupefied, does not doubt or hesitate, but delights in seeing and hearing [the perfection of wisdom], bears it in mind and develops it, keeps his mind fixed on it without diverting it elsewhere, feels an urge to take it up, bear it in mind, preach, study and spread it, ...）

他不恐惧、不冷漠、不麻木、不昏沉、不怀疑、不犹豫，而是喜闻乐见。

与“不喜”相当的应是“不犹豫”。

梵文与“喜”相当的应是：kāṅkṣiṣyaty，动词 kāṅkṣ 这个词在 Edgerton BHSD（艾哲顿，佛教混合梵语语法词典）175 页列有两个义项：一是 desire，一是 doubt。我们考察梵文本，认为经文应该用的是第二个义项，疑惑。而支谶误以为是第一个义项，希冀，欲求。译为“喜”，喜爱与希冀、欲求，义近。英译不误。

说这词有两个义项，转引自辛校 278 页。我们查林光明编的《梵汉大辞典》（台湾嘉丰，2005），大致相同。其 562 页解释 kāṅkṣ 这个词，明确说作疑、疑惑讲，见于经文《八千颂》，即与《道行般若经》同源的梵本。我们不可以小看林光明编的词典，它是根据署名荻原云来编的《梵和大字典》的。我们知道《梵和大字典》参考了梵英、梵德、梵法等辞典编纂而成，而又加进了佛经词汇。这个“加”便使它异于一般的梵英、梵德、梵法等辞书而更为丰满。如果在其他梵文词典里查不到 kāṅkṣ 有疑、疑惑的意义，那就不奇怪了。《梵和大字典》（新文丰公司 1979 年版）333 页正是将 kāṅkṣ 明确解释为作疑、疑惑讲。

由《梵和大字典》而《梵汉大辞典》，脉络清晰可见。

作此解说，是为了回答读者的质疑，他们会说，在《梵英词典》，比如说威廉斯的《梵英词典》里，kāṅkṣ 在 268 页，列有 desire“欲望，喜爱”义项，没有列出 doubt（疑惑）义；同样，印度人的词典 Apte 在 553 页录有 kāṅkṣ 这个词，列有 desire（欲望）义项，没有列出 doubt（疑惑）义项。

三、近义词使用不加区分

“自恣”本来的意思是随己意，现在这个地方要用一个随经意的词，便把它用上了。这就是用近义词致误。类似的情形还有以下几种。

1. 服饰

（薩陀波倫菩薩及五百女人）遙見已，問城中出人：“是何等臺，交露七寶服飾姝好乃爾？”（T8p473a19）

是什么台啊，装饰得这么华贵漂亮？本说装饰，而说“服飾”。服饰当是说人，而台，就该说是装饰。以近义词充当该用的词。

2. 他所敕使

爾時曇無竭菩薩持深經好語，語薩陀波倫菩薩及五百女人言：“多賀来到，得無疲倦。他所勅使、所欲得者，莫自疑難。我是度人之師，適無所愛惜。”（T8p473b16）

本该说“人”所敕使，而说“他”所敕使。或者“他”含有“他人”之义，而这里实际上该用泛称代词才精确。

3. 安隐决于著

須菩提白佛言：“難及般若波羅蜜，天中天！安隱決於著。”（T8p442b25）

难及，难以达到，与“甚奇”“希有”等为赞颂之词。难懂的是“安隱决于著”，异译中有助于此处解释的：

希有，世尊！善说般若波罗蜜中著。（罗什译；T8p551c27）

甚奇，世尊！希有，善逝！善為菩薩摩訶薩眾，於深般若波羅蜜多，開示分別究竟著相。（唐一；T7p802b24）

对应起来，安隱：善（副词）；决：说、开示、分别、究竟。

这样对应，一时难以理解。且看梵本 415 页：

evam ukte āyuṣmān Subhūtir Bhagavantam etad avocat | āścaryaṃ Bhagavan yāvad iyaṃ prajjñāpāramitā svākhyātā sunirdiṣṭā supariniṣṭhitā

| yatra hi nāma Bhagavatā ime ‘pi saṅgā ākhyātāḥ ||（Subhuti：It is wonderful，O Lord，to see the extent to which this perfection of wisdom has been well taught，well explained，well rounded off. The Lord even announces these sources of attachment.）

啊，世尊！看到般若波罗蜜教导得如此好，解释得这样精确，结束得如此圆满，真是美妙极了。

与“安隱”相对应的是“善”。

与“决”相对应的原来是一个词，支谶译为“决”，罗什译为“説”，到唐时所见梵本已经有 svākhyātā、sunirdiṣṭā、supariniṣṭhitā 三个词了。如果要挑选一个与原来的相对应，最恰当的大概就是“分别”或者是 sunirdiṣṭā 了。异译来看，大概 svākhyātā 相当于“开示”、sunirdiṣṭā 相当于“分别”、supariniṣṭhitā 相当于“究竟”。

这样对应一过，似乎可以将“安隱决于著”，译为妥善地解析说明什么是著。

安隐通常是两个义项：①安定。《诗经·大雅·绵》“迺慰迺心”，郑玄笺：“民心定，及安隐其居。”②平安。晋王凝之《与庾氏女书》：“得郗中书书，说汝勉难安隐，深慰悬心。”现在讲成“妥善”，只能说是用近义词了。

决，是个多义词，常用义有：①疏通水道。②掘堤放水。③冲破堤岸。④决断；决定。⑤分辨；判断。《礼记·曲礼上》：“失礼者，所以定亲疏，决嫌疑，别同异，明是非也。”

现在经中的“决”在解析说明这个意义上使用，与第五个义项有点儿关系。也不算得很确切，挨了点儿边就是了。中文的习读者，用近义词来表述他所理解的佛经，应该不是稀奇的事。

第二节　句法问题

一、句式离奇

通常我们读古书，如果词义搞懂了，文意不难理解。《道行般若经》读来却不是这样，词义懂了还感觉拗口。部分原因是译者不是中国人，其汉语不地道，句法异于汉语表达习惯。

1. 用身亡乎

须菩提白佛言：“設使所念用身亡乎。云何菩薩摩訶薩念薩芸若不亡？”（T8p462c27）

“用身亡乎”，不好理解。先参看异译，从中揣摩它所要表达的真实意义：

秦译：

须菩提白佛：“一切所念，為離自然。云何菩薩摩訶薩念薩芸若不離於念？”（T8p535c19）

罗什译：

須菩提白佛言：“世尊！若一切念，從本已來，性常離者，云何說言不應離是應般若波羅蜜念。”（T8p572b11）

唐一：

爾時，善現便白佛言：“若一切法及諸作意皆離自性，空無所有，云何菩薩摩訶薩不離般若波羅蜜多一切智智相應作意？”（T7p841b14）

唐二：

爾時，善現便白佛言：“若一切法及諸作意皆離自性，云何菩薩不離般若一切智智相應作意？”（T7p911b04）

宋译：

須菩提白佛言：“世尊！若一切法自性空故、離故，一切念亦空亦離者。云何佛說菩薩摩訶薩常不離般若波羅蜜多相應念耶？”（T8p655c07）

考察诸译，可以明白，“用身亡乎”要表达的是“離自性”这个意义。说所念之物如果没有自性，那为什么一切智不可能无其自性呢？如果采用《道行般若经》本有的表达法，应当说成“亡乎身”。“亡”表示弃舍、离去；“身”表示自身、自性；“乎”的作用近于介词“于”。或者说成“用身亡”，以身亡，以自性远离，即远离自性。都可以。但译者所采用的是“用心亡乎”这种格式，显得生硬别扭。再用梵本 796

页来核对一下，看我们关于经文的理解有无失误：

Subhūtir āha | yat punar Bhagavan sarva–dharmāḥ sarva–manasikārāḥ svabhāvena virahitāḥ śūnyā uktā Bhagavatā | tat kathaṃ Bhagavan bodhisattvo mahāsattvaḥ prajjñāpāramitā–pratisaṃyuktair manasikāraiḥ sarvajñatā–pratisaṃyuktair manasikārair virahito bhavati ||（But, since the Lord has taught that all dharmas and all mental activities are lacking in own–being, and empty, — how then can a Bodhisattva become one who is not lacking in mental activities associated with perfect wisdom, or with all–knowledge?）

既然佛祖教导我们，一切法，一切精神活动无自性，且空无，那么，何以菩萨于般若波罗蜜，于一切智，却不认为是这样呢？

梵本所说，如我们所预期。我们的判断是正确的。

2. 少有

佛言："善男子、善女人學般若波羅蜜者，持經者誦經者，當為作禮承事恭敬。何以故？用曉般若波羅蜜中事故少有。"（T8p432b10）

"用曉般若波羅蜜中事故少有"中的"少有"，应当如何放呢？现成的答案是吴译：

何以故？用曉佛法，世少有故。（T8p484a27）

但它有删改，倘不删改，只调动位置，可有两个方案：

a 用少有曉般若波羅蜜中事故

b 用曉般若波羅蜜中事少有故

无论何种方式，"少有"二字只能进入于"用……故"这个格式之中，而不能置于这个格式之外。

辛校（70 页）这个地方似乎也没有很懂，把"少有"二字仍然弃之于外，以与下句相连，作："何以故？用曉般若波羅蜜中事故，少有過去時怛薩阿竭·阿羅呵·三耶三佛，……"

推原支谶为何要将"少有"二字放在"用……故"这个格式之外，他大概觉得这二字是表示赞美的，一放进去，赞美的意味就冲淡了。他可能还没有意识到，他这样处理会有语言上的瑕疵，以至于为后人所诟病。

3. 从……

從阿僧祇刹土諸佛般泥洹曰者，於其中所作功德福，於諸聲聞中復作功德，都計之合之，勸助為尊，種種德中無過勸助。（T8p438b26）

從阿……洹曰者：按汉语常规，“从……”应与“至（到）……”搭配，或者用“从……以来”这样的格式，这里只有“从……”，而无“至……”，也不见“以来”这样的格式。

4. ……以来

带“以来”的语法成分，通常作表示时间的分句或状语，句子的主干或主句当在其后。即如本经：

舍利弗便作是念：“彌勒菩薩所入慧甚深。何以故？常行般若波羅蜜以來大久遠矣。”（T8p457c12）

是菩薩持經布施以來，深入是中，隨是教，其功德出彼上。（T8p456b26）

下面例句却于“以來”处戛然而止了：

是菩薩不止亦不誹謗般若波羅蜜，知是菩薩供養若干佛以來。（T8p468c06）

疑有缺损。

若据唐一：

慶喜當知！若有情類聞說如是甚深般若波羅蜜多所有義趣，深心信解、不生毀謗、不可沮壞。是諸有情已曾供養無量諸佛，於諸佛所多種善根，亦為無量善友攝受。（T7p855b02）

所缺损当是：“于諸佛所多種善根，亦爲無量善友攝受。”

若据梵本 868 页：

ye câināṃ prajjñāpāramitāṃ na pratikrośanti na prativahanti na pratikopayanti na pratisaṃharanti na pratiṣedhayanti na pratikṣipanti na pratibādhitavyāṃ maṃsyante te ‘py Ānanda bodhisattvā mahāsattvāḥ pūrva–jina–kṛtâdhikārā veditavyāḥ ||（If Bodhisattvas do not revile this perfection of wisdom, do not oppose, deny or reject it, then one should know that they have fulfilled their duties under the Jinas of the past.）

所缺损当是te ‘py Ānanda bodhisattvā mahāsattvāḥ pūrva–jina–kṛtâdhikārā veditavyāḥ（they have fulfilled their duties under the Jinas of the past.）于过去诸佛陀处尽到了自己的职责。

此段还有一个“止”字的训诂问题。止，谓阻止，妨碍其进行。辛校（440页）释为opposes，reject（反对，拒绝），他是据梵本而言的。梵本“不止亦不誹謗”相应处作na pratikrośanti na prativahanti na pratikopayanti na pratisaṃharanti na pratiṣedhayanti na pratikṣipanti na pratibādhitavyāṃ（不斥骂，不反对，不怒怼，不撤回，不否定，不拒绝，不反抗）。罗什译作“逆”：

若有信般若波羅蜜，不謗不逆，當知是人，已供養諸佛。（T8p577c15）

宋译作“违逆”：

若菩薩摩訶薩聞此般若波羅蜜多法門，而於是中不違不逆不毀不謗者，當知是菩薩摩訶薩於先佛所已種善根。（T8p664b05）

由此推想，支谶所据梵本，“止”之所译，可能是反对、违逆之意。这样的词语用“止”来译，显见不够确当。此条当入“近义词”之下。

二、时态表述不清晰

例如：

前過去佛時得作佛，隨三昧亦不見三昧，亦無有三昧想，亦不作三昧，亦不念識三昧，亦不想識坐三昧，亦不言我三昧，已隨是法者無有疑。（T8p426c21）

辛校（16页）两个“識”均改为“我”。作“我三昧”，“我坐三昧”。

其根据为秦译：

前過去怛薩阿竭自致阿耨多羅三耶三菩時得成至佛，隨是三昧者亦不見三昧，亦不言“我知三昧”。亦不念“我三昧已”。亦不想“我坐三昧”。亦不言“我三昧已”。隨是法者，都無有短。（T8p509c09）

虽有据，但不能无疑。“我”怎么会错成“識”？字形字义都毫无混淆的可能。而且，与“识”相当的，也许竟是“知”，而不是“我”，识，知也。（《诗·瞻印》“君子是识”郑笺。）“亦不念識三昧”，等于说是“亦不言我知三昧。”看看其他的异译，看看对勘，又是如何。罗什译作：

若菩薩行是三昧，不念不分別：是三昧我當入，是三昧我今入、我已入。無如是分別，當知是菩薩已從諸佛得受阿耨多羅三藐三菩提記。（T8p538b02）

与本经“亦不作三昧，亦不念識三昧，亦不想識坐三昧”相当的是：

不念不分別：是三昧我當入，是三昧我今入、我已入。

这里说的是三个时态：将来、现在、过去。

唐一作：

是菩薩摩訶薩雖住此定，而不見此定，亦不著此定名，亦不念言：“我於此定已、正、當入。”亦不念言：“唯我能入此定，非餘彼。”如是等尋思分別，由此定力一切不起。（T7p765b13）

这里也说三个时态，只是次序与罗什译不同，这里是过去、现在、将来。

看梵本 61 页：

sa tam api samādhiṃ na samanupaśyati | na ca tena samādhinā manyate | ahaṃ samāhitaḥ | ahaṃ samādhiṃ samāpatsye | ahaṃ samādhiṃ samāpadye | ahaṃ samādhi–samāpannaḥ ity evaṃ tasya sarvena sarvaṃ sarvathā sarvaṃ na saṃvidyate ||（But when he dwells in that concentration, he does not review it, nor think ‘I am collected,’ ‘I will enter into concentration,’ ‘I am entering into concentration,’ ‘I have entered into concentration.’ All that in each and every way does not exist for him.）

当他住此三昧时，他不检视也不思索之：我镇定，我将入于三昧，我正入于三昧，我已入于三昧。所有这些想法，从单个至全体，他都毫不沾边。

梵文与英译明确使用三个时态，次序与罗什译同。

经过这样的对比勘照，倾向于认为，《道行般若经》中“亦不作三昧，亦不念識三昧，亦不想識坐三昧”也是表示三个时态的。“作三昧”表什么时态？这里“三昧”，名词动化为入三昧，samādhiṃ samāpadye；作，始也（《尚书・无逸》“作其即位”，孙星衍《尚書今古文注疏》引《诗》毛传）。“作三昧”，谓始入于三昧，当为现在时。《墨子・经上》：“始，当时也。”“識三昧”，什么时态？已知入于三昧，可能是过去时态。最后，“識坐三昧”，就当是将来时态了。“識坐三昧”，谓已知将住于三昧也。支讖在这里表述三个时态，不如罗什的明白，也没有梵文那样形态鲜明，算是一种初步尝试，其不足是不言而喻的。

三、表述不完整

1. 经文意思有跳跃

例如：

佛語諸天子：“深般若波羅蜜甚深，難曉難了難知。怛薩阿竭安隱，甚深是經。悉知阿惟三佛，無有作阿惟三佛，亦無有阿惟三佛。”（T8p453a19）

“怛薩阿竭安隱，甚深是經”，这两句之间如何能够衔接起来？前文刚刚说了“深般若波羅蜜甚深”，又来说“甚深是經”，难以体会其用意。而它与后文的关联，也叫人费解。只有察看异译，才能悟出一点道理。

罗什译：

佛言：“如是，如是！諸天子！般若波羅蜜甚深，難解難知。以是義故，我欲默然而不說法，作是念：‘我所得法，是法中無有得者，無法可得，無所用法可得。’諸法相如是甚深，如虛空甚深故，是法甚深。我甚深故，一切法甚深。不來不去甚深故，一切法甚深。”（T8p562b06）

唐一：

爾時，佛告諸天子言：“如是！如是！如汝所說。天子當知！我觀此義初得無上正等覺時，宴坐思惟不樂說法，心作是念：‘我所證法微妙甚深，非諸世間卒能信受。’天子當知！我所證法即是般若波羅蜜多，此法甚深，非能證、非所證，無證處、無證時。天子當知！虛空甚深故此法甚深，我甚深故此法甚深，一切法無來無去故此法甚深，一切法無量無邊故此法甚深，一切法無生無滅故此法甚深，一切法無染無淨故此法甚深。”（T7p823a04）

先看那个“安隱”怎么讲。所对应处，在罗什，“我欲默然而不説法”，在唐一，“宴坐思維，不樂説法”。“安隱”讲成默然，能讲得通，但说是默然而不说法，那“不説法”，显然是跳跃了。讲成宴坐思维也可以勉强接受，宴坐思维不乐说法，那“不樂説法”显然是凭空加上去的了。就《道行般若经》而论，也应当说是有所跳跃。特别要注意的，罗什接下来还说“作是念”，唐一说“心作是念”。不这样说，两句之间就无从联系。把经中这两句翻译过来，并与下文相联，会是下面这个样子：

如来安静下来想，此经甚深难懂，<u>世人难以信受</u>。他全然知晓阿惟三佛……

画线部分是原文缺失部分。缺失了，就形成了跳跃式的叙说。看梵本对应的地方在615页，与我们此处的理解不相矛盾：

idam apy artha-vaśaṃ sampaśpatas Tathāgatasyârhataḥ samyaksambuddhasyânuttarāṃ samyaksambudhim abhisambuddha-mātrasya bodhi-maṇḍe niṣaṇṇasyâlpôtsukatāyāṃ cittam avanataṃ na dharma-deśanāyāṃ || gambhīro batâyaṃ mayā dharmo ‘bhisambuddha iti || yatra na kaścid abhisambuddho na kaścid abhisambhotsyate na kaścid abhisambudhyate | iyaṃ sā dharmasya gambhīratā |（The thought of a Tathagata who considers this depth of dharma, and who, seated on the terrace of enlightenment, has just won full enlightenment, is inclined to carefree non-action, and not to demonstration of dharma. The Lord: So it is. Deep certainly is this dharma I have fully known. Nothing has been, or will be, or is being fully known, and that is the depth of this dharma.）

位于正等正觉台阶上的如来，认为此法甚深，他刚刚获得了正等正觉，主张逍遥无为，欲不向世人说法。

2. 跳跃并省略

例如：

菩薩作第一禪、第二禪、第三禪、第四禪，三昧越。阿惟越致不隨錄是四禪，是所禪作三昧越，用人入欲中，故禪三昧。是菩薩終不隨禪教，其功德極過禪上去。（T8p455b13）

这里有好些难懂的地方。让我们先参考异译例如唐一：

復次，善現！一切不退轉菩薩摩訶薩，欲入初靜慮乃至第四靜慮，即隨意能入。是菩薩摩訶薩雖入四靜慮，而不受彼果。為欲利樂諸有情故，隨欲攝受所應受身，即隨所願皆能攝受，作所作已，即能捨之。是故雖能入諸靜慮，而不隨彼勢力受生。為度有情還生欲界，雖生欲界而不染欲。若菩薩摩訶薩成就如是諸行、狀、相，定於無上正等菩提不復退轉。（T7p827b22）

要加深我们对此段经文的理解，翻译一下梵本 680 页相应处：

sa ākāṅkṣan prathamaṃ dhyānaṃ samāpadyate tathā dvitīyaṃ tathā tṛtīyaṃ tathā caturthaṃ dhyānaṃ samāpadyate sa ebhiś caturbhir dhyānair viharati dhyāna-parijayaṃ ca karoti dhyānāni ca samāpadyate na ca dhyāna-vaśenôpapadyate | sa punar eva kāmâvacarān dharmān adhyālambate || idam api Subhūte 'vinivartanīyasya bodhisattvasya mahāsattvasyâvinivartanīya-lakṣaṇaṃ veditavyam ||（According to plan he enters into the first, second, third and fourth trance, and he dwells in those four trances. He comes a complete master over the trances, i.e. he enters into the trances, but his future rebirth is not determined by their influence. It is on the dharmas of the sphere of sensedesire that he bases his rebirth. This also should be known as a mark of irreversibility in an irreversible Bodhisattva.）

按计划，他进入第一禅、二禅、三禅、四禅，并住于此四禅中。他完全超越了禅定，也就是说，他进入了禅的阶位，可他未来轮回不受其支配。决定他轮回的是欲界之法则。这也是作为不退转菩萨的不退转的标志必须让人知道的。

这样，我们对《道行般若经》此段经文有了自己的理解了。

所谓三界，先是欲界，有淫欲情欲，次是色界，无情欲淫欲，而仍有形色，而后是无色界，并形色亦无，唯有心识。四禅十八天，属于色界，居中，已经超出欲界之列。此修菩萨道的不退转菩萨已过四禅，然而“三昧越”，就是超出了禅定三昧。如何超越呢？他不随录是四禅，不取四禅以为资格，享受再生到无色界的好处，而超三昧，因要超度凡人，仍退入欲界，所以叫作超越禅三昧。这不退转菩萨不依据禅之规定行事，他所积功德远超了禅本身。

上面这段话，从“所谓……”到“……之列”是关于佛教教义常识的说明。此后便是对所引经文的翻译了。其中，下作横线处，是省略或跳跃处。不理解这些地方，经文是很难读懂的。

3. 句式杂糅，成分残缺，观念重叠

例如：

何以故？幻者當持，此所有當如，持五陰幻如，色色六衰五陰如幻，痛痒思想生死識，作是語字六衰五陰。（T8p427a24）

俗如此断句，不可卒读。今另行标点，勉强可读：

何以故？幻者当持此所有，当如持五阴。幻如色，色、六衰五阴如幻。痛痒、思想、生死、识。作是语字六衰五阴。

“此所有”，谓无所有。不必如辛校（19 页）改“此”为“无”。这一句是说，魔术师对此虚幻的魔法，就像对待“客观”事物一般。下面一句说，幻如六衰五阴，六衰五阴如幻。“幻如六衰五陰”这个意思，经文只用三个字来表达：“幻如色”。显然有所疏漏。再下面“痛癢、思想、生死、識”怎么样？成分残缺。看秦译：

何以故？作幻者持陰，色如幻，無所有。色、六衰五陰如幻。痛痒、思想、生死、識，皆空無所有，但有字六衰五陰耳。（T8p510a14）

原来缺了“皆空無所有”5 字。再细究一下，“痛癢、思想、生死、識”已包括在“五陰”之内，已说了“五陰如幻”，空无所有，何必又再来一个“痛痒、思想、生死、识，皆空无所有”呢？显见是重叠复出了。看唐一：

何以故？幻化即是五取蘊故。所以者何？我說五蘊、眼等六根，

皆如幻化都非實有。（T7p766a14）

直说五阴六衰“皆如幻化都非實有”，并不重出“痛癢、思想、生死、識”。而且经文“色、六衰五陰如幻”，六衰中有色，谓眼所感知，五阴中有色，谓客观存在，另外又单出“色”与“六衰五陰”并列，也嫌于杂沓。不错，各有各的表达法，不可强求一律，但总要条理清晰，叙次分明，让人好懂才是。

梵本在 72 页：

tat kasya hetoḥ | sa eva hi Bhagavan māyā–puruṣo dhārayitavyo yad uta pañcôpādāna–skandhāḥ || tat kasya hetoḥ | tathā hi Bhagavan māyôpamaṃ rūpam uktaṃ Bhagavatā | yac ca rūpaṃ tat ṣaḍ–indriyaṃ te pañca skandhāḥ | tathā hi Bhagavan māyôpamā vedanā–samjñā–samskārā ukts tathā hi Bhagavan māyôpamaṃ vijñānam uktaṃ Bhagavatā | yac ca vijñāna ṃ tat ṣaḍ–indriyaṃ te pañca skandhāḥ |（Subhuti：Yes，it is. Because a Bodhisattva who trains himself in perfect wisdom should train himself like an illusory man for full enlightenment. For one should bear in mind that the five grasping aggregates are like an illusory man. Because the Lord has said that form is like an illusion. And that is true of form，is true also of the six sense organs，and of the five［grasping］aggregates.）

因为要记住，五蕴如幻人。因为佛已说过，色如幻。而且那是色之实，是六根之实，五蕴之实。

其表达法与众译不同，但也就十分明白晓畅，可读可解了。

4. 颠倒并残缺

例如：

菩薩求深般若波羅蜜，若守者，如是漚惒拘舍羅，菩薩不念檀波羅蜜增，亦不念減。復作是念，但名檀波羅蜜所布施念，持是功德施與，作阿耨多羅三耶三菩。施如是，尸波羅蜜、羼提波羅蜜、惟逮波羅蜜、禪波羅蜜。（T8p457a01）

“若守者”：若得而守之者。守，谓坚持不懈。“如是漚和拘捨羅”：谓得深般若波罗蜜而守之者，同时亦得善巧方便而守之。“如是”，谓语在前。"漚和拘捨羅"，主语在后。

"但名檀波羅蜜所布施念"：但念所布施名为檀波罗蜜。"念"是动词述语，在后。"名檀波羅蜜所布施"是宾语，在前。而这宾语由主谓词组构成，谓语在前，主语在后。

"施如是，尸波羅蜜、羼提波羅蜜、惟逮波羅蜜、禪波羅蜜。"所谓"如是"，便是不念增、不念减，但有名字，持作阿耨多罗三耶三菩。檀波罗蜜如是，尸波罗蜜等也如是。经文在"禪波羅蜜"之后，当有"亦如是"，可是没有，只能解释为谓语承前省略。这个省略厉害，一时还察觉不出。这个"亦如是"，罗什译作：

"不作是念：'尸羅波羅蜜若增若減；羼提波羅蜜、毘梨耶波羅蜜、禪波羅蜜，若增若減。'"（T8p567a03）

梵本在 714 页：

sa prajñāpāramitāyāṃ caran prajñāpāramitāṃ bhāvayaṃs tān manasikārāṃs tāṃś cittôtpādāṃs tāni ca kuśala-mūlāni anuttarāyāṃ samyaksambodhau pariṇāmayati yathā ‘nuttarā samyaksambodhis tathā pariṇāmayati ||（And he proceeds in the same way when he takes upon himself the moral obligations, when he perfects himself in patience, when he exerts vigor, enters into the trances, courses in perfect wisdom, develops perfect wisdom.）

他同样以此法，在忍辱、精进、禅定时，在行般若波罗蜜、修习般若波罗蜜时，将自己带进道德义务中。

可见，唐一与梵本约略相当。

第四章 《道行般若经》的特殊语法

相较于中土文献,《道行般若经》的句法有明显的特色，主要表现为语序颠倒和定语从句。

第一节 逆序

一、逆序 1

汉语语序，主语 + 谓语；主 + 谓（述）+ 宾；动词（述语）+ 宾语；定语 + 中心词；状语 + 谓语。这些是常态。但也有变态，一般来说，变态当有其条件。在《道行般若经》中，这样的顺序也是常态，但倒其顺序，时而有之。而且往往不太讲条件，无理可说，可称为次常态。在这里，不是常与变的对立，而是主与次的对立。

1. 谓语 + 主语

例一

佛言："設有謀作者，從所來處，便於彼間自斷壞不復成，四天王皆擁護是善男子、善女人、入般若波羅蜜者、思惟者，自在所為，所語如甘露，所語不輕，瞋恚不生，自貢高不生，四天王皆護。"（T8p431b23）

"自在所爲"：所为自在，所作所为自由自在，随心所欲，无有障碍。此为诸佛及上位菩萨所具功德之一。

例二

出拘翼上去已，是善男子善女人功德乎?（T8p463b20）

“出拘翼上去已”：已超过拘翼。出……上去，超过……

这句的意思是，善男子、善女人的功德超过天帝拘翼了吗？谓语在前，主语在后。

例三

須菩提言：“阿惟三佛甚深是因緣，菩薩不用初意得阿耨多羅三耶三菩，亦不離初意得，亦不用後意得，亦不離後意得也。”（T8p457a26）

“阿惟三佛甚深是因缘”：阿惟三佛是因缘甚深。“阿惟三佛”与“是因缘”是同位语，“是”为复指代词。

例四

法無底，復無端底，無有中邊，無有盡時。底索無底，復無無底波羅蜜。（T8p430c03）

“底索無底，復無無底波羅蜜”，主语是处于后端的“波羅蜜”，谓语“底索無底，復無無底”在前。这一句强调波罗蜜法没有底，底的尽头没有底，没有中间，没有边上，没有尽头，底的尽头还是没有底。

例五

佛言：“云何，須菩提！見若羅漢所入處不？”（T8p451a25）

“見若”当理解为“若见”，你看见。异译都将主语“若”或“汝”提前了：

吴译：

佛言：“云何，若見應儀等所入不？（T8p492b29）

罗什译：

“須菩提！於意云何，汝見阿羅漢法可受可著不？（T8p559c14）

唐一：

佛告善現：“於意云何？汝頗見有阿羅漢果可攝受、執著不？”（T7p819a08）

唐二：

佛言："善現！於意云何？汝頗見有阿羅漢果可攝受執著不?"（T7p896b04）

据我们的考察，逆序多与源语言有关。此例梵本在 577 页：

Bhagavān āha | tat kiṃ manyase Subhūte samanupaśyasi tvam arhattvaṃ yatra parigrahaṃ vā' bhiniveśaṃ vā kuryāḥ?

梵本"看见"（samanupaśyasi）在前，"你"（tvam）在后。支谶所译正是依照这个次序的。源语言梵文属典型的屈折语，用词尾说明词的句法功能，语序不重要。汉语属典型的分析型语言，语序本身说明句法结构，极为重要。支谶或许以为汉语的语序没这么重要，或许以为汉语的语序可以变通，其原因还是汉语不太熟练，对汉语了解不透彻。

例六

佛為我說經已，便不復見。我自念言："佛從何所來？去至何所?"持是事，師願為我解之，佛為從何所來？去至何所?（T8p473c05）

本当说"願師爲我解之"，而说成"師願爲我解之"。看以下两种异译：

吴译：

我自念言："佛為從何所來？去至何所？願師為我說。"（T8p505b25）

这里明明是"願師"，不是师愿。

罗什译：

我從諸三昧覺已，作是念："諸佛從何所來，去至何所?"不知諸佛來去因緣故，即作是念："曇無竭菩薩已曾供養過去諸佛，深種善根，善學方便，必能為我說諸佛從何所來，去至何所?"惟願大師，今當為我說諸佛從何所來，去至说明何所，令我常得不離見佛。（T8p584a13）

是"惟願大师"，不是大师惟愿。

此处宋译与梵本略似：

宋译：

時諸如來如是乃至種種示教利喜，安慰我已，忽然不現。我於爾時從三摩地出已，不復得見諸佛如來。我心苦惱即作是念："向者如來，從何所來？去至何所？"我復思惟：「彼法上菩薩摩訶薩，於先佛所深種善根，通達般若波羅蜜多具諸方便，我當往彼聽受般若波羅蜜多及問斯義。"以是缘故我今至此，而得瞻禮菩薩大士。我心歡喜深自慶快，猶如苾芻得第三禪樂。大士！如我向於三摩地中所見如來，而不知彼從何所來？去至何所？唯願大士示教於我，令我常得見佛世尊。（T8p673c10）

此处梵本在 959 页：

te māṃ tathāgatāḥ sādhu ca suṣṭhu ca saṃdarśya samādāpya samuttejya sampraharṣyântarhitā ahaṃ ca tataḥ samādher vyutthitaḥ | tasya me etad abhūt kuto nu te tathāgatā āgatāḥ kva vā te tathāgatā gatā iti | tasya ca me etad abhūt āryo Dharmôdgato bodhisattvo mahāsattvo dhāranīpratilabdhaḥ pañcâbhijñaḥ pūrva–jina–kṛtâdhikāro ‘varopita–kuśala–mūlaḥ prajñāpāramitāyāṃ upāya–kauśalye ca suśikṣitaḥ sa me enam arthaṃ yathāvad vicariṣyati yatas te tathāgatā āgatā yatra vā te tathāgatā gatā iti | so ‘haṃ tasya tathāgata–vigrahasya nirghoṣaṃ śrutvā yathā’ nuśiṣṭaṃ yena pūrvā dik tena samprasthita āgacchaṃś câhaṃ dūrata ev’ āryam adrākṣaṃ dharmaṃ deśayantaṃ saha–darśanāc ca mamêdṛśaṃ sukhaṃ prādurabhūt | tad–yathā ‘pi nāma prathama–dhyāna–samāpannasya bhikṣor ekâgra–manasi–kārasya | so ‘haṃ tvāṃ kula–putra pṛcchāmi kutas te tathāgatā āgatā kva vā te tathāgatā gatā iti | deśaya me kula–putra teṣāṃ tathāgatānāṃ āgamanaṃ gamanaṃ ca yathā vayaṃ teṣāṃ tathāgatānāṃ āgamanaṃ gamanaṃ ca jānīmaḥ avirahitāś ca bhavema tathāgatadarśanenêti ||（He went on to relate that："The Tathagatas then vanished again, and I emerged from that state of concentration. I then asked myself ‘wherefrom now did these Tathagatas come, and whither have they gone?’ I thought to myself that ‘the holy Bodhisattva Dharmodgata has received the dharanis, he possesses the five superknowledges, he has done his duties under the Jinas of the past, he has planted wholesome roots, and is well trained in the perfect wisdom and skill in means. He will explain to me this matter as it really is, and tell me where those Tathagatas have come from and whither they have gone to.' Now I have come to you, and I ask you, son of good family: 'Where have those Tathagatas come from, and whither have they gone to?' Demonstrate to me, son of good family, the coming and going of those Tathagatas, so that we may cognize it, and so that we may become not lacking in the vision of the Tathagatas.")

他继续说道："如来不复存在。我从禅定中恢复常态。然后我问自己：这些如来从何处来？将去何处？我自个儿想：这昙无竭菩萨深通教义，掌握各方的最高智慧，已曾于过往诸佛处尽职供养，已植善根，在般若波罗蜜与沤和拘舍罗方面有很好的修养。他将如实向我解释，这些如来从何处来，将向何处去。我现已来此，向大士请教：'诸如来从何处来，将往何处？'请教导于我，大士，诸如来之来与去，以便我们了解真相，常见如来。"

经文"師願爲我教之"，梵文是 deśaya me kula-putra teṣāṃ tathāgatānāṃ āgamanaṃ gamanaṃ，英译 Demonstrate to me, son of good family, the coming and going of those Tathagatas，相当于"師"的 kula-putra（善男子）是呼语，那么，经文中的"師"，是不是也是呼语呢？辛校（502 页）正作如是理解，标点为："師！願爲我教之。"

一种情况，把"願師"颠倒为"師願"，无理可说。另一种情况，"師"作呼语，极易混为主语，汉时以单音词充当呼语，至少我手头没有类似语料。即使有，也是一种不易令人解悟的文字。无论何种情形，支讖疏于汉语是可以推论无误的。

《道行般若经》中另有一处"師願"：

薩陀波倫菩薩白曇無竭菩薩言："師願說佛音聲，當何以知之？"（T8p476b01）

此处吴译亦作"願師"：

普慈白言："願師為我說佛聲，當何以知之？"（T8p507a10）

《道行般若经》中两处把"願師"颠倒为"師願"，看似可以通过标点为"師！願爲我教之""師！願説佛音聲"来理解，但这不是地道的汉语，从根本上说，还是支讖汉语不熟练，就翻译而论，是转化不成功的。

2. 宾语 + 动词

例一

佛語釋提桓因："……若有，拘翼！善男子、善女人，書般若波羅蜜，學持誦行，自歸作禮承事供養——好華、擣香、澤香、雜香、繒綵、華蓋、旗幡——薩芸若則為供養以，如是，拘翼！般若波羅蜜寫已，作是供養經卷，善男子、善女人從其法中得功德無比。何以故？薩芸若者，則為供養已。"（T8p432a15）

"薩芸若則為供養以"，则为供养萨芸若矣。

"薩芸若者，則為供養已"意思也是则为供养萨芸若矣。宾语"薩蕓若"都提前。只是一个带"者"，一个不带。一个用"以"，一个用"已"，实际上都相当于"矣"。从修辞上说是错综。

例二

設使行色為行想，設生色行為行想，設觀色行為行想，設滅色行為行想，設空色行為行想，設識行立欲得為行想，痛痒、思想、生死、識行為行想，生識行為行想，觀識行為行想，滅識行為行想，空識行為行想。（T8p426c03）

"行想"，即行相，以为外物有形相存在。"生色行"，即行生色，以为物质有产生的根源。"觀色行"，即行观色，以为外物可得观见。"滅色行""空色行""識行""痛癢、思想、生死、識行"等，其中"行"都是位于宾语后的动词。这类宾动格式，后世多改成了动宾式。比如唐二，与此相应之处作：

若行色為行相，若行色生為行相，若行色壞為行相，若行色滅為行相，若行色空為行相，若謂我能行，是行有所得。若行受、想、行、識為行相，若行受、想、行、識生為行相，若行受、想、行、識壞為行相，若行受、想、行、識滅為行相，若行受、想、行、識空為行相。（T7p867a16）

例三

復次，阿難！十方無央數佛國現在諸佛欲見者，善男子、善女人當行般若波羅蜜，當守般若波羅蜜。（T8p436a25）

“十方無央數佛國現在諸佛欲見者”，谓欲见十方无央数佛国现在诸佛者。

例四

行般若波羅蜜者，不壞色無常視，不壞痛痒、思想、生死、識無常視。（T8p437a17）

两个“視”字，所带宾语都在其前。不视色坏为无常，不视痛痒、思想、生死、识为无常。宾语实际上是一个子句，与他句只是一个词语不同。

参唐二：

不應以色壞故觀色無常，不應以受、想、行、識壞故觀受、想、行、識無常，但應以常無故觀色乃至識為無常。（T7p879b17）

梵本 299 页：

na khalu punaḥ Kauśika rūpa–vināśo rūpânityatā drasṭvyā | evaṃ vedanā–saṃjñā–saṃskārā na khalu punaḥ Kauśika vijñāna–vināśo vijñānânityatā drasṭvyā | saced evaṃ paśyati prajñāpāramitā–prativarṇikāyāṃ carati ||（one should not view the impermanence of form, etc., as the destruction of form, etc.）

不应视色、受、想、行、识之无常为被破坏。

例五

諸天子心中復作是念：“云何，法作是聞人如是？”（T8p430a05）

“法作是聞人如是”：如是闻法之人亦如幻？“法作是聞”，如是闻法，作“人”的定语。“（人）如是”，承前，谓（人）如幻。这里“雲何，法作是聞人如是”，异译是这样的：

吴译作：“今在是聞法者，是人？爲非幻乎？”（T8p483a03）

秦译作：“雲何幻人聽法，與人等無有异？”（T8p512c01）

梵本在 158 页：

atha khalu te deva–putrā āyuṣmantaṃ Subhūtim etad avocat | kiṃ punar ārya–Subhūte māyôpamās te sattvā na te māyā ||（Beings that are like a magical illusion，are they not just an illusion?）

魔幻似的人，难道他们不是虚幻的吗？

以上都可作参考。唯辛校（46 页）改“法”为“幻”，理解此句为：How（can）an illusory magical creation listen to a human being in such a manner?（虚幻魔法所制之物如何能这样倾听人类呢？）。

此例异于他例之处在于，用一个宾动结构作定语。中心词是“人”。不深入分析，不能得知。

3. 中心词 + 定语

例一

閲叉若大若小所語悉可了知，尊者須菩提所語了不可知。（T8p429c19）

按汉文语序就当说：大小夜叉所语悉可了知。

例二

怛薩阿竭所有無所著、無所生，般若波羅蜜亦如是，亦無所生、亦無所著。（T8p466c03）

“怛薩阿竭所有”：谓所有怛萨阿竭。

例三

說般若波羅蜜時，四部弟子，及諸天、阿須倫及鬼神，一佛境界中，持釋迦文佛威神，一切悉見阿閦佛；及見諸比丘不可計，皆阿羅漢；諸菩薩亦無央數。以後不復見。（T8p469a18）

“一佛境界中”：此五字按常规当在“四部弟子”之前。

“諸比丘不可計”：不可计诸比丘。

“以後”：言除此以外。

例四

須菩提言："於拘翼意云何，何所法中作是教人本所生？"（T8p430c09）

"是教人本所生"：是人本所生之教。"人本所生"，约略同于物种起源。作"教"的后置定语。下例与此类似。

例五

釋提桓因言："無有法作是教者，亦無法作是教住置。設使有出者，但字耳。設有住止者，但字耳。（T8p430c10）

"是教住置"：是住置之教。住置，同义并列复合词，犹如说存在。作"教"的后置定语。"教住置"，谓有情众生存在之说。

例六

是菩薩摩訶薩逮無所從生法樂，如是樂悉具足，無所從生。（T8p463a22）

"無所從生法"：谓诸法无生无灭。高境界的修行者才能获得此法。"如是樂悉具足"，何等乐？下面说"無所從生"，实际上是"樂"的后置定语。辛校（393页）以为多余，删去。

例七

爾時彌勒菩薩謂須菩提："若有菩薩摩訶薩，勸助為福，出人布施、持戒，自守者上，其福轉尊。極上、無過菩薩摩訶薩勸助福德。"（T8p438a14）

"勸助為福"，为劝助福。宾语定语提到动词前。

"人布施、持戒、自守者"，定语后置，谓布施、持戒、自守之人。

4. 判断句主语在后表语在前

釋提桓因因白佛言："極大祝，天中天！般若波羅蜜，極尊祝般若波羅蜜，無有輩祝般若波羅蜜。"（T8p433b20）

释提桓因的话中，天中天是呼语，表示尊敬，表示提请注意。“極大祝般若波羅蜜”“極尊祝般若波羅蜜”和“無有輩祝般若波羅蜜”是三个并列句，都是名词谓语句，也是判断句。我们的揣测依据异译：

秦译：

釋提桓因白佛：“般若波羅蜜極大呪。天中天！般若波羅蜜極尊呪、無有輩呪。”（T8p515c13）

罗什译：

釋提桓因白佛言：“世尊！般若波羅蜜是大明呪，般若波羅蜜是無上呪，般若波羅蜜是無等等呪。”（T8p543b25）

唐一：

天帝釋即白佛言：“甚深般若波羅蜜多是大神呪，是大明呪，是無上呪，是無等等呪”。（T7p777c05）

自唐一以下，格式与唐一同。

这里经文所要表达的深层结构是：

S 是 a，S 是 b，S 是 c

其表层结构却是：

本经：aS，bS，cS

秦：Sa，Sb，Sc

罗什译：S 是 a，S 是 b，S 是 c

唐一：S 是 a，是 b，是 c

由此知，首译的格式相当于“星期四今天”，这种格式偶或见于口语，不表判断，而表补充，作为判断句式已为后世所弃用。前译的格式相当于“今天星期四”，这种零标记判断句式用到今天。后译相当于“今天是星期四”，最为明确。唐一以下更为简洁明了。首译这种特殊的表层结构格式 aS，bS，cS 和前译 Sa，Sb，Sc 格式都与源语言梵文的表达有关。梵本在 233 页：

evam ukte Śakro devānām indro Bhagavantam etad avocat | mahā-vidyêyaṃ Bhagavan yad uta prajñāpāramitā apramānêyaṃ Bhagavan vidyā yad uta prajñāpāramitā | aparimānêyaṃ Bhagavan vidyā yad uta prajñāpāramitā | niruttarêyaṃ Bhagavan vidyā yad uta prajñāpāramitā | anuttarêyaṃ Bhagavan vidyā yad uta prajñāpāramitā | asamêyaṃ Bhagavan vidyā yad uta prajñāpāramitā | asamasamêyaṃ Bhagavan vidyā yad uta prajñāpāramitā ||（Sakra：A great lore is this perfection of wisdom，a lore whithout measure，a quite measureless lore，an unsurpassed lore，an unequalled lore，a lore which equals the unequalled.）

从梵文来看，prajñāpāramitā（般若波罗蜜）和 vidyā（咒）都是阴性主格形式，中间用连词 yad uta 连接，表示 prajñāpāramitā（般若波罗蜜）即何种 vidyā（咒），句中没有判断动词。

汉语的判断句早期用零标记表判断多见，如“夫鲁齐晋之唇”“刘备天下枭雄”之类。用“者”“也”格式也较为普遍，可以只用前“者”，也可以只用后“也”，还可以用全了前“者”后“也”，如“虎者戾虫”“公子周吁嬖人之子也”“南冥者天池也”之类。“者”“也”格式相较于零标记更为复杂。至于判断句中用动词“是”表判断，从先秦开始出现，到汉时用例还不多。我们认为，首译译于汉，前译译于三国时期，都是零标记，恰恰说明了这一点。当然，首译这种格式，表语在前主语在后，还应该算作受梵文影响的逆序。后译用判断词“是”也许说明了南北朝时期判断词“是”使用比较普遍。

二、逆序 2

上面说的逆序，能说清是本该怎样，而实际上却颠倒了。可以成批地说，有规律地说。这里要说的是一些不便归类的颠倒，其中有些或者就是不合汉语习惯的语病，再加上一些比较复杂的情形。

例一

用是故，弊魔来到是菩薩所，便於邊化作大八泥犁，其一泥犁中有若干百千菩薩，化作是以，便指示之言：“是輩皆阿惟越致菩薩，從佛受決以，今皆墮泥犁中。佛為授若泥犁耳。”（T8p454c21）

形容词与数词同作定语，通常数词在前。“大八泥犁”，汉语常规当作“八大泥犁”。

例二

善男子、善女人，怛薩阿竭般泥洹後，取舍利起七寶塔供養，盡形壽自歸、作禮、承事，持天華、天擣香、天澤香、天雜香、天繒、天蓋、天幡。（T8p432b17）

"持天華、天擣香、天澤香、天雜香、天繒、天蓋、天幡"，此一结构，按常规当在"供养"之前。谓持天花、天香等敬物，以供养舍利。

例三

學、持、諷誦已如教住者，是人前世供養若干佛已，今復聞深般若波羅蜜，學、持、諷誦如教住。其人從過去佛時問事已，是善男子、善女人為更見過去三耶三佛，從聞深般若波羅蜜，以不疑、不恐、不難、不畏。（T8p444b26）

三个"已"都用在动词或动宾词组之后，表示动作的完成。按汉语习惯用法，都当用于动词前，作"已学、持、讽诵""已供养若干佛""已从过去佛时问事"。

例四

怛薩阿竭及諸弟子說經時，心終不疑，亦不言非佛說。聞說深般若波羅蜜，終心不有疑，亦不言非。如是菩薩逮無所從生法樂，於中立，持是功德悉具足。用是比、用是相、行具足，是為阿惟越致菩薩。"（T8p456a18）

作状语的"終"，置于主语之后是常规。如前面所说"心終不疑"。置于主语后，如此处所说"終心不有疑"，是修辞上的"避复"，稍异于常。"具足"也是定语后置，"持是功德悉具足"谓持是悉具足功德。

例五

須菩提白佛言："阿惟越致菩薩極從大功德起。常為菩薩說深法，教入深。"（T8p456a25）

"極從大功德起"：从极大功德兴起，谓成就了极大功德。"极"只能放到“从”字之后而不能提前。

例六

若所有近者，不念言近，若遠者，亦不念言遠。（T8p466b27）

“有所”不可以倒写成“所有”。

例七

譬如怛薩阿竭化作人，不作是念：“羅漢、辟支佛道離我遠。”（T8p466c05）

本意是如来作化人，化人不作是念。化人，如来以佛法变出来的人。不是“化作人”，变成了人。

例八

菩薩有二事法行般若波羅蜜，魔不能中道使得便。（T8p467b17）

“魔不能中道使得便”，谓使魔不能中道得便。“使”当在“魔”前。

例九

如是，拘翼！是善男子、善女人，行求佛道，會後成佛如是。”（T8p432b09）

常规汉语语序为：后会如是成佛。“如是”作句子的状语而不是补语，应该放在动词前面；表示时间的“后”，通常用于能愿动词前，此位于后。

例十

譬如見國中人，不復見阿閦佛及諸菩薩、阿羅漢，諸經法索，眼不見亦如是。（T8p469a23）

“諸經法索”的“索”同难问品中的“索”一样，也是“尽”的意思。“眼不見亦如是”即“亦如是眼不見”，也一样看不见，是谓语和状语的倒装。

例十一

釋提桓因問尊者須菩提："持何威、神、恩當學知？"

須菩提言："持佛威、神、恩當學知。拘翼！所問：'般若波羅蜜菩薩云何行？'亦不可從色中行，亦不可離色行，亦不可從痛痒、思想、生死、識中行，亦不可離痛痒、思想、生死、識行。……"（T8p430b18）

"持何威、神、恩當學知"：按汉语常规，宜作"当持何威、神、恩学知"。"持何威、神、恩"这个状语应置于助动词"当"之后。全句意思是，须菩提是靠何种力量而知道这些、宣说这些？

例十二

了了行菩薩摩訶薩是遠離法。我樂使作是行：不使遠行絕無人處於中也。（T8p461a19）

"不使遠行絕無人處於中"，谓不使远行于绝无人处之中。"于"字当在"无人处"之前。

例十三

不見是法我所入處。（T8p451a26）

意思是我不见是法所入处，主语"我"放错了地方。

例十四

若前世時淨潔行，今還［逮］得若前世時行淨潔故功德所致。（T8p460b23）

"功德所致"，当作"所致功德"。

例十五

却後無數阿僧祇劫，汝當作佛，號字釋迦文，天上天下於中最尊，安定世間法，極明，號字為佛。（T8p431a09）

"安定世間法"，谓安处于世间法中。"安定世間"，宫本作："安處其間”。“法”，元本、明本、龙藏作“法中”。此句吴译作：“安定于法中”（T8p483c02）。

“極明”：极其辉煌。

辛岛（58 页）从“安定世間”后断句。“法”字属下。

例十六

菩薩當作是學，如怛薩阿竭、阿羅呵、三耶三佛住，亦不可住。當作是住、學，無所住。（T8p429c16）

“當作是住、學，無所住”：当理解为：“當作是住，當作是學，無所住”，“無所住”是后置修饰语，修饰前面的“住”和“学”。应当怎样住呢？无所住那样住。应当怎样学呢？无所住那样学。“无所住”作为修饰语，与“是”相呼应。

查梵本可知，住与学是两样并列的，sthātavyaṃ evaṃ śikṣitavyaṃ。并不如辛校（45 页）所标点：“當作是住，學無所住”。

梵本在 152 页：

atha khalv āyuṣmān Subhūtir āyuṣmāntaṃ Śāriputram etad avocat | evam ev’ āyuṣmān Śāriputra bodhisattvena mahāsattvena sthātavyaṃ evaṃ śikṣitavyaṃ | yathā tathāgato ‘rhan samyaksambuddho na kvacit sthito nâsthito na viṣṭhito nâviṣṭhitas tathā sthāsyāmîty evam anena śikṣitavyaṃ | yathā tathāgata–sthānaṃ tathā sthāsyāmîti tathā śikṣiṣye iti | yathā tathāgata–sthānaṃ tathā sthāsyāmîti su–sthito ‘sthāna–yogenêti | evam atra bodhisattvena mahāsattvena sthātavyam evaṃ śikṣitavyaṃ | evaṃ hi śikṣamāṇo bodhisattvo mahāsattvo viharaty anena prajñāpāramitā–vihāreṇâvirahitaś cânena manasikāreṇêti ||（Subhuti：Even so should a Bodhisattva stand and train himself. He should decide that ‘as the Tathagata does not stand anywhere，nor not stand，nor stand apart，nor not stand apart，so will I stand.’ Just so should he train himself ‘as the Tathagata is stationed，so will I stand，and train myself.’ Just so should he train himself. ‘As the Tathagata is stationed，so will I stand，well placed because without a place to stand on.’ Even so should a Bodhisattva stand and train himself.

When he trains thus, he adjusts himself to perfect wisdom, and will never cease from taking it to heart.)

须菩提：菩萨应如是住，如是学。他要决定，"如同如来一般不住于何处，也不是不住，不分住，也不是不分住，我将如是住，如是学。"他也将如是学。"我将安住与善处，如同如来所住所处，因为本无处可住，无处可处。"甚至菩萨也要如此住，如此学。当他修学般若波罗蜜时，永不会忘记此事。

例十七

諸天往至菩薩所，問訊深經之事，諸天讚歎善之："今作佛不久。"（T8p467b22）

"今作佛不久"，谓不久当作佛。经中"不久"这类表时间的状语往往放在谓语动词后甚至是述宾后，以补语的形式出现。

例十八

佛言："善男子、善女人學般若波羅蜜者、持經者、誦經者，當為作禮、承事、恭敬。（T8p432b10）

"善男子、善女人學般若波羅蜜者、持經者、誦經者"是后面"为"的前置介词宾语，而"學般若波羅蜜者、持經者、誦經者"又是"善男子、善女人"的后置定语。所以这里是双层逆序。

例十九

何所是摩訶衍？從何所當住衍中？何從出衍中？誰為成衍者？（T8p427c28）

支谶译文有将"從"混同于"于"的情形。"从何所當住衍中？"本意是要表达"衍当住于何所？"此句罗什译作"是乘住何處"（T8p539a19）。唐二作"如是大乘為何所住"（T7p767a26）。介词结构作补语，中含疑问代词，支谶以为当提前，实际上汉语没有这个必要。提到前面来，反而有违汉语语序规则了。

"何從出衍中？"

本意是“衍从何处出？”

罗什译即作：“是乘從何處出”（T8p539a19）。

误把含疑问代词的介词结构提到句首。与“從何當住衍中”同样违规。

例二十

須菩提謂釋提桓因：“是事都盧不可計，正使計倍復倍，人無底，波羅蜜無底。”（T8p430c06）

正常的顺序是：正使計倍復倍，人無底，波羅蜜無底，是事都盧不可計。意思是，即使计算起来加倍再加倍，人无底波罗蜜无底之事仍全然无可计量。按汉语惯例，让步从句当居前。

例二十一

是色非色為度，痛痒、思想、生死、識，是識非識為度，度為諸法。（T8p452b22）

“度為諸法”：当读为“诸法为度”。承上而言，是诸法而又非诸法为度到彼岸。

汉语通常的顺序主+述+宾，此例相反，为宾+述+主，且有省略，“诸法”当理解为是诸法非诸法。何以知之？参罗什译：

云何菩薩得阿耨多羅三藐三菩提時，為世間作究竟道？須菩提！色究竟不名色，受、想、行、識究竟不名識。如究竟相，一切法亦如是。（T8p561b15）

宋译：

云何菩薩摩訶薩得阿耨多羅三藐三菩提時，能為世間作究竟道？所謂菩薩摩訶薩得菩提時，為諸眾生作如是說：若色究竟即非色，若受、想、行、識究竟即非識。由色、受、想、行、識如是故，一切法亦然。（T8p636a22）

例二十二

云何，須菩提！遍見不？見般若波羅蜜何所菩薩摩訶薩行？

（T8p463a17）

“見般若波羅蜜何所菩薩摩訶薩行”当理解为“见何所菩萨摩诃萨行般若波罗蜜”，意思是见过什么菩萨摩诃萨行般若波罗蜜否？“见”是述语，宾语是一个主谓词组“般若波罗蜜何所菩萨摩诃萨行”。在此主谓词组里，宾语“般若波罗蜜”在主语部分“何所菩萨摩诃萨”之前，而“行”是述语，形成特殊语序宾语 + 主语 + 述语，。此主谓词组的正常表达是：何所菩萨摩诃萨行般若波罗蜜。

第二节　定语从句

这一节讨论《道行般若经》中的 4 类特殊定语，它多半与汉文所讲的“定语从句”有关。

第一类

《道行般若经》经文有：

善男子、善女人學般若波羅蜜者，持者、誦者，若於空閑處，若於僻隈處，亦不恐、亦不怖、亦不畏。（T8p431a25）

四天王皆護是善男子、善女人學般若波羅蜜者、持者、誦者。（T8p431b23）

“是善男子、善女人學般若波羅蜜者、持者、誦者”：可以说是善男子、善女人中的学、持、诵般若波罗蜜者；也可以说是学、持、诵般若波罗蜜的善男子、善女人。是“善男子、善女人”为一部分，“……者”为另一部分。经中这样的“者”字结构作定语的相同句式比比皆是，这里列举最密集处为例：

四天王白佛言：“我輩自共護是善男子、善女人學般若波羅蜜者，持者、誦者。”（T8p431a26）

梵摩三鉢天及梵天諸天人俱白佛言：“我輩自共護是善男子善女人學般若波羅蜜者，持者、誦者。”（T8p431a27）

釋提桓因白佛言：“我自護是善男子善女人學般若波羅蜜者，持者、誦者。”（T8p431b01）

拘翼！善男子、善女人學般若波羅蜜者、持者、誦者，其有欲害者便自亡。（T8p431b15）

实际上这是学经典汉语的表达法：

（1）求人可使报秦者，未得。（《史记·廉颇蔺相如列传》）

（2）召辱己之少年令出胯下者，以为楚中尉。（《史记·淮阴侯列传》）

（3）他小渠披山通道者，不可胜言。（《史记·河渠书》）

（4）贤士大夫有能从我游者，吾能尊显之。（《汉书·高帝纪》）

（5）呼邪韩单于归庭数月，罢兵使各归故地，乃收其兄呼屠吾斯在民间者，立为左。谷蠡王。（《汉书·匈奴传下》）

（6）吾欲裘褐之人可与俱隐深山者尔。（《后汉书·陈蕃传》）

以上六句中“者”字结构分别表示：

（1）“人可使报秦者”，可使报秦之人。

（2）“少年令出胯下者”，令出胯下之少年。

（3）“小渠披山通道者”，披山通道之小渠。

（4）“贤士大夫有能从我游者”，有能从我游的贤士大夫。

（5）“兄呼屠吾斯在民间者”，在民间的兄长呼屠吾斯。

（6）“裘褐之人可与俱隐深山者”，可与俱隐于深山的裘褐之人。

照这样说，“是善男子、善女人學般若波羅蜜者、持者、誦者”，意思就是这些学、持、诵般若波罗蜜的善男子、善女人。实际上，前一部分是中心词，后一部分是定语，即谓后置定语。这类“后置定语”，学术界有争论。为了便于说明问题，姑且采用后置定语说。

较之中土文献，佛经中的这类定语多句长。

第二类

中心词和修饰语两部分放在一起用，中土文献的习惯用法是中间只允许插上一个“有”字，不可插入别的成分。例如上面所举第 4 例，“贤士大夫有能从我游者，吾能尊显之”，又例如《吕氏春秋·察今》：“楚人有涉江者”，未见例外。而《道行般若经》有时却把两部分拆开来用，不视为异事。例如：

例一

善男子、善女人，所作為悉自見善，般若波羅蜜學者、持者、誦者。（T8p431c06）

意思是说，学、持、诵般若波罗蜜之善男子、善女人所作功德，全可在现世见到。参见梵本 199 页：

imam api sa Kauśika kula-putro vā kula-duhitā vā dṛṣṭadhārmikam guṇaṃ parigṛhṇāti ya imāṃ prajñāpāramitāṃ udgrahīṣyati dhārayiṣyati vācayiṣyati paryavāpyisyati pravartayiṣyati deśayaty upadekṣyaty uddekṣyati svādhyāyati ||（In this way he will quickly regain his mindfulness. This will be another advantage even here and now.）

此处英译有减省。据辛岛静志教授《道行般若经校注》（63 页）将此段梵文译为：

A son or daughter of good family，who takes up this perfection of wisdom，bears it in mind，preaches，studies，spreads，explains and repeats it，gains this merit even in the present existence.

善男子、善女人，他们持般若波罗蜜，记于心，宣扬，学习，传播，解释并诵念之，竟可获现世功德。

经查证梵本及其英译，知我们理解无误。我们是把带“者”字的部分当作定语看待的。中间隔了一大片：“所作為悉自見善”，实际上是句子的主干。这种情况，即在被限定的中心词与定语之间，插上甚至是从句法上说是主干的部分，对中土文献来说，是绝无的。这样一来，那带“者”字的部分，还能叫后置定语吗？

再从梵本来考察一下，支谶何以要如此译。原来“者”字部分，在梵本中，用 ya 引导定语从句。汉语定语从句可没有这种形式。没有法子，只好求助于在支谶看来是定语后置标志的“者”字。以为有这个“者”，置后就可以看作是定语。定语从句不是也总在被限定的词后面吗？至于后置到什么程度，在支谶看来，并不是最要紧的。因为梵文里语序是不重要的，所以将这种用法移植到了汉语中。这种源语言的影响在《道行般若经》中随处可见。

经中还有另一处意义和用法都是一样的，只在“持”“诵”后多加了一个宾语“经”字：

佛言：“善男子、善女人學般若波羅蜜者、持經者、誦經者，當為作禮、承事、恭敬。（T8p432b10）

第三类

既然已说到定语从句，下文把它进一步展开。先看例子：

例一

是輩人其福祐功德不小，聞般若波羅蜜者，何況乃學、持、誦、念？（T8p434a21）

例二

是人民功德不小，聞是深般若波羅蜜，書者、持者、學者。（T8p463b14）

这两句的意义、结构相同，只不过措辞略有不同。这里着重分析上一句。这种句子，前面“是輩人”与后面“聞般若波羅蜜者……”相搭配，有被限定与限定关系。前面用指代词，后面用关联词，是印欧语典型的主从复合句，其中的“从”，便是定语从句。在支讖看来，“是輩人”或“是人民”是表示指代的成分，“者”是起关联作用的，相当于关联词。他是将此类句子当成定语从句来译的。参考梵本 244 页：

na te Bhagavan sattvā avarakeṇa kuśalamūlena samanvāgatā bhaviṣyanti ya imāṃ prajñāpāramitāṃ śroṣyanti śrutvā côdgrahīṣyanti dhārayiṣyanti vācayiṣyanti paryavāpsyanti pravarayiṣyanti deśayiṣyanty upadekṣyanty uddekṣyanti svādhyāsyanti |（Those beings who hear and study the perfection of wisdom will be endowed with no small wholesome root.）

汉语用“是”与“者”搭配的地方，梵文里用的是指示代词 te 和关系代词 ya 搭配，形成一个关联结构，表示“所有那些，这些（都）”的意思。英译好懂，用的是 those 和 who 搭配，由 who 领起定语从句。Those beings 相当于“是輩人”，带有指示词 Those，即被限定的那一部分。who hear and study the perfection of wisdom 相当于带“者”字那一部分，即定语从句。这里英译有减省，所以只是比对，不是说确实相当。

下句梵本在 803 页：

na te Kauśika sattvā avarakeṇa kuśala-mūlena samanvāgatā bhaviṣyanti ya imāṃ prajñāpāramitāṃ śroṣyanti śrutvā côdgrahīṣyanti dhārayiṣanti vācayiṣyanti paryavāpsyanti prāvartayiṣyanti deśayiṣyanty upadekṣyanty uddekṣyanti svādhyāsyanti likhiṣyanti |（Those beings who hear this perfection of wisdom, take it up, study, spread, and write it, must be endowed with more than a puny wholesome root!）

与第一例句相比，梵本只多最后一个词 likhiṣyanti，其意思是书写，动词。同样用的是指示代词 te 和关系代词 ya 搭配，形成一个关联结构，表示“所有那些，这些（都）”的意思。英译这里是全译，同样用的是 those 和 who 搭配，由 who 领起定语从句。

现在，我们的确要为这类带“者”字的部分要一个名分了。叫后置定语，还是叫定语从句？暂且这样说，那种紧接在被限定的词语后面的叫后置定语，那种远离于被限定部分的叫定语从句。特别是那些有“是”与之相搭配的句子。不错，这提法为汉语固有语法所无，但为佛经汉语所具有，不可以无视其存在。有人以为，这部分远离于中心词的定语，该叫作“悬垂定语”，因其孤悬于中心词之后。之所以不取，是因为既是定语，就与句中某个词发生了关系，就不得叫“悬垂”。

第四类

上面说的定语从句（暂拟用名）“是 + 者”式，此外，还有别的形式，主要是“是 + 何所”格式：

例一

佛言：“云何，須菩提！見是法不？何所法行般若波羅蜜？”（T8p463a15）

参考梵本，在 798 页：

kiṃ punaḥ Subhūte samanupaśyasi tvaṃ taṃ dharmaṃ yaś carati

prajñāpāramitāyāṃ（The Lord：Do you then，Subhuti，see a real dharma which courses in perfect wisdom？）

此处“見是法不？何所法行般若波羅蜜”的意思是，见到那个修习般若波罗蜜的法了吗？按照传统的汉语句法，应该这样说：见行般若波罗蜜之法不？支娄迦谶的译文重复了“法”，添加了指示代词“是”和关联词“何所”。“何所”相当于 which，哪个，那个。与上例一样，也是受了译著源语言的影响。梵文用指示代词 taṃ 与关系代词 yas（单数业格作宾语）搭配成一组关联词，表示“那个……的”。源语言影响明显。

例二

遍見不？是般若波罗蜜，何所菩萨摩诃萨行？（T8p463a16）

参考梵本，在 798 页：

samanupaśyasi tvaṃ Subhūte tāṃ prajñāpāramitāṃ yatra prajñāpāramitāyāṃ bodhisattvo mahāsattvaś carati（The Lord：Do you see that perfect wisdom，in which the Bodhisattva courses，as a real thing？）

汉译的“是”，相当于梵文的“tāṃ”，相当于英译的“that”；汉译的“何所”相当于梵文的“yatra”，相当于英译的“in which”。“yatra”是关系词，跟“in which”一样，引导定语从句。由“何所”领起的句子是“般若波罗蜜”的定语。“何所”是关联代词，那个，不是疑问代词“什么”。句子直译为：“你到底见过为菩萨所实行的那个般若波罗蜜没有？”英译用词与句式与梵本贴近。

说在佛经汉语中有个定语从句，还要费许多唇舌，还不定能通得过。行文至此，改变了主意，不叫什么定语从句了。统统叫作佛经汉语中的特殊定语。一类所说定语与汉语不异，其特点在后置定语之长，长可达到 11 个字或者更多。二类特点则在远，带“者”的成分与被限定的成分中间插有远多于一的词语。三类特点在有指示代词与“者”词语相搭配。可称为“是 + 者”式。四类顺势下来，称为“是 + 何所”式。

第三节　共用与合叙

一、共用主语

例一

一切無所受，無所從誰得，法無所持、無所放，亦無所泥洹想。（T8p426b14）

这一句有些版本断句为：一切無所受、無所從，誰得法？無所持、無所收，亦無所泥洹想。我们认为，“一切”，谓一切法。“无所从谁得”，主语是“法”，由下句“法無所持、無所放”知。这叫探下省。最后一句“亦無所泥洹想”，主语也是“法”，这叫作承前省。换句话说，五个分句共用一个主语。这主语仅出现在中间。我们这样标点，这样理解，即认为5句的主语是共通的都是“法”，参考了异译和梵本，主要参考的是梵本。

唐一作：

於一切法皆不取相，亦不思惟無相諸法。……於一切法不取、不捨、無得、無證。……乃至涅槃亦不取著”。（T7p764c02）

唐二同（T7p866c14）。

梵本在51页：

na kaścid dharmaḥ parigṛhīto nâpi sa kaścid dharmo ya upalabdho yaṃ sa gṛhṇīyāt muñced vā sa nirvāṇam api na manyate ||（he did not take hold of any dharma，nor apprehend any dharma，which he could have appropriated or released. He did not even care about Nirvana.）

dharmaḥ（法）和 dharmo（法）都是主格，作主语，动词有 parigṛhīto、upalabdho、gṛhṇīyat、muñced 和 manyate 五个。

例二

須菩提言：“不化幻，亦不見幻心。離化幻，離幻心，雖離是，見

異法，當得佛道不？”（T8p466a18）

“不化幻”：探下省动词“见”，谓不见化幻。参吴译：

不見化幻，亦不見幻心也。（T8p501b16）

化幻，即幻化，虚假的多种多样的变化。

“幻心”：无自性的虚假的心。

例三

佛無所住，怛薩阿竭、阿羅呵、三耶三佛，心無所住止，不在動處止，亦無動處止。（T8p429c16）

“亦”之后，“无”之前，承前省“不在”二字。换句话说，最后两句共用“不在”二字。参罗什译：

如來不住有為性，亦不住無為性。（T8p540b24）

宋译：

彼無住心名為如來，不住有為界，不住無為界，不住彼中故。（T8p592c26）

例四

於法者而無法，故曰無過去、當來、今現在，以是不可有所作，亦不可有想，亦不可作因緣，有不可見聞，如心可知。（T8p442c13）

辛校（183 页）于“可知”前加“不”，作“如心不可知”。

就义理而言，得加一个“不”字。经说，至于法，就其实相而言是无法。所以无所谓过去、未来、现在。因而不可以回向，它无相，无因，又（有，读为又）不可见，不可闻，不可知。“如心不可知”，而（如，读为而）就思想认识而言，它不可知。如果没有“不”字，作“如心可知”，语义全然不可通了。

校补“不”字，于版本无据，但异译无不证实：当有“不”字。

吴译：

法無往古來今，一切不得有施想，無念、無見、無聞，無心、不念心。（T8p488c07）

秦译：

於法者而無法，故曰無過去、當來、今現在。以是不可有所作，亦不可有想，亦不可作因緣，有不可見聞，不可知。（T8p524b04）

罗什译：

諸法性非過去、非未來、非現在，不可取相，不可緣，不可見，不可聞，不可覺，不可知，不可迴向。（T8p552a15）

唐一：

諸法實性非過去、非未來、非現在，遠離三世。非離三世可能迴向，離三世法不可取相、不可攀緣，亦無見聞覺知事故。（T7p802c26）

唐二：

諸法實性非三世攝，不可取相、不可攀緣，亦無見聞覺知事故，於無上覺不可迴向。（T7p886a01）

宋译：

諸法非過去、未來、現在可得，彼隨喜心亦非三世。當以何心隨喜何法？是故當知，一切法無相，無見、無聞，無覺、無知。（T8p617a15）

再看对勘，也证实在这里当加一个“不”。梵本 418 页：

yā khalu punaḥ Subhūte dharmāṇāṃ dharmatā na sā ‘tītā vā anāgatā vā pratyutpannā vā yā nâtītā nânāgatā na pratyutpannā sā try–adhva–nirmuktā yā try–adhva–nirmuktā na sā śakyā pariṇāmayituṃ na nimittīkartuṃ n’ ārambaṇīkartuṃ nâpi sā dṛṣta–śruta–mata–vijñātā ||（As a matter of fact, however, the true nature of dharmas is not past, nor future, nor present; it lies quite outside the three periods of time; and for that reason it cannot possible be converted, cannot be treated as a sign, or as an objective support, and it cannot be seen, nor heard, nor felt, nor known.）

事实上，法的实质非过去、非将来、非现在，它在三时之外。因此它不可回向，不能看作相，看作客观支撑，不可听闻觉知。

那为什么当有“不”而实无“不”呢？一个解释，是译者或誊抄者把这个字漏掉了。再一个解释，是“不”字承前省掉了。前面已有 6 次否定，这第 7 次否定就顺势下来，不说否定，也是否定。语法学上的术语，就叫作承前省，而且不是一个“前”，是若干个，是一连串。

这种情形也被称作共用，即共用一个否定词“不”。

例五

須菩提白佛言：“不見亦不離化幻離幻心，亦不見當得佛，亦無法，亦無見，當説何等法耶？得不得乎？是法本無，遠離亦本無，若得若不得，本無所生，亦無有作佛者，設無有法，亦不得作佛。”（T8p466a19）

“不見亦不離化幻離幻心”，此句有一些共用成分，补充出来，就是：不见化幻、幻心，亦不离化幻，不离幻心。“不见”与“不离”共用宾语“化幻”与“幻心”。两个“离”，共用否定副词“不”。

“當説何等法耶？得不得乎”，把此句展开来，就是：当说何等法耶？当说何等得不得乎？共用“当说何等”。

例六

諸欲、梵天子俱白佛言：“天中天所説法者甚深，云何作其相？”

佛語諸天子言：“且聽作相著。已無想，無願，無生死、所生，無所有，無所住，是者作其相。”（T8p450a19）

辛校（263 页）校改“所生”为“無生”，所据为梵文 anutpāda（not produced）。

不用找梵本，即如罗什译：

佛告諸天子：“諸法以空為相，以無相、無作、無起、無生、無滅、無依為相。”（T8p558b28）

便可知支谶所译“所生”当为“無所生”。原来“所生”之前还有三个“无”，即“无想”“无愿”“无生死”，那个“无”字直贯下文，“无”的宾语包括“所生”在内。这样解释就是所谓承前省。“所生”之后也还有两个“无”，即“无所有”“无所住”，“所生”自然也是“无所生”，这样解释就是探下省。不管承前省还是探下省，这里共用“无”是无疑的。

例七

菩薩不作是思惟行般若波羅蜜，及思惟十二因緣不可盡，設不作

是思惟者，便中道得羅漢、辟支佛。菩薩不中道還者，用思惟般若波羅蜜，思惟行摩訶漚惒拘舍羅故。(T8p469c04)

如果按字面理解，一方面不思惟行智慧到彼岸，一方面思惟十二因缘不可尽，如果不兼有这两方面，那他就会步入邪道，得罗汉辟支佛。不行般若智慧，与思惟十二因缘不可尽，是互相矛盾的。前一句明确说不行般若波罗蜜，后一句无尽之法却是行般若波罗蜜的精粹之处。待到看了异译再对勘了梵文，知道这两方面，实在只是一方面，二者是同一的。不想行智慧到彼岸，与不考虑无尽法，原非二事。“思惟十二因缘不可盡”，当作“不”思惟十二因缘不可尽。先看异译：

罗什译：

若諸菩薩有退轉者，不得如是念，不知菩薩行般若波羅蜜，云何以無盡法，觀十二因緣？須菩提！若諸菩薩有退轉者，不得如是方便之力。(T8p578c27)

再看梵本，在881页：

ye kecit Subhūte bodhisattvā mahāsattvā vivartante ‘nuttarāyāḥ samyaksambodheḥ sacet imān manasikārān idaṃ côpāya-kauśalyaṃ anāgamya na jānanti kathaṃ prajñāpāramitāyāṃ caratā bodhisattvena mahāsattvenâkṣayâbhinirhāreṇa prajñāpāramitā ‘bhinirhartavyā kathaṃ câkṣa yâbhinirhāreṇa prajñāpāramitāyāṃ pratītyasamutpādo vyavalokayitavya iti |(Some Bodhisattvas may turn away from supreme enlightenment, if, because they have failed to resort to these mental activities [which aspire to the consummation of non-extinction] and to this skill in means, they do not know how a Bodhisattva who courses in perfect wisdom should consummate perfect wisdom through the consummation of non-extinction, and how conditioned coproduction should be surveyed in the perfection of wisdom through the consummation of non-extinction.)

因为他们不能成就这些精神活动，不能成就方便，他们不知道一位行般若波罗蜜的菩萨当如何通过完善无尽法来完善般若波罗蜜，如何通过无尽法于般若波罗蜜中观察诸缘产生。如果这样，那些菩萨就可能从最高觉悟那里倒退回来。

看来，我们对本经此段的理解无误。那么，是不是经文漏了一个“不”呢？没有。这里语法上是共用一个动词谓语，或者说，一个动词谓语带了两个宾语。不思惟，不思惟什么呢？不思惟行般若波罗蜜，不思惟十二因缘不可尽。说得精确些，是两“思惟”共用一个“不”字。这样的“共用”显得有些“青涩”，对汉语熟练的作者，大概不会这样“共用”吧。

二、共用宾语

动词有几个，而宾语共用，《道行般若经》中可见如下几种格式：

例一

我輩自共護是善男子、善女人學般若波羅蜜者持者誦者。（T8p431a26）

例二

若有學持诵般若波羅蜜者，佛以眼悉視之。（T8p446a22）

例三

般若波羅蜜學者持者誦者。（T8p431b06）

例一即格式一：V1O+V2+V3，宾语“般若波罗蜜”在首个动词“学”后，后面的两个动词“持”和“诵”的宾语都是“般若波罗蜜”，因此省略，共用前面的。

例二即格式二：V1+V2+V3O，宾语“般若波罗蜜”在最后一个动词“诵”后，前面的两个动词共用这一个宾语。

例三即格式三：OV1+V2+V3，宾语“般若波罗蜜”在首个动词“学”之前，后面的两个动词“持”和“诵”的宾语也都是“般若波罗蜜”，因此省略，共用前面的。

格式二稍微接近汉语习惯。

三、合叙

例如：

有應學是者，持手舉一佛境界，移著還復他方剎土以，其處人無

有覺知者。（T8p469b05）

辛校（449页）将“移著還復他方刹土以”9字，以意改为“复著”2字。

唐一相应处作：

諸佛、菩薩學此學，已住此學中，能以右手若右足指，舉取三千大千世界，擲置他方，或還本處，其中有情不知不覺，無損無怖。（T7p857b15）

梵本876页作：

asyām Ānanda prajñāpāramitāyāṃ śikṣitvā ‘tra śikṣāyāṃ sthitvā tathāgatā arhantaḥ samyaksambuddhā imam tri-sāhasra-maha-sāhasraṃ lokadhātum ekena padâṅguṣṭhenôtkṣipya punar eva nikṣipeyuḥ |（The Tathagatas could, as a result of training in this perfection of wisdom, of having stood in this training, lift up this great trichiliocosm with one big toe, and then just let it drop again.）

作为修学般若波罗蜜并坚持于此修学的成效之一，如来能以一脚趾举起这三千大千世界，而后再将它掷回原地。

可以肯定，辛校对这里意义的理解没错，但删改无据。他错在对语法的理解上。“移著”的宾语是“他方”，“还复”的宾语是“（此方）刹土”。分开讲是“移著他方”，“还复刹土”。合起来说，是“移著他方还复刹土”（“以”通作“已”，表示动作完成）。这种语法，先贤已有定称，叫作合叙。不了解合叙之例，而致此臆改。

第四节　长句

中土文献的句子，单句一句最长有多长，复句最长有多长，没有人公布过统计数据。但能肯定，无论怎么长，也不可能与佛经中的句子比长。看单句的长度：

例一

不如是善男子、善女人，書般若波羅蜜，持經卷，自歸，作禮，承事，供養名華、擣香、澤香、雜香、繒綵、華蓋、旗幡，得福多也。

（T8p432b22）

一个单句，长达44字，15个标点符号。长句之所以长，多因列举众多而长。

例二

若有菩薩摩訶薩，於過去、當來、今現在佛所作功德；若諸聲聞下至凡人，所作功德；若畜生聞法者，及諸天、龍、閱叉、健陀羅、阿須倫、迦樓羅、甄陀羅、摩睺勒，諸人若非人聞法者，發心所作功德；及初學菩薩道者：都計之合之，積累為上。（T8p438c09）

这个单句更甚，共89字，计标点则为109字。

例三

复句还有多到121字的：

若三千大國土中薩和薩，皆使得人道，了了皆作人已，令人人作七寶塔，是輩人盡形壽供養，持諸伎樂、諸華、諸擣香、諸澤香、諸雜香、若干百種香、諸繒、諸蓋、諸幡，復持天華、天擣香、天澤香、天雜香、天繒、天蓋、天幡，如是等薩和薩，及三千大國土中薩和薩，悉起是七寶塔，皆是伎樂供養，云何，拘翼！其功德福祐寧多不？（T8p433a06）

句子一长，就需要厘清语法脉络，这关乎意义的理解。

例四

釋提桓因白佛言："如是，天中天！極安隱般若波羅蜜，天中天！自歸，作禮，承事，供養，過去、當來、今現在佛、天中天，薩芸若，則為供養、作禮、承事、自歸。為悉供養至。"（T8p433a18）

"极安隐……承事、自归"：为了厘清句子的脉络，先把呼语"天中天"去掉，得："極安隱般若波羅蜜，自歸，作禮，承事，供養，/過去、當來、今現在佛、薩芸若，則為供養、作禮、承事、自歸"。显见这里有两个宾动结构。以斜杠为界，杠前为主语，杠后为谓语。把此句排列成汉语常见的格式，就是：自归、作礼、承事、供养极安隐般若波罗蜜，则为供养、作礼、承事、自归过去当来今现在诸佛、萨芸若。因为呼语插在其中，主要是因为主语谓语全用的是宾动格式，又加上标点多元，使人眼花缭乱。“佛”和“萨芸若”是并列结构，并不如辛校（54 页）所理解的是定中结构（omniscience of the past，future and present *buddhas*）。

“爲悉供養至”：（供养般若波罗蜜，就是供养诸佛、萨芸若）也就是全部、尽心供养一切世界。至，谓至心，诚心，尽心。此句宋译作：“即同於彼一切世界廣作最極無邊供養。”（T8p598a08）

另一个例子复杂些，就各家理解稍作比较。

例五

是菩薩隨怛薩阿竭教者，是即為作知佛功德所生自然，及其相法所有，持是福作勸助，因其勸助自致得阿耨多羅三耶三菩。（T8p439a22）

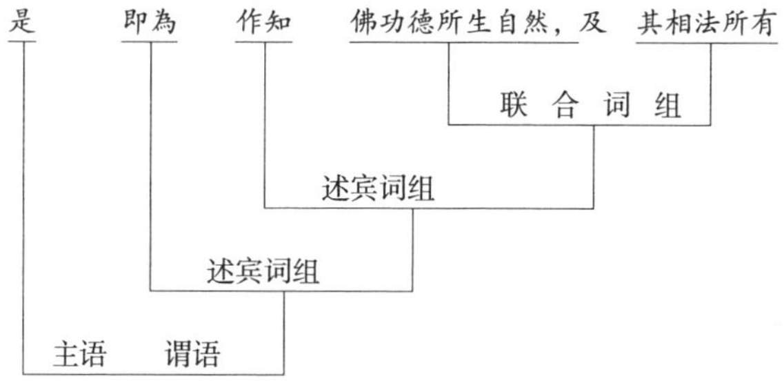

“是菩薩隨怛薩阿竭教者”没有加入图解，按标点者的意思，它与后面“是即为”的“是”同位。

这是坊间的断句法。辛岛教授（143 页—144 页）实际上的标点断句、语法成分图解如下：

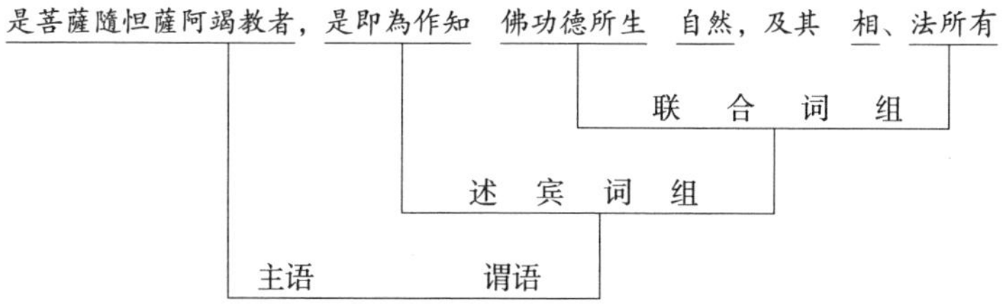

这与坊间的语法理解基本上相同。不同的是“是即为”没有加入

图解，联合词组由 2 项增到 4 项。

这两种读法都觉得有理，但都觉得没有讲透，是不是那回事，很成问题。再扩大阅读，读遍异译。异译中能给人以启发的首推宋译。看宋译怎么说：

若諸菩薩樂欲如實隨喜諸佛如來所有最上一切善根，如實迴向阿耨多羅三藐三菩提者，應當隨順如來. 應供. 正等正覺，如其佛眼如實觀察，如其佛智如實了知，於諸善根——若體、若相、若自性、若法性——如實了知無所生、無所得。若能如是隨喜善根，佛所印可佛亦隨喜。諸菩薩摩訶薩如是隨喜者是正隨喜，以此善根迴向阿耨多羅三藐三菩提，如來. 應供. 正等正覺最上稱讚。如是迴向名大迴向，迴向法界善得圓滿，內心清淨解脫無礙。（T8p610c14）

虽然累赘了一点儿，但也充实了细节。例如明确了联合词组所说数点，都是讲功德善根的性属的。所说的“知”，除了已明各项，还包括“无所生、无所得”，对于了解经义大有帮助。阅读宋译，经此一番梳理，《道行般若经》此处数句的脉络已经清楚了。

此处梵本 357 页作：

ihânena bodhisattva–yânikena kula–putreṇa vā kula–duhitrā vā tathāgatam anabhyākhyātu–kāmenâivaṃ tat sarvaṃ kuśala–mūlam anumoditavyam evaṃ pariṇāmayitavyaṃ yathā te tathāgatā arhantaḥ samyaksambuddhā buddha–jñanena buddha–cakṣuṣā jānanti paśyanti tat kuśala–mūlaṃ yaj–jātikaṃ yan–nikāyaṃ yādṛśaṃ yat–svbhāvaṃ yal–lakṣaṇaṃ yayā dharmatayā saṃvidyate（Here the son or daughter of a good family who belongs to the vehicle of the Bodhisattva, and who does not want to calumniate the Tathagata, should thus rejoice over all that wholesome root, should thus turn it over：“I rejoice in that wholesome root considered as the Tathagatas with their Buddha–cognition and their Buddha–eye know and see it，–its kind such as it is, its class such as it is, its quality such as it is, its own–being such as it is, its mark such as it is, and it mode of existence such as it is. And I turn it over in such a way that those Tathagatas can allow that wholesome root to be turned over into full enlightenment.”）

属于菩萨乘的善男信女，他们不欲毁谤如来，应随喜所有善根，须将其回向于正等正觉：我随喜那善根，为如来以其佛智、佛眼所知所见，性如其实，类如其实，质如其实，本如其实，相如其实，法如其实。并且，我之所回向，为如来之所赞许。

梵本及其英译，坚定了我们在宋译那里得到的语意脉络的观点。这里把功德的性属扩大到了性、类、质、本、相、法 6 款。

现将我们理出来的脉络，先用标点表达出来：

當云何勸助作福，成得阿耨多羅三耶三菩？

是菩薩隨怛薩阿竭教者，是即為作：知佛功德所生、自然，及其相、法所有，持是福作勸助，因其勸助自致得阿耨多羅三耶三菩。（T8p439a22）

上半句到“是即爲作”止。这样就叫作（正确的）回向。“作”在具体语境中解为“回向”，前已有多处用例。所谓“这样（是）”，就是下半句那样。下半句有 3 个分句。3 句中第一句是：

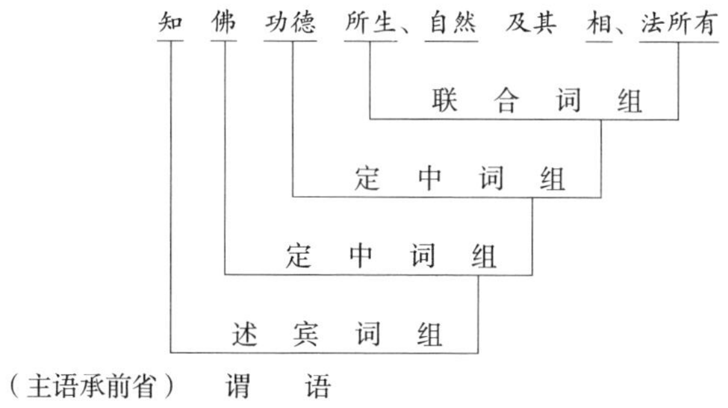

“佛”，谓佛所赞许的。“所生”，谓体。“自然”，谓自性。“法所有”，即所有法，“法”谓法性。3 句中的第二句“持是”的“是”，指功德之体、相、自性和法性。而这些都是“无所生、无所得”的。

第五节　反问语气词“为”

例一

邠祁文陀弗白佛言：“尊者須菩提，佛使說般若波羅蜜，乃至說摩訶衍事為？”（T8p428a14）

我们要讨论的是这个语气助词“为”。这个“为”前面已讨论过，这里举何乐士的例子。何在反诘语气词中列有“为”字：

“为”，常出现在“何＋动＋为”“何以＋动＋为”式中。

由之者治，不由者乱，何疑为？（《荀子·成相》）

夫颛臾，昔者先王以为东蒙主，且在邦域之中矣，是社稷之臣也，何以伐为？（《论语·季氏》）

这里举“常出现”的“何”的用例，没有说不常出现的，实际上不常出现的也不在少数。这是我们在这里要举出的情形。邠祁文陀弗的话意思是，佛要你说般若波罗蜜，你却说摩诃衍干啥。“为”的作用相当于“何为”，相当于后世所说的“干啥”或“干吗”。是问原因，为何要这么做？在说话人那里，这话无须回答，意思早已明白，就是你说摩诃衍不对。

秦译沿袭了这个说法：

分漫陀尼弗白佛：“尊者須菩提，佛使說般若波羅蜜，乃說摩訶衍事為？”（T8p510c30）

罗什译不用这个“为”，而意义未变：

爾時富樓那、彌多羅尼子白佛言：“世尊！佛使須菩提說般若波羅蜜，乃說摩訶衍？”（T8p539b02）

唐一虽未用“为”，却用了“何故”，点明是问原因：

時，滿慈子便白佛言：“世尊先教大德善現為諸菩薩摩訶薩眾宣說、開示甚深般若波羅蜜多，而今何故乃說大乘？”（T7p767b23）

梵本在108页：

atha khalv āyuṣmān Pūrṇo Mairāyaṇīputro Bhagavantam etad avocat

| ayaṃ Bhagavan Subhūtiḥ sthaviraḥ prajñāpāramitāyāḥ kṛtaśo adhīṣṭo mahāyānam upadeṣṭavyam manyate ||（Purna：This Elder Subhuti，when asked about perfect wisdom，fancies that the great vehicle is something that can be pointed out.）

富楼那：这位尊者须菩提，当被问及般若波罗蜜时，却津津乐道大乘是怎么回事。

由异译和对勘，知道我们的理解并没有错。而辛校（28 页）译“乃至说摩诃衍事为”：

Didn’t he explain matters concerning mahāyāna?

（他没有解释有关大乘之事吗？）

与经文原意不合。

不用“何 + 动 + 为”“何以 + 动 + 为”这种格式，单用“为”的例，本经还有：

例二

設是諦不可得者，故復說阿羅漢、辟支佛、佛為？（T8p454a27）

若所求為勤苦耳，不求佛法也。若空負是勤苦為？（T8p455a16）

他经如：

道士答言：“世人甚迷，捐棄甘饌，食此人為？如卿所說人者，應食馬麥。”（东汉昙果共康孟详《中本起经》；T4p163b26）

公便前言賴吒和羅：“汝不當來歸於家好坐美飯耶？而反於是間止食臭豆羹滓為？”（三国吴支谦《赖吒和罗经》；T1p870a22）佛時難值，經法難聞，爾還為乎？（三国吴康僧会《六度集经》；T3p038a19）

於是諸佛告諸侍者：“諸族姓子！汝等默然，專問是為？此非聲聞、緣覺之地所能及者。”（西晋竺法护《如幻三昧经》；T12p135a18）

汝自有婦藏著瓮中，復迎我為？”（失译《杂譬喻经》；T4p509c03）

中土文献，这种以“为”结句的反问句，见于《汉书》。

（昭仪）以头击壁戸柱，从床上自投地，啼泣不肯食。曰：“今当安置我？欲归耳。”帝曰：“今故告之，反怒为？殊不可晓也。”（《汉书·孝成赵皇后传》）

又见于《三国志》：

君为郡败吾章，已得如意，欲复亡为？(《三国志·吴志·太史慈传》)

(“欲复亡为”，还想逃亡干什么。意思是就不要再逃亡了。)

太田辰夫《中古汉语特殊疑问形式》载有《琴歌》：“百里奚，初娶我时五羊皮。临当别时烹乳鸡。今适富贵忘我为？”以为《琴歌》为先秦作品，恐不确。若如此说，则此类句式早在先秦就有了。

第六节　名词谓语句独词句插入语

动词谓语句在汉语里多见，而名词谓语句也不少。名词谓语句中判断句往往不出判断词。

例一

是故菩薩般若波羅蜜亦不受色，痛痒思想生死識亦不受，亦不中道般泥洹，悉具十種力、四無所畏、佛十八事，是故菩薩般若波羅蜜。”（T8p426b15）

“是故菩薩般若波羅蜜”，似乎应补一个“为”字，但省判断词也是常有的事。

秦译作：

是故为般若波罗蜜。（T8p509b03）

宋译相应处作：

是故，世尊！菩薩摩訶薩應如是了知般若波羅蜜多。（T8p588a27）

例二

佛言：“正使生已，甫當來出者，假令有兩法者，不可得法。設不從得者，復從何法出？”（T8p428a05）

“不可得法”：名词谓语。从理解角度说，前当加一“为”。

例三

為說魔事，魔因行壞敗菩薩，為種種說生死勤苦，言菩薩道不可得。是故菩薩惡師。

須菩提白佛言："何所菩薩善師，何行從知之?"（T8p427b05）

"是故菩薩惡師"，因此（他是）菩萨的坏老师。这里省去主语，也没有动词谓语。由"菩萨恶师"充当名词谓语。

"何所菩薩善師"，什么（是）菩萨的好老师。"何所"与什么相当。此句也没有动词谓语。

还有只一个名词（或词组）成句的。

例四

須菩提語釋提桓因言："善哉，善哉！拘翼！當所為，尊弟子。菩薩摩訶薩作是受，疾作佛。"（T8p438a03）

"當所爲"：所当为。这是称赞释提桓因的话，说他做得对。无主句。

"尊弟子"：指释提桓因，尊称他是佛门的大弟子。名词谓语句。如果把"尊弟子"看成是后置主语，那"当所为"就是谓语了。反复酌量，参看异译，还是看成名词谓语句来得传神。

"菩萨……作佛"：对菩萨摩诃萨这样受持，此菩萨摩诃萨将迅速成佛。受，摄受，谓领受是法。

罗什译：

爾時須菩提讚釋提桓因言："善哉，善哉！憍尸迦！汝是聖弟子，法應佐助諸菩薩，以阿耨多羅三藐三菩提，安慰護念。"（T8p547c04）

唐二：

（爾時善現讚帝釋言：）"憍尸迦！汝今已作佛聖弟子所應作事。……"（T7p880b07）

动词谓语句、名词谓语句，名词句，形容词谓语句，此外，有插入语，多用作呼语。

例五

復次，拘翼！般若波羅蜜學者，持者、誦者，善男子、善女人，且聽，拘翼！我說上語亦善，中語亦善，下語亦善，當念聽我所說。

（T8p431b06）

在此句中，“拘翼”是呼语，插在句中。第一个“拘翼”置于另起话头之后，另一谈说内容开始之前。第二个“拘翼”插在述语与宾语之间。

还有另一类插入语，插在所说一席话之间，表示此话为谁所说，要计入句子成分之内。

例六

时，“云何？”佛言，“空處可計盡不耶？”（T8p451a05）

时：当时。是叙述人语言。

“云何？”佛言，“空處可計盡不耶？”如果用常式表示，当是：

時佛言：“云何？空處可計盡不耶？”

当时佛说：你意见怎么样，虚空可以计量尽吗？

插入语，特别是后一类插入语为中土传统文献所无。如果有，也是绝无仅有。是勉强凑出来的孤例。

第五章 《道行般若经》的修辞

《道行般若经》修辞用法非常多见，尤其是比喻修辞，使用频率非常高，还有借代、错综、反复铺排等修辞手法的运用也是比比皆是，应该说是基本上保留了梵文的语言特色。

第一节 《道行般若经》的比喻修辞

这一节专门讲《道行般若经》中的比喻修辞，贴近生活的、丰富多彩的比喻。

通常是说，拿掉比喻，就没有形象性可言了。对于《道行般若经》来说，拿掉比喻，就根本上没有《道行般若经》了。因为比喻是经的组成部分，甚至可以说，就一些重要章节而言，比喻是其基石，抽掉这个基石，就会全部坍塌。

举例来说，般若学说到后来是无不否定，《道行般若经》早已取一切“不受”的立场，“不受”就是否定。但保留了缘起说，这个缘起说，因缘合成之说是有生命力的。现在的哲学说“在场”“不在场”，至少可以说是受了因缘合成说的影响，或者说二者有相通之处。本经是如何讲因缘合成之说的呢？

譬如箜篌不以一事成，有木、有柱、有絃、有人搖手鼓之，其音調好自在，欲作何等曲。賢者欲知佛音聲亦如是。（T8p476b03）

这里是说，弹奏箜篌出好音声，是各方面因素和合而成。在鸠摩罗什译的《摩诃般若波罗蜜经》中对此说得更为详细：

譬如箜篌聲，出時無來處，滅時無去處。眾緣和合故生，有槽有頸、有皮有弦、有柱有棍、有人以手鼓之。眾緣和合而有是聲，是聲亦不從槽出，不從頸出，不從皮出，不從弦出，不從棍出，亦不從人

手出。眾緣和合爾乃有聲，是因緣離時亦無去處。（T8p422a17）

仍然回到《道行般若经》来：

“譬如佛般泥洹後，有人作佛形像，人見佛形像，無不跪拜供養者。其像端正姝好，如佛無有異，人見莫不稱歎，莫不持華香繒綵供養者。賢者呼佛，神在像中耶？”

薩陀波倫菩薩報言：“不在中。所以作佛像者，但欲使人得其福耳。不用一事成佛像，亦不用二事成，有金有黠人，若有見佛時人，佛般泥洹後念佛故作像，欲使世間人供養得其福。”（T8p476b17）

这是说供养佛像是由更加复杂的多种因素合成。

为了说这个因缘合成，《道行般若经》用了八个这样的例证，亦即八个比喻。假如抽去这些比方，那因缘合成之说也就空无所有了。

《道行般若经》新创立了一个“漚和拘捨羅”，这是与空无学说同等重要的般若学说的组成部分。这个“漚和拘捨羅”汉译为善权方便，或方便善巧等。它并不完全是后人所理解的是一种临机的策略，而是带有根本性的大道理。它的一项根本内容是不中道取证，不在修行有所得的时候，就持心（有意）奔向阿耨多罗三耶三菩这个最高目标。这个道理如何解说？经中用一连串比喻来表示任其自然、不刻意为之之理。信不信由你，但那语言的力量是足够令人信服的。看经怎么说：

“譬如幻師作化人，化人不作是念：“師離我近，觀人離我遠。”何以故？化人無有形故。般若波羅蜜亦如是，不作是念：“羅漢、辟支佛道離我遠，佛道離我近也。”何以故？般若波羅蜜無有形故。”

“譬如工匠黠師刻作機關木人，若作雜畜木人，不能自起居因對而搖，木人不作是念言：“我當動搖屈伸低仰，令觀者歡欣。”何以故？木人本無念故。般若波羅蜜亦如是，隨人所行悉各自得之，雖爾，般若波羅蜜亦無形亦無念。”

“譬如造作海中大船，所以者何？作欲度賈客。船亦不作是念言：“我當度人。”何以故？船本無念故。般若波羅蜜亦如是，隨人所行悉各自得之，般若波羅蜜亦無形、亦無念，亦如是。”

“譬如曠野之地，萬物百穀草木皆生其中，地亦不作是念言：“我當生也、不生也。”般若波羅蜜生諸經法，亦不念言：“從中生與不生。””

何以故？般若波羅蜜本無形故。”

“譬如日照於四天下，其明亦不念言：“我當悉照。”般若波羅蜜悉照諸經法，雖爾，般若波羅蜜亦無念。”

“譬如大海悉出諸珍琦寶物，海水不作是念言：“我當從中出珍寶。”般若波羅蜜悉出生諸經法亦如是，雖爾，般若波羅蜜亦無念。譬如佛出生諸功德，悉覆輩，等心加於十方人，般若波羅蜜成就於諸經法亦如是。”（T8p466b22）

一共 12 个比喻。比喻一，化人；比喻二，影现于水；比喻三，如来化作人；比喻四，巧匠刻人；比喻五，造船；比喻六，地生物；比喻七，摩尼宝；比喻八，日照；比喻九，水无不至；比喻十，风无不至；比喻十一，山以天为饰；比喻十二，海出宝。我们这里撷取了其中 6 个。言皆出于自然，非刻意为之。是比喻，也是论据。

《道行般若经》总共用了 70 来个比喻。其中一个使人油然而生会心的笑意：

佛言：“甚深與般若波羅蜜相應，當思惟念，作是住、學，如般若波羅蜜教，菩薩隨是行，當思惟念，如中教應行一日，是菩薩為却幾劫生死。譬如婬泆之人，有所重愛端正女人與共期會，是女人不得自在，失期不到，是人寧有意念之不耶？”

須菩提言：“其人有念，思想當到，欲與相見、坐起、宿止、言語。”

佛言：“其人未到之間，能有幾意起念？”

須菩提言：“是意甚多，甚多！”

佛言：“甚深與般若波羅蜜相應，當思惟念，作是住學，如般若波羅蜜教，菩薩隨是行，當思惟念，如中教應行一日，是菩薩為却幾劫生死……”（T8p456b05）

读了经上这些话，人们会立即想起孔夫子的名言：“吾未见好德如好色者也”。西方的圣人希望有人好德如好色，东方的圣人也有同样的意思，只是说法不同而已，可见圣人之心是相通的。

经有两段关于痛苦啼哭的叙写比较一下，很有意思：

若有菩薩行般若波羅蜜，當爾時魔大愁毒，譬如父母新死，啼哭

愁毒憂思。菩薩行般若波羅蜜時，魔愁毒如是。（T8p469c14）

譬如人有過於大王所，其財產悉沒入縣官，父母及身皆閉在牢獄，其人啼哭愁憂不可言。薩陀波倫菩薩愁憂啼哭如是。（T8p471a02）

一个是魔的啼哭，害人未遂，如丧考妣。另一个是普通百姓的啼哭，犹如财产被没收，全家关在牢里。反映出地位不同，所悲所忧天壤之别。不细心体察民情，如何辨别得出？从经的比喻中，看得出经的作者通达人情世故。又如：

譬若母人一一生子，從數至于十人，其子尚小，母而得病不能制護無有視者，若母安隱，無他便自養長其子令得生活，寒溫燥濕將護視之，是者即世間之示現。（T8p448c19）

譬如女人有娠，天中天！稍稍腹大身重，不如本故，所作不便，飲食欲少，行步不能，稍稍有痛，語言軟遲，臥起不安，其痛欲轉，當知是婦人今產不久。菩薩摩訶薩亦如是，天中天！（T8p445b25）

又如言老人情状，细致逼真：

“譬若有人年百二十歲，老極身體不安，若病寒熱寢臥床褥，此人寧能自起居不？”

須菩提言：“不能也。何以故？是人老極無勢力故，正使病愈，由不能自起居行步。”

佛言：“菩薩有信樂、有定行、有精進，欲逮阿耨多羅三耶三菩，不得學深般若波羅蜜漚惒拘舍羅者，終不能至佛，當中道休，墮阿羅漢、辟支佛道中。何以故？不得學深般若波羅蜜漚惒拘舍羅故。”

佛言：“但是人風寒病愈身體強健，意欲起行，有兩健人各扶一掖，各持一臂，徐共持行。其人語病者言：‘安意莫恐，我自相扶持在所至到，義不中道相棄。’如是人能到所欲至處不？”

須菩提言：“菩薩有信樂、有定行、有精進，欲逮阿耨多羅三耶三菩，得深般若波羅蜜，學漚惒拘舍羅，是菩薩終不中道懈墮，能究竟於是中得阿耨多羅三耶三菩。”（T8p452a14）

又例：

譬若，須菩提！男子得摩尼珠，前時未得，却後得是摩尼珠，歡欣踊躍。得是摩尼珠已，却後復亡之，用是故大愁毒，坐起憂念想，如亡七寶，作是念：“云何我直亡是珍寶？”如是，須菩提！菩薩摩訶薩欲索珍寶者，常當堅持心，無得失薩芸若，常當入是中念。（T8p462c22）

先是渴望得到那心爱之物，得而复失，只有有过这样经历的人，才能懂得那心情是怎样的。写出这样经文的人，定是有过切身体会。

众多的比喻，反映出广阔的社会生活：

譬如造作海中大船，所以者何？作欲度賈客。（T8p466c14）

譬如大海中船卒破壞，知中人皆當墮水沒死，終不能得度。是船中有板若樯，有健者得之，騎其上順流墮深得出，知是人終不沒水中死也。（T8p451c07）

譬若大海中有故壞船不補治之，便推著水中，取財物置其中，欲乘有所至，知是船終不能至，便中道壞，亡散財物。（T8p451c27）

共一師、共一船、共一道，是所學，我亦當學。（T8p464c03）

以上4条，可说明当时造船工业和航海事业发达。凡所举喻，当是时人所熟悉的事物无疑。我国有个时期曾经大谈“蓝色文明”，认为这是一件了不起的发现。而印度早在公元一世纪前后就有如此发达的海上航行，竟也无蓝色文明出现，不知何故。

又有数处说到魔术，大概古代印度魔术的盛行不是别的地方所能比拟：

譬如幻師於曠大處化作二大城，作化人滿其中，悉斷化人頭。於須菩提意云何，寧有所中傷死者無？（T8p427c07）

譬如幻師作化人，化人不作是念：“師離我近，觀人離我遠。”（T8p466b22）

譬如幻師化作象本無所有，般若波羅蜜亦本無所有如是。（T8p475a26）

譬如幻師學無所不至，般若波羅蜜亦無所不至如是。（T8p475a29）

譬如幻師化作一人端正姝好，譬如遮迦越羅無有異。（T8p477a01）

幻人不用一事二事成，有幻祝，有聚會人，隨人所喜各化現，中有黠者同知是為化人作，是現化無所從來，去亦無所至，知之本空化所作，黠者恭敬作禮不著。（T8p477a06）

印度古代已有“老赖”，而且非常高档：

譬如負債人，天中天！與王相隨出入，王甚敬重之，無有問者，亦無所畏。何以故？在王邊有威力故。（T8p435c17）

那时已有雇工制度，但不知是农业还是商业：

譬若狗子從大家得食，不肯食之，反從作務者索食。（T8p447a11），

印度的音乐不错，大概已有了音乐家吧：

賢者明聽！譬如箜篌不以一事成，有木、有柱、有絃、有人搖手鼓之，其音調好自在，欲作何等曲。（T8p476b03）

譬如工吹長簫師，其音調好與歌相入，簫者以竹為本，有人工吹，合會是事其聲乃悲。（T8p476b11）

譬如鼓，不用一事、不用二事成，有師、有革、有桴、有人擊之，其聲乃出。（T8p476c01）

一方面歌舞升平，另一方面是盗匪猖獗：

譬若有人行大荒澤中，畏盜賊，心念言：“我當何時脫出是阨道中去？”（T8p455b22）

菩薩至賊中時終不怖懼，設我於中死，心念言：“我身會當棄捐，正令我為賊所殺，我不當有瞋恚，為具忍辱行羼提波羅蜜，當近阿惟三佛。願我後得佛時，令我刹中無有盜賊。”（T8p457c22）

估计那时同样有移民，是从山地往海边移，从北往南移：

譬若男子欲見大海，天中天！便行之大海，若見樹有樹想，若見山有山想，當知大海尚遠。稍稍前行，不見樹亦無樹想，不見山亦無山想，心亦念知大海且至亦不久，於中道無復有樹亦無樹想，無復山亦無山想，是男子尚未見大海，是應且欲為至，是菩薩摩訶薩當作是知。（T8p445b05）

佛語須菩提：“譬若男子欲見大海者，常未見大海，若見大陂池水，便言：‘是水將無是大海？’於須菩提意云何，是男子為黠不？”

須菩提言：“為不黠。”（T8p447a20）

比喻形式多样，有单比：

是誹謗法人，儻聞說是事，其人沸血便從面孔出，或恐便死，因是被大痛，其人聞之心便愁毒如自消盡，譬如斷華著日中即為萎枯。

（T8p441b26）

有复比，接连几个比喻：

虛空之中音響無形，菩薩隨般若波羅蜜教，當如是。譬如大海水不可斗量，菩薩隨般若波羅蜜教，當如是。譬如須彌山巔珍寶各各別異，菩薩隨般若波羅蜜教，當如是。釋梵各自有教，菩薩隨般若波羅蜜教，當如是。譬如月盛滿姝好，菩薩隨般若波羅蜜教，當如是。譬如日明所照悉至，菩薩隨般若波羅蜜教，當如是。（T8p470b01）

有连下 8 个比喻的，有多到一连出现 12 个比喻的。这在前文已有例子。

复比有多样比喻一样，有一样比喻多样：

般若波羅蜜受持者，譬如無價摩尼珠。天中天！有是寶，無有與等者。若持有所著，所著處者，鬼神不得其便，不為鬼神所中害。若男子、若女人，持摩尼珠著其身上，鬼神即走去；若中熱，持摩尼珠著身上，其熱即除去；若中風，持摩尼珠著身上，其風不增，即除去；若中寒，持摩尼珠著身上，其寒不復增，即除去；夜時持摩尼珠著冥中，即時明；熱時持摩尼珠，所著處即為涼；寒時持摩尼珠，所著處即為熱；所至處毒皆不行，餘他輩亦爾。中有為蛇所齧者，若男子、若女人持摩尼珠示之，見摩尼珠毒即去。如是，天中天！摩尼珠極尊，若有人病——若目痛、若目冥——持摩尼珠近眼，眼病即除愈。如是，天中天！摩尼珠德巍巍自在，持著何所，著水中水便隨作摩尼珠色，持繒裹著水中，水便如摩尼珠色，正使持若干種繒裹著水中，水便如摩尼珠色，水濁即為清，摩尼珠德無有比。（T8p435c26）

有间比，大多用比，中间可插一些非比的成分：

譬如幻人無形，般若波羅蜜亦無形如是。譬如風無所罣礙，般若波羅蜜亦無罣礙如是。本端不可計，般若波羅蜜亦不可計無如是。譬如夢中與女人通視之本無，般若波羅蜜亦本無如是。所名本無，般若波羅蜜亦本無如是。阿羅漢、泥洹、空無所生，般若波羅蜜亦空、無所生如是。怛薩阿竭般泥洹本等無有異，般若波羅蜜亦本等無有異如是。譬如然火，火即時滅之，本無所從來，去亦無所至，般若波羅蜜本無從來，去亦無所至如是。譬如夢中見須彌山本無，般若波羅蜜亦本無如是。譬如佛現飛，般若波羅蜜現無所有如是。前於愛欲中相娛樂計之無所有，般若波羅蜜計之亦無所有如是。人名及聲無所有，怛薩阿竭亦無所有，於前見者念所作因見，般若波羅蜜念所作本無所有如是。譬如幻師化作象本無所有，般若波羅蜜亦本無所有如是。譬如虛空適無所住，般若波羅蜜亦適無所住如是。譬如幻師學無所不至，般若波羅蜜亦無所不至如是。過去、當來、今現在亦不可合為一，般若波羅蜜無過、現當作是知。名本無形字般若波羅蜜空無所有故。譬如虛空，無所不至，無所不入，亦無所至，亦無所入。何以故？空本無色，般若波羅蜜如是。般若波羅蜜如是。（T8p475a10）

这里有9个比喻，中间插入几句说理。

比喻多由一人说完，也有在问答中说完一个比喻的。前举“好色好德”的例子，那比喻便是佛与其弟子共同完成的妙品。又如：

佛言：“譬如然燈炷，用初出明然炷？用後來明然炷？”

須菩提言：“非初頭明然炷，亦不離初頭明然炷，亦非後明然炷，亦不離後明然炷。”

佛問須菩提：“云何，如是不？”

須菩提言：“如是，天中天！”

佛言：“菩薩不用初意得阿耨多羅三耶三菩，亦不離初意得，亦不用後意得，亦不離後意得也。”（T8p457a19）

第二节 《道行般若经》的其他修辞

《道行般若经》中比喻修辞用得最多，除比喻之外，也用到其他修辞，主要是错综、借代和反复等。

一、错综

错综和避复，一般看成两种修辞方式，其实避复也是一种错综，放在一起说。

復次，拘翼！善男子、善女人，書般若波羅蜜，持經卷者，天上四天王天上諸天人索佛道者，往到彼所，問訊聽受般若波羅蜜，作禮遶竟以去；

忉利天上諸天人索佛道者，往到彼所，問訊聽受般若波羅蜜，作禮遶竟已去；

鹽天上諸天人，索佛道者往到彼所，問訊聽受般若波羅蜜，作禮遶竟已去。

善男子、善女人，心當作是知：十方無央數佛國，諸天人、諸龍、阿須倫、諸閲叉鬼神、諸迦樓羅鬼神、諸甄陀羅鬼神、諸乾陀羅鬼神、諸摩睺勒鬼神、諸人諸非人，都盧賜來到是間，問訊法師聽受般若波羅蜜，作禮繞竟已各自去，皆賜功德無異；

兜術陀天上諸天人，索佛道者往到彼所，問訊聽受般若波羅蜜，作禮繞竟以去；

尼摩羅提羅憐耨天上諸天人，索佛道者往到彼所，問訊聽受般若波羅蜜，作禮繞竟已去；

波羅尼蜜和邪拔致天上諸天人，索佛道者往到彼所，問訊聽受般若波羅蜜，作禮繞竟已去；

梵天上諸天人索佛道者，梵迦夷天、梵弗還天、梵波瘟天、摩呵梵天、盧天、波利陀天、瘟波摩那天、阿會亘修天、首呵天、波栗多修呵天、阿波摩修天、修乾天、惟呵天、波栗惟呵天、阿波修天、惟于潘天、阿惟潘天、阿陀波天、須蔻天、須蔻祇耨天、阿迦貳吒天等，天上諸天人，皆往到彼所，問訊聽受般若波羅蜜，作禮遶竟已各自去；

及諸阿迦貳吒天，尚悉來下在諸天輩中，何況拘翼，三千大國土諸欲天人、諸色天人，悉來問訊聽受般若波羅蜜，作禮遶已畢竟各各自去。（T8p434c21）

“遶竟以去”：绕佛一周，行礼完毕，各自离去。“遶”，同于绕。”竟以”，同于竟已，完毕。佛陀这里讲某某等前来致敬，听讲，行大礼，而后绕佛一匝，礼毕离去，这某某等，讲了9起，相应的话讲了9次，2次用“竟以”，6次用“竟已”，1次用“已毕竟”，可知译者用词注重避复，未可加以统一，如辛校（96页）改“遶竟以去”的“以”为“已”。“绕”字，5次用“遶”，4次用“繞”。可能也是出于避复的考虑。“去”，7次单用“去”，1次作“各自去”，1次作“各各自去”。

我熟念菩薩心不可得，亦不可知處，亦不可見何所。是菩薩般若波羅蜜，亦不能及說，亦不能逮說菩薩字。菩薩無有處處，了不可得。亦無而出，亦無如入，亦無如住，亦無如止。（T8p426a11）

想确切地知道这里说的是什么，必得看看异译怎么说。异译我们选取唐一做代表。而后看看梵本的意见如何。

唐一：

我觀菩薩但有假名，不知、不得、不見實事，我觀般若波羅蜜多亦但有假名，不知、不得、不見實事，當為何等菩薩摩訶薩，宣說、開示何等甚深般若波羅蜜多？教授教誡何等菩薩摩訶薩，令於何等般若波羅蜜多速得究竟？世尊！我觀菩薩及深般若波羅蜜多但有假名，不知、不得、不見實事，而於其中說有菩薩及深般若波羅蜜多，便有疑悔。

世尊！甚深般若波羅蜜多及菩薩名，俱無決定，亦無住。（T7p764a13）

梵本 44 页作：

prajñāpāramitām api na vedmi nôpalabhe na samanupaśyāmi | so 'haṃ Bhagavann etad eva bodhisattva-nāmadheyam avindann anupalabhamāno 'samanupaśyan prajñāpāramitām api avindann anupalabhamāno 'samanupaśyan katamaṃ bodhisattvaṃ katamasyāṃ prajñāpāramitāyām avavadiṣyāmy anuśāsiṣyāmi | etad eva Bhagavan kaukṛtyaṃ syāt yo 'haṃ vastv avindann anupalabhamāno 'samanupaśyan nāmadheya-mātreṇ' āya-vyayaṃ kuryāṃ yad uta bodhisattva iti |（I who do not find anything to correspond to the word 'Bodhisattva,' or to the words 'perfect wisdom,' - which Bodhisattva should I then instruct and admonish in which perfect wisdom? It would surely be regrettable if I, unable to find the thing itself, should merely in words cause a Bodhisattva to arise and to pass away. Moreover, what is thus designated is not continuous nor not-continuous, not discontinuous or not-discontinuous. And why? Because it does not exist. That is why it is not continuous nor not-continuous, not discontinuous, not-discontinuous.）

我未发现任何与菩萨这个词相对应的事物，或者与般若波罗蜜相对应的事物，而后我将教诫何为菩萨，何为般若波罗蜜？假如不能发现这事物本身，仅仅源于一个菩萨的词儿，源于其出没，那么，其事定将令人遗憾。而且，那被指称之事项不可持续，也不是不可持续；不是中断，也不是非中断。为何？因其虚无。这就是为什么它不连续，也非不连续；不中断，也不是非中断。

细细琢磨这两个本子，知道《道行般若经》在说：不可得、不可知、不可见，也不可说般若波罗蜜和菩萨。这两样，般若波罗蜜和菩萨无所出、无所入、无所住，也无所止。前三个“不可”，后未接宾语，宾语两个，在第四个“不可”之后。即般若波罗蜜和菩萨。此二者也是无定的，虚无的。

其间的错综修辞特别突出：

是菩薩般若波羅蜜，亦不能及說，

亦不能逮說菩薩字。

上句宾语“是菩薩般若波羅蜜”在前，动词谓语及其附带成分“亦不能及說”在后；下句动词谓语及其附带成分“亦不能逮說”在前，宾语“菩萨字”在后。这是语序错综。上句说“亦不能及說”，下句说“亦不能逮说”，“逮”也是“及”，这是用字避复，是错综的一种。辛校（7 页）用英语叙事，也是注意了错综用词的。他译“亦不能及说，亦不能逮说”为：To which *bodhisattvas* should I neither speak of the *Prajñāpāramitā* nor mention it？前面用 speak，后面用 mention，就是避复。但他没有注意到语序上的错综，将经文标点为：

何所是菩薩，般若波羅蜜亦不能及說，亦不能逮說？菩薩字、菩薩無有處，處了不可得。

再则，“亦無而出，亦無如入，亦無如住，亦無如止”，先用“而”，后用“如”，“如”用同虚词“而”，“如，犹而也”只为字面上避复。

二、借代

这里说借代，是广借代，亦即广义借代。这是用的李维琦教授等的同义修辞说。其言曰：

广借代就是推借代之义而广之。可定义为借用相关来代说本体。……普通所说借代，大都在语言系统中有了定位，一说其借体，便知其本体。如说“巾帼英雄”，便知是妇女英雄。而广借代，有没有定位都无关紧要，要紧的是在言语中能够替代。看下面的例子：

01 舍利弗白佛言：“清淨者，天中天！為甚深。”

02 佛言：“甚清淨。”

03 舍利弗言：“清淨為極明，天中天！”

04 佛言：“甚清淨。”

05 舍利弗言：“清淨無有垢，天中天！”

06 佛言：“甚清淨。”

07 舍利弗言：“清淨無有瑕穢，天中天！”

08 佛言：“甚清淨。”

09 舍利弗言：“清淨無所有，天中天！”

10 佛言：“甚清淨。”

11 舍利弗言：“於欲而無欲，清淨，天中天！”

12 佛言：“甚清淨。”

13 舍利弗言：“於色而無色，清淨，天中天！”

14 佛言：“甚清淨。”

15 舍利弗言：“無所生為無色，甚清淨，天中天！”

16 佛言：“甚清淨。”

17 舍利弗言：“於有智而無智，甚清淨，天中天！”

18 佛言：“甚清淨。”

19 舍利弗言：“於智如無智者，甚清淨，天中天！”

20 佛言：“甚清淨。”

21 舍利弗言：“於色如有智無有智者，甚清淨，天中天！”

22 佛言：“甚清淨。”

23 舍利弗言：“於痛痒、思想、生死、識如有智無有智者，甚清淨，天中天！”

24 佛言：“甚清淨。”

25 舍利弗言：“般若波羅蜜甚清淨，薩芸若者不增不減，天中天！”

26 佛言："甚清净。"（T8p442a21）

这段经文我把它排成 26 行，以便指称。意思是讲般若波罗蜜纯净无瑕，离欲无想。行文时往往将品质与具备此品质的事物相代，哲学表达与通常表达相代，主语、谓语位置互易，用关联词语与不用互代，造成很多理解上的麻烦。我们揭示这种相代与互易，靠的是异译与梵文对勘。例如：

道行般若经	小品经	唐译第四会	唐译第五会	宋译
［T8p442a21］舍利弗白佛言："清淨者，天中天！為甚深。"（01 行）	［T8p551c07］爾時舍利弗白佛言："世尊！是淨甚深。"	［T7p802a16］爾時，舍利子白佛言："世尊！如是般若波羅蜜多最為甚深。"	［T7p885b15］爾時，舍利子白佛言："世尊！如是清淨最為甚深。"	［T8p616b09］爾時，尊者舍利子白佛言："世尊！般若波羅蜜多最上甚深。"
佛言："甚清淨。"（02 行）	佛言："淨故。"	佛言："如是！極清淨故。"	佛言："如是！極清淨故。"	佛言："性清淨故。"
舍利弗言："清淨為極明。"（03 行）	"世尊！是淨明。"	舍利子言："如是般若波羅蜜多甚能照了。"	舍利子言："如是清淨是大光明。"	舍利子言："般若波羅蜜多是大光明。"

"清净"，梵文作 viśuddhatvāc，纯净，极纯净，清净离欲。英译为 purity。经所说的"清净者"（第 01 行），何所指？参唐一和宋译，知是指"般若波罗蜜多"，以品质具有者代本事物。"清净为极明"（第 03 行）中的"清净"，参唐一和宋译，知也是指"般若波罗蜜多"。以品质代具有此品质的事物。孔兹英译这里所说的"清净者""清净"都作 the perfection of wisdom，也就是般若波罗蜜。

如此推论，如此比照，如此对勘，知第 05、07、09 各行中的"清净"，也当理解为"般若波罗蜜多"。不仅如此，处于 11、13 两行中的"清净"，连同第 15、17、19、21、23 各行的"甚清净"都与"般若波罗蜜（多）"相应。所不同者，它们作为句法成分，处于次位，实际是主位，即主语。重复说一句，第 01、03、05、07、09 各行"清净"处于首位，是主语。而自第 11、13 以至第 15、17、19、21、23 各行的"清净"和"甚清净"，居于句中次位，但仍然是主语，由通常的"主语—谓语"语序，一变而为"谓语—主语"语序。

道行般若经	唐一	宋译	梵本及英译
［T8p442a26］舍利弗言："於欲而無欲，清淨，天中天！"（11 行）	［T7p802a23］舍利子言："如是般若波羅蜜多無得、無現觀。"	［T8p616b15］舍利子言："般若波羅蜜多無所證。"	āha | aprāptir anabhisamayo Bhagavan prajñāpāramitā ||（Sariputra：There is no attainment or reunion in perfect wisdom.）
佛言："甚清淨。"	佛言："如是！極清淨故。"	佛言："性清淨故。"	Bhagavan āha | viśuddhatvāc Chāriputra ||（The Lord：From purity.）
舍利弗言："於色而無色，清淨，天中天！"（13 行）	舍利子言："如是般若波羅蜜多無所生起。"	舍利子言："般若波羅蜜多畢竟不生欲界、色界、無色界。"	āha | anabhinirvṛttir Bhagavan prajñāpāramitā ||（Sariputra：Perfect wisdom does not reproduce itself.）
佛言："甚清淨。"	佛言："如是！極清淨故。"	佛言："性清淨故。"	Bhagavan āha | viśuddhatvāc Chāriputra ||（The Lord：From purity.）
舍利弗言："無所生為無色，甚清净，天中天！"（15 行）	舍利子言："如是，般若波羅蜜多畢竟不生。"	舍利子言："般若波羅蜜多畢竟不滅。"	āha | atyantânupattir Bhagavan prajñāpāramitā kāma–dhātu–rū–dhātv–ārūpya–dhātuṣu ||（Sariputra：There is absolutely no rebirth of perfect wisdom，whether in the world of sense–desire，or in the world of form，or in the formless world.）
佛言："甚清淨。"	佛言："如是！極清淨故。"	佛言："性清淨故。"	Bhagavan āha | viśuddhatvāc Chāriputra ||（The Lord：From purity.）

第 11 行舍利弗的意思是：般若波罗蜜无得无欲得。表达的形式是：于欲而无欲（谓语居前），清净（主语居后）。此"清净"前已作释，便是"般若波罗蜜多"。与之并列的后两种异译，直接用"般若波罗蜜多"作主语，居前。谓语在后。梵本 prajñāpāramitā 是主语，而英译则将实际上的主语放在介词结构中，作 in perfect wisdom。

第 13 行舍利弗的话仍然以"清净"为主语，居后。异译仍然以"般若波罗蜜多"作主语，居前。

第 15 行以"甚清净"为主语，仍然居后。此"甚清净"前已释，即是"般若波罗蜜多"。与之并列的两种异译仍然以"般若波罗蜜多"为主语，居前。

第 11 行的谓语“于欲而无欲”，参照相对应的异译，是无得无得相，无所证得，英译是无得无聚，知道“于欲而无欲”其实只有无欲无欲得的意思。有“无欲”俩字就行，为何要说成五个字“于欲而无欲”呢？那意思是在欲望欲得这个范畴之内，本当有欲，实际也有，而却无欲，这就叫作哲学表达。无得、无得相这一类的表述，那就只好说是通常的表达了。

下文第 13 行“于色而无色”、第 17 行“于有智而无智”、第 19 行“于智如无智者”皆当作如是观。第 21 行、第 23 行稍有变通。看第 21 行：

“于色如有智无有智者”

所要表达的意思是：于色有知而无知。色，指物质。智，读为“知”。在宇宙认识这个范畴，似乎知有生灭而实无生无灭。如，读为“而”。一看就知道，这样表述富有哲学意味。

这段经文是师徒对话，第 26 行中一半是佛的答话，仿佛是对弟子所言的肯定。每次答复都是一样的：“甚清净”。而在异译，所答言皆以“故”字作结。如“净故”“极清净故”。英译则一律是 From purity（由于纯净），这是忠实于梵文的，梵文用中性名词从格形式 viśuddhatvāc（清净明净纯净），表示从清净中来。由此知道，佛之所答除肯定之意外，更重要的是进一步分析原因，让其弟子之所述有更坚实的基础。从语言角度说，“甚清净”，等于说是因为甚清净，或是因为甚清净的缘故。就是说，一个名词结构，表达了带上这个名词结构的介词结构的意义。这也是《道行般若经》训诂中比较特殊的一点。不用介词，而实际上却含有介词的意义在内。

最后附带翻译一下与第 15 行相对应的英译的意思：

舍利弗：般若波罗蜜绝无再生，在欲界、色界或无色界。

这与《道行般若经》的“无所生”，唐一“毕竟不生”，宋译“毕竟不灭”是相一致的。

本小节的主要论点有：

清净者 = 清净 = 甚清净 = 般若波罗蜜多，事物与其性质互代。

“主语—谓语”语序 =“谓语—主语”语序。

哲学表达 = 通常表达。

名词词组 = 介词 + 名词词组。

三、缺位

缺位是讲行文上似有遗漏，训释时得有所补充。说话时留那么半句，我们把它放到修辞范围内来加以讨论。

例一

薩芸若不受。何以故？菩薩不當持想視薩芸若。設想視者為不了，為如餘道人不信薩芸若。何以故？反謂有身。（T8p426b03）

“反謂有身”不好懂。

辛岛教授用英语写作，表述此句（辛校 8 页）：

Because（he）will. on the contrary，presume as having a self.（因为他反而认为有己。）如果认为萨芸若是相，那他就不了解萨芸若，像外道一样，不信仰萨芸若。为什么呢？因为他反而认为有己。这样回答疙里疙瘩，不能让人满意。我们从异译中求解。

“何以故？反謂有身”，唐一作：

所以者何？是一切智智非取相修得，諸取相者皆是煩惱。（T8p764b17）

唐二同（T8p866c02）

于是我们知道，“反謂有身”的意思是，萨芸若不是取相可以修得，现在反而认为取相可以修得，是自寻烦恼。“有身”谓有相，取相。把话补全，才知道为什么这里要用一个“反”字。

例二

何因是識？不可得持，至本亦無所持，何因有識？如是法形，形亦無有本，設無有本，法亦無誰作，亦無有本，本無有本，當何從說？般若波羅蜜，亦無有異處，亦無有本，菩薩法亦無所得。（T8p428b03）

必须把主语补出来，把所代指出来，这一段话才能让人明白。下面，我们用上方括弧，括弧里是主语或所代。还用编号加注。

何因①是識？［識］不可得持②，至本亦無所持③，何因有識④？如是［代識无自性、識未生］法形⑤，形亦無有本⑥。設［識、法、形］無有本，法亦無誰作⑦，［法］亦無有本。本無有本⑧，當何從說般若波羅蜜？［法］亦無有異處⑨，［法］亦無有本，菩薩法亦無所得。

①何因：异译作“何等”，或“何所”，或“云何”，知只是“何”的意思，这里就是“什么”，不专主“何因”。

②不可得持：宫本、碛砂藏、径山藏及龙藏，“不”前多一“识”字，谓识本无形，不可持取。

③至本亦無可持：谓自然虛空，也无可持取，无所产生。

④何因有識：谓识从何来。

⑤如是法形：谓法之形相亦如识之形相，既无自性，亦未产生。

⑥本：本性，自性。

⑦法亦無誰作：也没有什么人造作法。也就是法未生。

⑧本無有本：自性没有自性。

⑨亦無有异處：谓（一般的）法没有不同，都没有产生。

这例子读起来很吃力，下面我们再举一些比较好懂的例子。

例三

有作是學者，為學不可計阿僧祇經卷；不生色學，不生痛痒、思想、生死、識學；不學受餘法；亦不學受，亦不學失；不學失，為學薩芸若，為出薩芸若。”菩薩當作是學，如怛薩阿竭、阿羅呵、三耶三佛住，亦不可住。當作是住，學無所住。（T8p430b07）

此句唐一作：

若學無量無邊佛法，則不學色有增有減，亦不學受、想、行、識有增有減。若不學色有增有減，亦不學受、想、行、識有增有減，則不學色有取有捨，亦不學受、想、行、識有取有捨。若不學色有取有捨，亦不學受、想、行、識有取有捨，則不學一切法有取有捨。若不學一切法有取有捨，則不學諸法有可攝受、有可滅壞。若不學諸法有可攝受、有可滅壞，則不學一切智智有可攝受、有可滅壞。諸菩薩摩訶薩如是學時，名為真學一切智智，速能證得一切智智。（T7p771b15）

仿此，本经此句当理解为：

［若學不可計阿僧祇經卷，則］不生色學，不生痛痒思想生死識學；［若不生五陰學，則］不學受餘法；［若］亦不學受［余法］，［則］亦不學失；［若］不學失，［則］為學薩芸若，為出薩芸若。

例四

若有善男子、善女人，持般若波羅蜜、學、誦者，為至德悉具足。（T8p433c09）

“持般若波羅蜜、學、誦者”：“波罗蜜”后省“者”字，“学”字后省“般若波罗蜜者”，“诵”后省“般若波罗蜜”。全部补齐，省略的用括弧括起，如下：

持般若波罗蜜（者）、学（般若波罗蜜者）、诵（般若波罗蜜）者，为至德悉具足。

当然，也可理解为“持般若波罗蜜学、诵者”，把“持般若波罗蜜”看成状语。但因经中常以持、学、诵并列为句，故当断句为“持般若波罗蜜、学、诵者”。并列此三者的句子如：

“復次，拘翼！般若波羅蜜學者，持者、誦者，善男子、善女人，且聽，拘翼！我说上語亦善，中語亦善，下語亦善，當念聽我所說。”（T8p431b06）

例五

阿難白佛言：“無有說檀波羅蜜者，亦不說尸波羅蜜，亦不說羼提波羅蜜，亦不說惟逮波羅蜜，亦不說禪波羅蜜，亦無有說是名者，但共說般若波羅蜜者。何以故？天中天！”

佛語阿難：“般若波羅蜜於五波羅蜜中最尊。云何，阿難！不作布施，當何緣為檀波羅蜜薩芸若？（T8p434b03）

但：只。举例如上面各分句，就深层次说，其后省去“有”字。

萨芸若：看似与“檀波罗蜜”一样，是“为”的宾语。但“萨芸若”不像“檀波罗蜜”一样，可以“为”，而只是“回向”的对象，所以，这里实际上省略了“回向”二字。这句子是说，不进行布施，用什么来实现檀波罗蜜，进而回向萨芸若呢？

例六

若於諸般泥洹佛所而作功德，持是功德欲作所求。其智自然，能為阿耨多羅三耶三菩。（T8p438c26）

“若於……所求”：唐一此处作：“復次，善現！若菩薩摩訶薩於已滅度諸佛世尊及諸弟子功德善根，若欲發起隨喜迴向無上正等菩提心者，應作是念：‘如佛世尊及諸弟子皆已滅度自性非有，功德善根亦復如是。我所發起隨喜迴向無上正等菩提之心，及所迴向無上菩提，性相亦爾，都不可得。’”（T7p794a01）由此知这里当省略了“都不可得”这一类的话。加上去，方于义理可通。

缺位的结果有时是义理不明，甚或义理相反。在这个意义上说，缺位就不是修辞，而是语病了。

例七

是人前世時聞説深般若波羅蜜用棄捨去故，亦不以身心，是皆無知罪之所致。（T8p441b03）

“不以身心”：谓不以身心相和。省去动词。此处罗什译（T8p550c11）作“身心不和”；唐一（T7p800b22）作“若身若心，皆不和合”。

唐二（T7p884b15）同。

例八

若善男子、善女人，於怛薩阿竭、阿羅呵、三耶三佛念欲作想，隨所想者，是故為著。過去、當來、今現在佛，天中天，於無餘法代勸助之，是為勸助阿耨多羅三耶三菩，於法者而無法故。曰無過去、當來、今現在，以是不可有所作，亦不可有想，亦不可作因緣，有不可見聞，如心可知。（T8p442c10）

“三耶三菩”：此后据文义缺省“是亦为著”。

异译相关处都有类似的词语：

罗什译：

過去、未來、現在諸佛所有無漏法，皆隨喜。隨喜已，迴向阿耨多羅三藐三菩提，即亦是著。（T8p552a11）

唐二：

若於三世諸佛世尊無漏法中深生隨喜，既隨喜已共諸有情迴向菩提，亦名執著。（T8p885c26）

宋译：

若有菩薩於過去未來現在諸佛世尊所有諸無漏法起隨喜心，以此隨喜善根迴向阿耨多羅三藐三菩提者，亦即是著。（T8p617a12）

"于法者而無法故"：关于法的实情就是无法。这句解释简省了的"是亦为著"的缘故，所以后加"故"字。

"過去、未來、現在"：就是说，诸法实相就是没有过去、将来、现在之分。

"作"：指回向。

"因緣"：原因。不可作因缘，即不成为产生结果的原因。

"有"：通作"又"。

"如心可知"：而从认识上说，也不可知。如，通作"而"。承前4个含"不"字的句子而来，简省"不"字。理解时就当把"不"字加进去，方合经意。

"不可見聞，如心可知"，异译如下：

秦译作"不可見聞，不可知"（T8p524b06）

罗什译作"不可聞，不可覺，不可知，不可迴向"（T8p552a16）

唐一作"亦無見聞覺知事故"（T7p802c28）

唐二同（T7p886a02）

宋译作"無見無聞，無覺無知"（T8p617a15）。

例九

何謂是怛薩阿竭之所報恩者？怛薩阿竭為從是衍得阿耨多羅三耶三菩，成阿惟三佛，皆從是衍為無所著，以是故現於報恩。（T8p450b09）

“現于報恩”：表现为报恩。意思本是表现为知恩报恩。知恩，指如来知成佛由是衍（指大乘）出，到达无著的境界也是由于衍；报恩指知护念是衍。报恩的意思，经中未出。

罗什译此处作：

“云何佛是知恩、知報恩者？如來所行道，所行法，得阿耨多羅三藐三菩提，即護念是道是法。以是事故，當知佛是知恩、知報恩者。”（T8p558c19）

下面的例子所缺能一眼看出。

例十

譬若男子得象，觀其腳，於須菩提意云何，是男子為黠不？（T8p447a14）

“得象，觀其脚”：谓欲知象之形、色，不观象，反观其脚迹。现在只说“观其脚”，观其脚迹的意思包含在内。

我亦不見怛薩阿竭所入處。如我怛薩阿竭無所入，薩芸若無所入處。（T8p451a28）

“如我”：言如我所见。

例十一

色、痛痒、思想、生死、識無縛，亦不於阿羅漢、辟支佛，亦不於薩芸若，諸法無縛，是故為僧那僧涅。（T8p452c19）

“辟支佛”后缺一“缚”字，“萨芸若”后也缺一“缚”字。不是不知道，可能是想收到一些修辞效果。

四、反复

为了循循诱导世人，佛经往往不避重复，一个意思讲了再讲，不厌其烦。我们这里来试着举几个例子。

例一

諸經法悉等，般若波羅蜜亦悉等如是。諸經法本端不可計如是。

怛薩阿竭智慧無所罣礙，般若波羅蜜亦無所罣礙如是。譬如幻人無形，般若波羅蜜亦無形如是。譬如風無所罣礙，般若波羅蜜亦無罣礙所有如是。本端不可計，般若波羅蜜亦不可計如是。一切我所悉断本净，般若波罗蜜亦本无如是。譬如梦中与女人私通，视之本无，般若波罗蜜亦本无如是。所名本无，般若波罗蜜亦本无如是。阿罗汉泥洹空无所生，般若波罗蜜亦空无所生如是。（T8p475a07）

我们费力地抄了10个“如是”，还有9个省下未抄。这19个“般若波罗蜜亦如是”，假如从精简文字这个角度来想办法，实在只用一个就可以对付。比如说，般若波罗蜜如同诸经法悉等，诸经法本端不可计、恒萨阿竭智慧无所罣礙……也可以表达出基本相同的意思。如果从修辞这个角度来推敲，自有其只用一个“如是”所不具备的意味。可不管怎么说，同一个句子这么反反复复地用，总还是会想，这儿是不是可能有替代之法。

例二

舍利弗言：“善哉！菩薩精進作是語：‘設使行色為行想，設生色行[1]為行想，設觀色行為行想，設滅色行為行想，設空色行為行想，設識行立欲得為行想，痛痒、思想、生死、識行為行想，生識行為行想，觀識行為行想，滅識行為行想，空識行為行想。’如是菩薩為反行想，作是守行者，為不守般若波羅蜜，為不行般若波羅蜜。若想行者，菩薩護行，當莫隨其中。”（T8p426c02）

此言行五蕴，行、生、观、灭、空五蕴为行相，不当随而行之。

同页接下来又说：

舍利弗謂須菩提：“菩薩當云何行般若波羅蜜？”

須菩提言：“不行色，不生色行，不觀色行，不滅色行，不空色行；不痛痒、思想、生死、識行，不生識行，不觀識行，不滅識行，不空識行。”

---

[1] 生色行：行生色，意思是认为色产生了。以下多个“……行”，仿此，意即“行……”。本来动词在后，理解起来当把动词“行”提前。

此直言不行五蕴，不行生、观、灭、空五蕴。和已引的前面舍利弗的话，内容完全一样。下面又说同样的意思，只是省去了几句可以类推出来的话。舍利弗接上面的话，继续说：

不行色，不色想行，不色生行，不色觀行，不識滅行，不識空行。

这里行文有所变化。展开来，当作：

不行色，不色相行，不色生行，不色观行，不色灭行，不色空行，不识行，不识生行，不识观行，不识灭行，不识空行

形式有变，意思没变。同一个意思，接连讲了三次，真说得上是“诲汝谆谆谆”了。

同一处重复三次虽然少见，连说两次则确实是常有的事。再次相重的，例如：

例三

復次，須菩提！怛薩阿竭用人故，因般若波羅蜜其心廣大無所不知。何謂怛薩阿竭用人故，因般若波羅蜜其心廣大無所不知？其心者亦無廣亦無大，亦無去亦無所至來，以是故，怛薩阿竭用人故，因般若波羅蜜其心廣大無所不知。復次，須菩提！怛薩阿竭用人故，因般若波羅蜜廣大其心無所不知。何謂怛薩阿竭用人故，因般若波羅蜜廣大其心無所不知？其心者，無所從來亦無所住。如是，須菩提！怛薩阿竭用人故，因般若波羅蜜廣大其心無所不知。（T8p449b05）

文中第二个“复次”之前的意思，与其后的意思基本相同。共 176 字。这一百多个字，就算是用佛经中的话来说，也只要 67 个字就说清楚了，不到原文的一个零头：

復次，須菩提！怛薩阿竭用人故，因般若波羅蜜其心廣大無所不知。其心者亦無廣亦無大，亦無去亦無所至來，以是故，怛薩阿竭用人故，因般若波羅蜜其心廣大無所不知。

所说的重复，都是同一处的重复。也有不在一处的，这里说了，那里又说。比如“不增不减”这个哲学范畴，无非是讲五蕴或者法（般若波罗蜜也是法）的不增不减。这“不增不减”在本经不同的地方共提了 20 次之多。说没有重复，是不合实际情况的。

重复地说，反复地讲，出于长者的慈善心肠。他生怕世人不能皈依于佛理、不能得到拯救。

五、铺排

同反复相关联的是铺排。把一件整事拆开来一点儿一点儿地说。本来几句话能说明白，铺陈开来就是一大片。这也无非是为了加深受众的印象，使之非信不可。

例如讲书、持、学般若波罗蜜功德胜过其他，一层一层地讲下去。

釋提桓因於眾中白佛言："甚深般若波羅蜜，難了難知。是人民功德不小，聞是深般若波羅蜜，書者、持者、學者。"

这是基本的，算是第一次说开来。

佛語釋提桓因："云何，拘翼！閻浮利人民，是都盧皆持十戒悉具足，其功德寧多不？持是功德，百倍、千倍、萬倍、億萬、倍、巨億萬倍，不如是善男子、善女人聞是般若波羅蜜書持學者。"

这是第二次铺陈，胜过十戒悉具足者。

時坐中有一異比丘語釋提桓因："出拘翼上去已，是善男子善女人功德乎？"

釋提桓因報是比丘言："持心一反念，出我上去已，何況聞般若波羅蜜書、持、學者？聞般若波羅蜜，以隨是法，隨是法教作是立，都盧出諸天、阿須倫、世間人民上，都盧於諸天、阿須倫、世間人民中極尊。菩薩摩訶薩行般若波羅蜜，不獨過諸天、阿須倫、世間人民上也，乃至須陀洹、斯陀含、阿那含、阿羅漢、辟支佛，都復過是上。菩薩摩訶薩行般若波羅蜜，不獨過阿羅漢、辟支佛上也，亦復至菩薩行檀波羅蜜，設無般若波羅蜜，無漚惒拘舍羅，亦復過是上。不獨過檀波羅蜜，亦復乃至尸波羅蜜、羼提波羅蜜、惟逮波羅蜜、禪波羅蜜，菩薩摩訶薩失般若波羅蜜，失漚惒拘舍羅，亦復過是上去。菩薩摩訶薩行般若波羅蜜，正使菩薩摩訶薩狎習般若波羅蜜中行，都盧合會諸天、諸阿須倫、諸世間人民，終不得勝是菩薩摩訶薩。（T8p463b13）

上引经文，接下去讲胜过释提桓因，胜过诸天、阿须伦、世间人民，胜过须陀洹、斯陀含、阿那含、阿罗汉、辟支佛，胜过菩萨但行檀波罗蜜者，胜过菩萨摩诃萨但行檀波罗蜜、尸波罗蜜、羼提波罗蜜、惟逮波罗蜜、禅波罗蜜者，还胜过诸天、诸阿须伦、诸世间人民功德的总和。这里又铺陈了 6 次。总共达 8 次之多。

翻开经书，这一类铺排的情形随处皆有。例证不烦多举。一举就是大量抄书，现在还举一个不大量抄书的例子，也许可以说明问题吧。譬如卷二“功德品”讲所有功德，都不如“善男子、善女人書般若波羅蜜，持經卷，自歸、作禮、承事、供養名華、搗香、澤香、雜香、繒綵、華蓋、旗幡得福多”。先讲起舍利塔不如，再讲“阎浮利满中七宝塔”不如，次讲“滿四天下七寶塔”不如，次讲“千天下四面皆满其中七宝塔”不如，次说“中二千天下四面皆滿其中七寶塔”不如，次说“三千天下四面皆滿其中七寶塔”不如，最后说“三千國土薩和薩皆使得人道”“令人人作七寶塔”不如。每说一个“不如”，要用一百二三十个字不等，7 个“不如”，全部说完就要差不多一千字了。这样的铺排可以说是《道行般若经》常用到的手法。

六、模糊同义

須菩提言：“持佛威、神、恩當學知。拘翼！所問：‘般若波羅蜜菩薩云何行？’亦不可從色中行，亦不可離色行，亦不可從痛痒、思想、生死、識中行，亦不可離痛痒、思想、生死、識行。何以故？般若波羅蜜（注）亦非痛痒、思想、生死、識，般若波羅蜜（注 2）亦不離痛痒、思想、生死、識。”（T8p430b18）

理解起来，有“注”字处当有“亦非色”三字。宫本、径山藏、龙藏正有此三字。多项列举时，多举少举同义。色、受、想、行、识五项，单举色，其余 4 项可知，不举色，只举余项，则色亦可知。同理，“注 2”处当有“亦不离色”数字。参李维琦等《古汉语同义修辞》（2012 年版）“数量模糊”节（266 页）。

参考文献

[1] 中华大藏经 [M]. 北京：中华书局，2004.

[2] 大正新修大藏经第 8 卷，33—39 卷 [M]. 台北：世桦印刷企业有限公司，1994.

[3] 四川大学汉语史研究所. 汉语史研究集刊 [M]. 成都：巴蜀书社，1998.

[4] 罗竹风. 汉语大词典 [Z]. 北京：汉语大词典出版社，1993.

[5] 蔡镜浩. 中古虚词语法例释 [M]. 长春：吉林教育出版社，1994.

[6] [清] 陈澧. 切韵考 [M]. 北京：北京市中国书店，1984.

[7] [宋] 陈彭年. 宋本广韵 [M]. 北京：北京市中国书店，1982.

[8] [晋] 陈寿. 三国志 [M]. 北京：中华书局，2011.

[9] 程湘清. 魏晋南北朝汉语研究 [M]. 济南：山东教育出版社，1992.

[10] 望. 管子校正 [M]. 北京：世界书局，1935.

[11] [宋] 丁度. 集韵 [M]. 北京：北京市中国书店，1983.

[12] 董琨. "同经异译"与佛经语言特点管窥 [J]. 中国语文，2002 (6).

[13] [清] 段玉裁. 说文解字注 [M]. 上海：上海古籍出版社，1988.

[14] 范晓露. 视域融合与同经异译——以《道行般若经》为例 [J]. 湖北经济学院学报（人文社会科学版），2018 (3).

[15] [宋] 范晔. 后汉书 [M]. 北京：中华书局，2000.

[16] [唐] 房玄龄. 晋书 [M]. 北京：中华书局，1974.

[17] 方一新，王云路. 中古汉语语词例释 [M]. 长春：吉林教育出版社，1992.

[18] 方一新，王云路. 中古汉语研究 [M]. 北京：商务印书馆，2000.

[19] 方一新，王云路. 中古汉语读本 [M]. 长春：吉林教育出版社，1993.

[20] [清] 顾广圻. 韩非子识误 [M]. 北京：新文丰出版社，1960.

[21] [梁] 顾野王. 大广益会玉篇 [M]. 北京：中华书局，1987.

[22] [清] 郭庆藩. 庄子集释 [M]. 北京：中华书局，1961.

[23] 何亚南.从《后汉书》看中古汉语宾语前置句式的发展[J].南京师范大学文学院学报，2006（3）.
[24] 何乐士，敖镜浩，王克仲，等.古代汉语虚词通释[M].北京：北京出版社，1985.
[25] [宋]洪兴祖.楚辞补注[M].北京：中华书局，1983.
[26] 胡敕瑞.《论衡》与东汉词语比较研究[M].成都：巴蜀书社，2002.
[27] 胡敕瑞.《道行般若经》与其汉文异译互校[J].汉语史学报，2004（1）.
[28] 慧琳，希麟.正续一切经音义[M].上海：上海古籍出版社，1986.
[29] 华学诚.杨雄方言校释汇证[M].北京：中华书局，2006.
[30] 蒋礼鸿.敦煌变文字义通释[M].第四版.上海：上海古籍出版社，1988.
[31] 姜子夫.道行般若经[M].北京：大众文艺出版社，2005.
[32] [宋]李昉.太平广记[M].北京：中华书局，1961.
[33] 管子[M].李山，译.北京：中华书局，2009.
[34] 李维琦.佛经释词[M].长沙：岳麓书社，1993.
[35] 李维琦.佛经续释词[M].长沙：岳麓书社，1999.
[36] 李维琦.佛经词语汇释[M].长沙：湖南师范大学出版社，2004 年.
[37] 李维琦.佛经释词三续[J].古汉语研究，2012（2）.
[38] 李维琦.考释佛经中疑难词语例说[J].湖南师范大学学报，2003（4）.
[39] 李维琦等.古汉语同义修辞[M].长沙：湖南师范大学出版社，2012.
[40] 墨子[M].李小龙，译.北京：中华书局，2007.
[41] [唐]李延寿.南史[M].北京：中华书局，1974.
[42] 刘坚，江蓝生，白维国，等.近代汉语虚词研究[M].北京：语文出版社，1992.
[43] 刘丹青.语法调查研究手册[M].上海：上海教育出版社，2008.
[44] 柳士镇.魏晋南北朝历史语法[M].南京：南京大学出版社，1992.
[45] [汉]刘熙.释名[M].北京：中华书局，2016.
[46] [汉]刘歆.西京杂记[M].2012.
[47] 龙国富.从梵汉对勘看汉译佛经语言翻译的省略技巧[J].语言科学，2017（2）.
[48] 吕叔湘.汉语语法分析问题[M].北京：商务印书馆，1979.

［49］吕叔湘．中国文法要略［M］．北京：商务印书馆，1956.
［50］［宋］欧阳修．新唐书［M］．北京：中华书局，1975.
［51］［宋］潘自牧．记纂渊海［M］．北京：中华书局，1988.
［52］［清］阮元．十三经注疏［M］．北京：中华书局，1980.
［53］缪文选．中华经典藏书—战国策［M］．北京：中华书局，2006.
［54］［汉］司马迁．史记［M］．北京：中华书局，2014.
［55］［唐］司马贞．史记索隐［M］．北京：中华书局，1991.
［56］［梁］沈约．宋书［M］．北京：中华书局，1983.
［57］［清］孙星衍．尚书今古文注疏［M］．北京：中华书局，2004.
［58］太田辰夫．中古（魏晋南北朝）汉语的特殊疑问形式[J]. 中国语文，1987,（6）.
［59］唐贤清．汉语史研究中的类型学和信息化［J］．中国社会科学，2012（9）.
［60］［魏］王弼．老子道德经注［M］．楼宇烈，校．北京：中华书局，2011.
［61］王海芬，赵长才．古汉语虚词词典［M］．北京：北京大学出版社，1996.
［62］王力．汉语语法史［M］．北京：商务印书馆，1989.
［63］［清］王念孙．读书杂志［M］．上海：上海古籍出版社，2014.
［64］［金］王若虚．王若虚集［M］．北京：中华书局，2017.
［65］［清］王先慎．韩非子集解［M］．北京：中华书局，1998.
［66］［清］王引之．经传释词［M］．长沙：岳麓书社，1985.
［67］王云路．试说翻译佛经新词新义的产生理据［J］．语言研究，2006（2）.
［68］吴树平．东观汉记校注［M］．北京：中华书局，2008.
［69］辛岛静志．道行般若经校注［M］．东京：创价大学国际佛教学高等研究所，2011.
［70］辛岛静志．道行般若经词典［M］．东京：创价大学国际佛教学高等研究所，2010.
［71］辛岛静志．《道行般若经》和异译的对比研究［J］．汉语史研究集刊，2002.
［72］辛有年．《道行般若经》疑难词句试释［J］．励耘学刊（语言卷），2013（2）.
［73］［汉］许慎．说文解字［M］．北京：中华书局，1963.
［74］徐时仪．慧琳音义研究［M］．上海：上海社会科学出版社，1997.
［75］徐时仪．玄应众经音义研究［M］．北京：中华书局，2005.

[76] 徐时仪 . 玄应和慧琳一切经音义研究［M］. 上海：上海人民出版社，2010.
[77]［汉］荀悦 . 两汉纪［M］. 张烈，校 . 北京：中华书局，2002.
[78] 杨伯峻，何乐士 . 古汉语语法及其发展（修订版）［M］. 北京：语文出版社，2001.
[79] 杨德春 . 佛教早期的语言策略与早期汉译佛经的源语言［J］. 河西学院学报，2018（2）.
[80] 杨树达 . 词诠［M］. 上海：上海古籍出版社，2006.
[81] 杨树达 . 高等国文法［M］. 北京：商务印书馆，1984.
[82] 杨卓 . 佛学次第统编［M］. 北京：北京图书馆出版社，2008.
[83] 叶慧琼 .《道行般若经》及同经异译本语法比较研究［D］. 湖南师范大学，2014.
[84] 叶慧琼 .《道行般若经校注》校勘辨正［J］. 求索，2014（5）.
[85] 曾昭聪，刘玉红 . 佛典文献词汇研究的现状与展望［J］. 暨南学报（哲学社会科学版），2010（2）.
[86] 张幼军 .《道行般若经》注［M］. 长沙：湖南师范大学出版社，2016.
[87] 张幼军 . 鸠摩罗什《小品般若波罗蜜经》的特色句法例说［J］. 古汉语研究，2010（4）.
[88] 张幼军 . 佛教汉语训释方法探索——以《小品般若波罗蜜经》为例［M］. 北京：湖南师范大学出版社，2008.
[89] 郑贤章 .《新集藏经音义随函录》研究［M］. 长沙：湖南师范大学出版社，2007.
[90] 钟兆华 . 近代汉语虚词词典［M］. 北京：商务印书馆，2015.
[91] 周远军，王仲轲 .《道行般若经》词语考 6 释十则［J］. 焦作大学学报，2016（3）.
[92] 朱庆之 . 佛教汉语研究［M］. 北京：商务印书馆，2009.
[93] 宗福邦 . 故训汇纂［M］. 北京：商务印书馆，2003.
[94] 竺家宁 . 中古佛经的“所”字构词［J］. 古汉语研究，2005（1）.
[95] *Abhisamayālakār' ālokā Prajñāpāramitāvyākhyā*：*The Work of Haribhadra*, *together with the text commented on*［M］. Edited by U. Wogihara.Tokyo：The Toyo Bunko, 1932.

[96] *Aasāhasrikā Prajñāpāramitā with Haribhadra's Commentary called Āloka* [M]. Edited by P. L. Vaidya. Darphanga: The Institute of Post-graduate Studies and Reseasch in Sanscrit Learning, 1960.

[97] Edward Conze. *Materials for A Dictionary of the Prajnaparamita Literature* [M]. Tokyo: Suzuki Research Foundation, 1973.

[98] Edward Conze. *The Perfection of Wisdom in Eight Thousand Lines & Its Verse Summary* [M]. Bolinas: Four Season Foundation, 1973.

[99] Franklin Edgerton. *Buddhist Hybrid Sanskrit Grammar and Dictionary* [M]. Delhi: Motilal Banarsidass Publishers Private Limited, 1993.

[100] Haribhadra. *Abhisamayālamkārālokā Prajñāpāramitāvyākhyā* [M]. Tokyo: Sankibo Buddhist Store Ltd., 1932.

[101] Monier Williams. *A Sanskrit-English Dictionary* [M]. New York: Oxford University Press, 1951.

附　录

词目索引

第一章

作事 / 代 / 赐 / 道 / 善知识 / 舍怛罗 / 所识 / 天中天 / 一 / 有著 / 在事/ 作是 / 守——字 / “无有过上”之“上” / 檐——擔 / 受——爱 / “无欲无色界”之“欲” / 多——光 / 闻——问

第二章

不动成就 / 恍忽 / 究竟 / 德 / 摩诃僧那僧涅 / 形 / 行色 / 署 / 榻

第三章

枝掖 / 自然 / 作 / 住色

第四章

治道 / 自恣 / 服饰 / 不喜 / 以来 / 从 / 少有 / 安隐 / 他所敕使